Michael Haller, Dr. phil., ist Professor für Allgemeine und Spezielle Journalistik an der Universität Leipzig. 1945 in Konstanz geboren, kam er nach der Schule über ein Praktikum bei der »Badischen Zeitung« zum Journalismus. Nach dem Studium der Philosophie, Sozial- und Politikwissenschaften war er leitender Redakteur im Lokal- und Regionalressort der »Basler Zeitung«, dann Mitarbeiter der »Weltwoche« in Zürich. 1975 wechselte er zum »Spiegel« nach Hamburg als Redakteur und Reporter im Auslandsressort. 1987 holte ihn die »Zeit« als Ressortleiter. Von 1990 an widmete er sich der Medienforschung und -entwicklung. 1993 erhielt er den Ruf an die Universität Leipzig.

Neben dem Journalismus war Haller seit 1980 an Akademien und Journalistenschulen als Dozent tätig. Zahlreiche Publikationen in Fachzeitschriften und Anthologien. Wichtigste Buchveröffentlichungen: »System und Gesellschaft«, Stuttgart 1980; »Eine deformierte Gesellschaft – die Schweizer und ihre Massenmedien«, (herausg. mit M. Jäggi und R. Müller) Basel 1981; »Die Kunst der Verweigerung«, über subkulturelle Kommunikation, Zürich 1982; »Die Reportage«, München/Konstanz 1987 ff.; »Medien-Ethik« (herausg. mit H. Holzhey), Opladen 1991 ff.; »Das Interview«, München/Konstanz 1991 ff.; »Aktuelle Entstehung von Öffentlichkeit« (herausg. mit G. Bentele), Konstanz 1997. Herausgeber von »Message«, der internationalen Fachzeitschrift für Journalismus.

Michael Haller

Recherchieren

Ein Handbuch
für Journalisten

5., völlig überarbeitete Auflage

Reihe Praktischer Journalismus

Band 7

Die Deutsche Bibliothek – CIP-Einheitsaufnahme

Haller, Michael:
Recherchieren : ein Handbuch für Journalisten / Michael
Haller. - 5. völlig überarb. Aufl. - Konstanz : UVK Medien, 2000
  (Reihe praktischer Journalismus ; Bd. 7)
  ISBN 3-89669-232-1

ISSN 1433-7649
ISBN 3-89669-232-1

1. Auflage 1983
2. Auflage 1987
3. Auflage 1989
4. Auflage 1991
5. Auflage 2000

Satz: Martina Föhrig, Leipzig
Druck: Legoprint, Lavis

UVK Medien Verlagsgesellschaft mbH
Schützenstr. 24 · D-78462 Konstanz
Tel.: 07531-9053-0 · Fax: 07531-9053-98
www.uvk.de

»Das Recherchieren ist im engeren Sinne ein Verfahren zur Beschaffung und Beurteilung von Aussagen über reales Geschehen, die ohne dieses Verfahren nicht preisgegeben, also nicht publik würden. Im weiteren Sinne ist es ein Verfahren zur Rekonstruktion erfahrbarer, d.h. sinnlich wahrgenommener Wirklichkeit mit den Mitteln der Sprache.«
(Seite 246).

INHALT

DRITTER TEIL

Recherchierverfahren im journalistischen Alltag

VIERTER TEIL
Die Recherchierhilfen

FÜNFTER TEIL
Über den Umgang mit Informanten –
Verhaltensregeln beim Beschaffen und Auswerten von Informationen

SECHSTER TEIL
Wie man schwierige Themen recherchiert

SIEBTER TEIL

Das Medienrecht:

Hilfen und Grenzen beim Recherchieren

ACHTER TEIL

Vermehrt recherchieren – aber bitte mit mehr journalistischer Kompetenz

VORWORT

Braucht man im Online-Zeitalter überhaupt noch Recherchierverfahren, da doch alles im Internet abrufbar ist? Diese oft gehörte Frage übersieht das eigentliche Problem: Weil nicht recherchiert, sondern nur herumgeklickt wird, quillt aus dem Internet vor allem Datenmüll. Und der ergießt sich dann, als Nachrichten verpackt, über die Medien. Schuld daran ist nicht das Internet; es liegt an den Journalisten, die das richtige Fragen verlernt haben. Recherchieren bedeutet tatsächlich nichts anderes als: Fragen stellen. Richtiges Recherchieren heißt demnach, die richtigen Fragen zum richtigen Zeitpunkt an die richtigen Leute zu stellen, um richtige ... Und schon stecken wir mitten in komplizierten Methodenfragen. Es ist Aufgabe dieses Buchs, diese Fragen unter Einbezug des Internet handlungsleitend zu beantworten.

Also ein Lehrbuch? Berufserfahrene Journalisten lassen sich nicht gern belehren. Sie wissen, dass der Alltag immer neue Probleme stellt, die mit starren Regeln nicht zu lösen sind. Eher schon mit methodischem Wissen und strategischem Denken. Darum: Dies ist kein Kochbuch, sondern ein auf Erfahrungen gestütztes, mit sozialwissenschaftlichen Methodenkenntnissen angereichertes Handbuch. Seine Beschreibungen sollten nicht wie Rezepte, eher als Anstoß zum Weiterdenken gelesen werden.

Journalistische Anfänger wünschen indessen mehr als nur Erfahrung, sie brauchen eine systematische Einführung in journalistisches Arbeiten. Ihnen zuliebe habe ich den Stoff nach solch systematischen Gesichtspunkten gegliedert. Darum: Dies ist keine Plauderei aus dem Nähkästchen, sondern eine didaktisch strukturierte (mit Wiederholungen durchsetzte) Grundlegung des methodischen Recherchierens.

Methoden lassen sich zwar allgemeingültig definieren (sonst wären es keine), doch für den Preis, ähnlich abstrakt zu werden wie unsere Definition auf Seite fünf. Den Vorteil dieses Nachteils sehe ich darin, dass der Anwendungsbereich breit und vielfältig ist. Denn methodisch bedingte Recherchierprobleme haben die Redakteure des Fernsehmagazins ebenso wie die Touristikbeilagen-Macher oder die Leute vom Lokalsport. Für diese ganze Breite – quer durch alle Mediengattungen – will das Buch Lösungen anbieten, nicht zuletzt, weil es dabei auch um das Rollen- und Funktionsverständnis der Journalistinnen und Journalisten geht.

Die Anwendungsbeispiele stammen indessen vorwiegend aus dem Zeitungsjournalismus. Ein besonderes Gewicht habe ich dabei auf Fragestellungen der Tageszeitung – und hier vor allem auf den Lokalteil – gelegt. Denn hier ist das aufs Recherchieren angewiesene Wächteramt der Presse besonders bedeutsam. Und gerade hier, so scheint mir, wird es oftmals vernachlässigt.

Wie man im tagesaktuellen Journalismus ertragreicher recherchieren und die typischen Fehler vermeiden kann: Antworten auf solche Fragen erhielt ich in zahlreichen Seminaren und Workshops mit Volontären, mit Diplomanden des Journalistik-Studiengangs der Universität Leipzig und mit berufserfahrenen Kollegen. Deren Erwägungen und Lösungsideen sind in dieses Buch eingegangen. Sehr hilfreich waren für mich auch die Gespräche mit erfahrenen Rechercheuren, mit Internet-Journalisten und Presserechtlern. Thomas Leif, Hans Leyendecker, Georg Mascolo und Leo Müller klärten mich über Möglichkeiten und Grenzen der investigativen Recherche auf. Ralf Blittkowsky und Heinrich Dammat halfen mir, durch den Internet-Dschungel ein paar Trampelpfade zu schlagen. Und wenn die Ausführungen zum Presserecht vielleicht den einen oder anderen nützlichen Hinweis enthalten, dann geht dies auf den Rat Friedrich von Bismarcks und, für die neueste Auflage, Endress Wankels zurück. Ihnen allen danke ich für ihre freundliche Unterstützung und bitte um Nachsicht, falls mir trotz dieser Hilfen Fehler und Irrtümer unterlaufen sind.

Ein besonderes Dankeschön gilt Martina Föhrig, die aus meinen Texten ein sorgfältig lektoriertes Buch gemacht hat. Das allerletzte Danke geht an den Verlag UVK und an die vielen Buchbesteller, weil sie mit so viel Langmut auf die Neuausgabe dieses Klassikers gewartet haben.

Hamburg/Leipzig, im April 2000   Michael Haller

ERSTER TEIL

DIE GESCHICHTE
DES RECHERCHIERENS

Übersicht

Haben Journalisten schon immer auf die stets gleiche Art und Weise recherchiert? Ja und Nein.

Ja. Denn es gibt bewährte, ertragreiche Methoden, seitdem es professionell gemachte Massenmedien gibt. Darum war »richtiges Recherchieren« auch schon in früheren Zeiten abhängig von journalistischen Fertigkeiten, die gelernt werden können. Und dieses Können war schon immer auf eine gute redaktionelle Ausstattung angewiesen.

Nein. Denn »gutes Recherchieren« war andererseits untrennbar verbunden mit der Funktion der Massenmedien in der Gesellschaft. Die Gesellschaftsordnung wie auch die Rolle der Journalisten haben sich verändert und wandeln sich erneut – und mit ihnen die Problem- und Themenstellung der Recherche.

Die in diesem Buchteil gegebene Übersicht über die Geschichte des *Recherchierjournalismus* soll den Sinnzusammenhang aufzeigen, der zwischen Methode, journalistischem Rollenverständnis und gesellschaftlicher Funktion der Medien besteht: dass zum Beispiel mit »Enthüllung« zu verschiedenen Zeiten Unterschiedliches intendiert war und auch, dass der Recherchierjournalismus nicht von ungefähr heute wieder auf Widerstände stößt, die ihrerseits mehr enthüllen als so manche Enthüllungsgeschichte.

Trend zum Management-Journalismus

Die Journalisten wissen, dass Recherchieren ihre wichtigste Tätigkeit ist. In einer Repräsentativerhebung unter den Journalisten in West- und Ostdeutschland 1993 antworteten 90 Prozent der Befragten, dass für sie Recherchieren wichtig sei (Scholl/Weischenberg 1998, S.88).

Doch Reden und Handeln, das ist oftmals zweierlei. Tatsächlich spielt im Alltag der meisten Medienredakteure die Recherche keine so herausragende Rolle. In erster Linie müssen Agenturmeldungen und Pressecommuniqués bearbeitet sowie die Texte externer Mitarbeiter und Korrespondenten redigiert und aufpoliert werden. Vor allem bei Tageszeitungen und beim privaten Rundfunk erschöpft sich die redaktionelle Arbeit vielerorts in der Verarbeitung und Bewertung des Informationsinput; eher selten gilt sie der eigenständigen Informationsbeschaffung. So fiel dem *Times*-Korrespondenten Roger Boyles auf, dass in Deutschland der Second-hand-Journalismus überwiegt: »Deutsche Zeitungsjournalisten scheinen sehr abhängig zu sein von den Presseagenturen. Viele Artikel, die unter ihrem Namen erscheinen, sind identisch mit *dpa*- oder deutschen *AP*-Reports vom Vortag. Wenn es einen Unterschied gibt, dann den, daß der Journalist seine Meinung hinzugefügt hat – ohne eigene Recherche.« Sein Kollege Brendon Mitchener von der *International Herald Tribune* bekräftigte: »Sehr viele Zeitungsartikel beinhalten keine eigene Recherche, sondern sind weitgehend unkritisch. Mit wenigen Ausnahmen halte ich die Journalisten für zu passiv und vielleicht auch ein wenig faul.« (in: Sage&Schreibe Special 2/1994).

Die Einschätzung der beiden Korrespondenten deckt sich mit wissenschaftlichen Befunden. So ergab eine international vergleichende Befragung, dass in Deutschland nur 21 Prozent der Redakteure »sehr viel Zeit« auf eigene Rechercheberichte verwendeten, in Großbritannien und den USA jedoch 48 bzw. 44 Prozent (vgl. Donsbach 1993, S. 283ff.). Haben demnach deutsche Journalisten ein anderes Berufsbild als ihre Kollegen im westlichen Ausland? Wollen sie lieber »Textmanagement« betreiben und ihre Meinungen kund tun als sich der Informationsbeschaffung und -überprüfung – Kernstück der Recherchierarbeit – auszusetzen? In deutschen Zeitungshäusern herrscht seit den 90er Jahren die Meinung vor, teure Recherchierarbeit könne weitgehend eingespart werden, auch dank der professionalisierten PR/Öffentlichkeitsarbeit bei Behörden und Unternehmen: Öffentlichkeit werde nicht mehr erstritten, sondern bereitgestellt, gehandelt und gemanagt. Ist deshalb das Recherchieren entbehrlich geworden? Auf keinen Fall! erwidern erfahrene Journalisten; wer aufs Recherchieren verzichte, der mache den Journalismus insgesamt entbehrlich. Hans Leyendecker, einer der erfahrensten Rechercheure Westdeutschlands, urteilte 1999: »Wir sind Meister im Meinungsjournalismus. Wer den Leitartikel tuten, den TV-Kommentar sprechen darf und im Presseclub sitzt, hat den Ausweis höchster Kompetenz.« Akribisches Recherchieren fände nur mehr ausnahmsweise statt. Folglich »hat das Publikum verlernt, Anstoß zu nehmen«. Dabei hätten sich die Verhältnisse keineswegs gebessert – »es wird geschmiert und gesalbt, doch keiner schreibt es auf«. Dies müsse sich wieder ändern, andernfalls werde der Journalismus ein willfähriger Diener fremder Interessen. »Recherchierender Journalismus, egal, wo er ausgeübt wird, sucht Missstände im Apparat, recherchiert von unten, zapft Quellen an, die öffentlich nicht zugänglich sind, stellt Sachverhalte in Frage, die andere ungeprüft übernehmen oder aus Gefälligkeit verbreiten.« (in: Message 2/1999).

Ob man nun diese Einschätzung teilt oder nicht, so ist die Dynamik offensichtlich unstrittig: Einerseits ist und bleibt das Beschaffen, Überprüfen und Bewerten von Informationen die wichtigste, oftmals auch schwierigste Arbeit im Journalismus. Andererseits ist diese Arbeit abhängig von den Funktionszuweisungen an den Journalismus. Wenn Medienbesitzer, Behördenvertreter und Unternehmenssprecher – und nicht zuletzt das Publikum – das Recherchieren gering achten, kommt es bei den Journalisten aus der Mode. Wird indessen die Recherchierleistung eines Mediums mit Reputation und Markterfolg belohnt, wirkt sie beispielgebend und befördert eine aufmerksame, machtkritisch eingestellte Öffentlichkeit. Wie sehr das eine mit dem andern verbunden ist, zeigt unser folgender flüchtiger Blick auf die Geschichte des Recherchierjournalismus.

Es begann mit dem Augenzeugenbericht

Die berühmten, 1852 vom damaligen »Times«-Chefredakteur John Delane verkündeten Sätze: »Die Presse lebt von Enthüllungen« und »Die Pflicht eines Journalisten gleicht der des Historikers – vor allen Dingen die Wahrheit zu finden und seinen Lesern nicht nur vorzusetzen, was die Regierung sie wissen lassen will« (zit. nach Larsen 1970, S. 8f.) verraten eine andere journalistische Haltung als etwa das 1964 geäußerte Bekenntnis des damaligen Chefs der »Süddeutschen Zeitung«, Hermann Proebst: »Wir betrachten es als einen Hauptzweck der Zeitung überhaupt, ihre Leser dazu zu bringen und sie in den Stand zu setzen, sich eine eigene Meinung zu bilden (...) Wir versuchen, dem Leser Mut zu machen zur eigenen Meinung« (in: Wiegenstein/ Raddatz 1964, S. 26).

Delanes Worte waren noch getragen vom kämpferischen Unterton des radikaldemokratischen Bürgertums jener Zeit. Die englischen Publizisten verstanden sich zudem als Verfechter der Bürgerrechte, mithin auch als Kritiker staatlicher Bevormundung. Dabei war ihr Grundsatz der politischen Unabhängigkeit nicht nur der Grundpfeiler der »Vierten Gewalt«, sondern auch eine von der Leserschaft geschätzte und so auch marktgängige Qualität journalistischer Arbeit (vgl. Requate 1995, S. 46).

Journalistisches Misstrauen galt damals weniger dem Einfluss von Interessenverbänden oder Eignern von Industrieunternehmen, als der geheimniskrämerischen Kabinetts- und Komplottpolitik der Staatspersonen. Die Wiedergabe kritischer Äußerungen einer einflussreichen Persönlichkeit oder die Publikation eines vor Ort gefassten Tatsachenberichts wirkten da oft genug schon enthüllend. So waren z.B. die Augenzeugenberichte des »Times«-Kriegskorrespondenten William Howard Russell über das Debakel der britischen Armee während des Krim-Krieges 1854/55 sensationelle Enthüllungen, die ganz England in Aufregung versetzten und Yard Aberdeens Regierung schließlich zum Rücktritt zwangen.

Das heißt: Der Augenzeugenbericht des Reporters vom Ort des Geschehens oder etwa die Veröffentlichung einer (mutmaßlichen)

Äußerung aus einer Politiker-Unterredung wirkten an sich schon sensationell; die Berichte boten jene Offenlegung staatlicher Handlungen und Vorgänge, die John Delane den an Wahrheit gebundenen Auftrag des Journalisten nannte. Die heute noch geläufigen, mitunter ideologisch befrachteten Formeln über die Aufgabe der Massenmedien, »Vierte Gewalt« im Staate zu sein, waren jedenfalls seinerzeit in England und den USA plausibel, weil sie den an die Presse herangetragenen Anspruch meinten, durch sachliche Offenlegung verborgener Vorgänge die öffentliche Kontrolle der Staatsgeschäfte überhaupt erst möglich zu machen.

Nachforschungen im Sinne systematischer Recherchen wurden indessen kaum durchgeführt. Für den Journalismus des 19. Jahrhunderts und seine Techniken war der Umstand weit mehr prägend, dass die *politischen* Vorgänge in ihrem Ablauf und in ihren Zusammenhängen erheblich leichter zu fassen waren als heute. In der Tagespolitik gab es keine diffizilen Wechselbeziehungen etwa zwischen wirtschaftspolitischen Programmen, Konjunkturverlauf und öffentlicher Meinung zu erforschen, sondern die Absichten und Entscheidungen der maßgeblichen Machtinhaber über Polizeiwesen, Außenpolitik und Kriegswirtschaft (soweit erlaubt) publik zu machen und nötigenfalls zu kommentieren.

Spekulationen über Wirkungszusammenhänge zwischen Staat und Gesellschaft oder Gesellschaft und Ökonomie anzustellen blieb Sache der Theoretiker in ihren Zirkeln, Monatsheften und abgelegenen Rubriken sogenannter Intelligenzblätter. In der Tages- und Wochenpresse bezog sich das Recherchieren im Wesentlichen auf die korrekte, mitunter aufdeckende Berichterstattung über Beschlüsse und Ereignisse im Sinne des »objective reporting«, dem Leitbild des angelsächsischen Journalismus im Fortgang des 19. Jahrhunderts – eben jene dem Historiker verwandte quellenkritische Chronistenarbeit, von der Delane 1852 gesprochen hatte.

Allerdings kam das Leitbild des »objective reporting« zuerst in den USA und dort schon Mitte des 19. Jahrhunderts auf – als eine Marketing-Strategie der neuen Massenblätter gegen die tradierten Parteizeitungen. Vorreiter war der von James Gordon Bennett 1835 gegründete »New York Herald«. Über das neue publizistische Selbstverständnis

schrieb Bennett im Mai 1835 in der Sondernummer seines »Herald«:
»We shall support no party – be the organ of no faction or coterie, and
care nothing for any election or any candidate from President down
to a constable.« (Zit. nach Requate 1995, S. 38).

Anstelle der Kolportagen selbst recherchierte Informationen möglichst umfassend und unabhängig (auch ohne politische Bewertung)
darzubieten: Dies garantierte dem »Herald« einen beispielgebenden
Erfolg. Nachahmer war die »penny press«. Deren neutrales, an der
Sensation orientiertes News-Reporting garantierte »universelle Ver-
käuflichkeit, unabhängig von der weltanschaulichen Bindung der
Klientel – und damit auch eine hervorragende Basis für das Anzei-
gengeschäft« (Redelfs 1996, S. 38). Diesem Konzept folgten in den
60er und 70er Jahren dann auch die neu gegründeten Nachrichten-
agenturen wie auch zahlreiche englische Zeitungen, die mit ihren
sachlich gehaltenen News-Berichten ein breites, politisch hetero-
genes Lesepublikum in den Städten ansprechen wollten.

Wegen der in den deutschen Staaten wirksamen Pressekontrolle
(Lizenzzwang, Zensur, staatliches Anzeigenmonopol), aber auch
wegen der obrigkeitsgläubigen Grundhaltung vieler Zeitungsleute
blieb dort Recherche ein Fremdwort. Sie kam nicht von ungefähr erst
nach Aufhebung des Anzeigenmonopols und Lizenzzwangs gegen
Ende des 19. Jahrhunderts mit den *Generalanzeigern* auf, die – analog zu den Massenblättern im englischsprachigen Raum – ein breites
Lesepublikum suchten. Sie folgten aber dabei weniger dem Konzept
des »objective reporting«, sondern gingen in ihren Lokalteilen Vorgängen wie auch Missständen im urbanen Leben recherchierend
nach – beispielhaft wirkte das 1872 gegründete »Berliner Tagblatt«
mit seinen enthüllenden Polizeigeschichten, die im übrigen einen
hohen Unterhaltungswert besaßen und sehr erfolgreich waren (vgl.
Requate 1995, S. 384f.).

Die Entdeckung der recherchierten Reportage

Für heikle Themen und Vorgänge im *städtischen Leben* fehlten die modernen technischen Kommunikationsmittel, zum Beispiel, um Behauptungen und Gerüchte, Tratsch und Klatsch innerhalb kurzer Zeit abzuklären (man stelle sich eine rasch durchzuführende Tageszeitungsrecherche ohne Telefon, Kopiergerät, Tonband und Kamera, ohne Eisenbahn und Auto vor). Bei den enthüllenden Zeitungsberichten über soziale Missstände, über Korruption, Vetternwirtschaft und dergleichen handelte es sich deshalb meist um Schilderungen von Reportern, die im Sinne der teilnehmenden Beobachtung ihre Erlebnisse erzählten.

Diese bis zu zeitgenössischen Journalisten vom Zuschnitt eines Günter Wallraff reichende Tradition der *recherchierten Reportage* begann – soweit wir wissen – mit den Sensationsberichten des englischen Zeitungsmannes William Thomas Stead.

Um nachzuweisen, dass vermögende Herren der englischen Oberschicht in den Arbeitervierteln minderjährige Mädchen über Zwischenhändler regelrecht kaufen, um sie sich als Sex-Sklavinnen zu halten, spielte Stead unter falschem Namen einen solchen Herrn und kaufte tatsächlich ein 13-jähriges Mädchen, freilich abgesichert durch den Beizug eines Anwalts und einer Ärztin. Den ganzen Vorgang schilderte er in einer Artikelserie, die er im Juli 1885 – im Hinblick auf eine Gesetzesberatung im Unterhaus – als große Sensationsstory in der *Pall Mall Gazette* publizierte (Steads Enthüllungen bewirkten, dass das Schutzalter von 13 auf 16 Jahre heraufgesetzt wurde). Steads Schreibe war im übrigen ganz bewusst auf emotionale Wirkung angelegt und so auch Vorläufer des modernen Boulevardpresse-Stils.

Doch der methodisch verfahrende Recherchierjournalismus entfaltete sich erst in der Zeit der Jahrhundertwende in den Industriegesellschaften mit ihren krassen sozialen Gegensätzen und den zunehmend komplexen, für die Betroffenen undurchsichtigen Machtstrukturen. So entwickelten die neu gegründeten Wochenmagazine der USA aus der Tradition des »objective reporting« die auf Enthüllung gerichtete Skandalrecherche. Das Neue lag vor allem darin, dass nicht mehr Ereignisse, sondern von den Journalisten gezielt aufgegriffene Gegebenheiten oder Themen zum Gegenstand der Recherche genommen wurden. Die Verleger erkannten, dass diese enthüllenden Recherchenberichte nicht nur mehr Leser fanden, sondern auch eine größere Wirkung erzielten als der in den Editorials ausgebreitete Meinungsjournalismus. Reporter, die mit investigativen Methoden »under cover« recherchierten, prangerten das soziale Elend in den Industriegebieten der großen Städte, unlautere Machenschaften und die Ausbeutung durch korrupte Großunternehmer an. Es begann die Ära der *Muckraker*, der »Miststocherer«, wie Präsident Theodore Roosevelt in einer Rede im April 1906 diesen Journalismus abfällig nannte. Doch bald wurde die Etikette zu einer durchaus ehrenvollen Bezeichnung für sozial engagierte Journalisten, die, gestützt von der politischen Bewegung des Progressive Movements, mit dem »investigative Reporting« gegen das soziale Unrecht ankämpften (Redelfs 1996; 76). Zu den berühmtesten Enthüllungsrecherchen gehört die Arbeit von Ida Tarbell über die Geschäftspraktiken von Rockefellers Standard Oil Company, die vier Jahre in Anspruch nahm und ihren Verleger den Einsatz von rund 50.000 Dollar kostete. Die Story erschien 1903 und 1904 im Magazin »McClure's« in zahlreichen Folgen unter dem Titel »History of the Standard Oil Company«.

Die Stoßrichtung solcher Recherchen war eindeutig: Es sollte – auch gegen die Widerstände der Beteiligten – hinter die Kulissen geblickt, das Verborgene enthüllt und die Akteure grell ausgeleuchtet werden. Berühmtheit erlangte die Reporterin Elisabeth Cochrane, die sich mit Alias-Namen in Behörden, Krankenhäuser, Gefängnisse und Unternehmen einschmuggelte, um enthüllend berichten zu können.

Einer der Vertreter der *Muckraker* wie des *Investigative Reporting* war der Schriftsteller und Journalist Upton Sinclair (1878-1968). Er schrieb in seiner 1962 erschienenen Autobiographie über eine seiner Reportagen: »Also begab ich mich im Oktober 1904 nach Chicago und lebte sieben Wochen lang unter den Lohnsklaven des Rindfleischtrusts; so nannten wir sie damals (...) Ich streifte herum; dünn und bleichgesichtig, teils aus Unterernährung und teils vor Entsetzen. Mir schien, als stünde ich vor einer wahren Festung der Unterdrückung. Wie diese

Mauern durchbrechen oder abtragen? (...) Ich saß abends in den Woh-
nungen der Arbeiter, der ausländischen wie der einheimischen; sie berichteten, und ich notierte alles. Tagsüber durchforschte ich die
Schlachthöfe und meine Freunde riskierten den Arbeitsplatz, um mir zu
zeigen, was ich sehen wollte. Ich war kaum besser gekleidet als die Arbeiter und merkte, daß der einfache Trick, ein Kochgeschirr zu tragen,
mir überall Zugang verschaffte (...) Wollte ich irgendwo genauer recherchieren, ging ich mehrmals durch denselben Raum. Ich durch-
streifte den Stadtteil, sprach mit Rechtsanwälten, Ärzten, Dentisten,
Krankenschwestern, Polizisten, Politikern, Immobilienmaklern (...)« (zit.
nach Herms 1978, S. 31).

Auch in den Großstädten des europäischen Kontinents übernahmen
damals sozial engagierte Journalisten die Rolle des recherchierenden
Reporters, so vor allem Max Winter in Österreich, der für seine »So-
zialreportagen« etwa über die Obdachlosen von Wien dieselbe Methode der verdeckten Recherche durch teilnehmende Beobachtung
wählte wie Cochrane, Sinclair und zuvor Stead (vgl. Riesenfellner
1987, S. 192ff.). Ihnen folgten die in den 30er Jahren berühmt
gewordenen rasenden Reporter nach dem Vorbild des Egon Erwin
Kisch.

Doch bald schon stießen die Rechercheure an die durch den Zei-
tungswettbewerb gezogenen ökonomischen und technischen Grenzen. Hoher Nachrichtenumsatz, griffige Schlagzeilen und plakative
Themen wurden zum Rohstoff des neuen, im Rotationsdruck brand-
aktuell hergestellten Boulevard-Massenblattes.

Seine 1904 gegründete Boulevardzeitung »B.Z. am Mittag« rühmte der
Berliner Verleger Karl Ullstein, die »schnellste Zeitung der Welt« zu
sein: »...zwischen 10 und 11 Uhr (stürzen) bereits die Redakteure in die
Setzersäle, um im engsten Kontakt mit der Setzerei die neuesten Nach-
richten zu verarbeiten. Zum Schluß wird das letzte eintreffende Material
den hereinjagenden Boten geradezu aus den Händen gerissen und der
Satz, während die Form bereits geschlossen wird, in letzter Sekunde in
die Seite eingefügt ... 15 Minuten nach Redaktionsschluß speien 26
Maschinen in rasender Geschwindigkeit die Auflage in verkaufsfertigen
Exemplaren aus« (Karl Ullstein 1929, S. 230).

Schreibtisch-Recherche als Folge der Arbeitsteilung

Der Anspruch der Blattmacher, mit der noch größeren Sensation noch früher als die Konkurrenz auf der Straße zu sein, zwang die Redakteure, den Sachverhalt einer Enthüllung mit Hilfe von Telefon und Telegrafen sowie Nachrichtenzuträger am Schreibtisch zu ermitteln.

Im angelsächsischen Journalismus wurde diese Entwicklung organisatorisch umgesetzt mit der funktionalen Arbeitsteilung zwischen recherchierenden Reportern einerseits und textverarbeitenden Redakteuren andererseits. Zum »reporting« gehörte nicht nur die Ereignis-Berichterstattung, sondern auch die erzählte Recherche als Story, sei es in der Spielart des »objective«, sei es in jener des »investigative reporting«. Die Redaktionen des deutschen Sprachraums arbeiteten anders. Hier wandelten sich die Redakteure zu Generalisten, die in erster Linie berichten, redigieren und, vor allem, kommentieren sollten. Das Berufsbild des Reporters blieb – Ausnahme: der Polizeireporter – mit der literarischen Tradition des Erzählers verbunden (vgl. Haller 1997, S. 40ff.). So bedeutete Recherchieren kaum mehr als das Beschaffen von Aussagen über Geschehnisse, die der Redakteur nicht näher kannte; er stützte sich auf Informationen aus *zweiter Hand*.

Allerdings veränderte sich auch in den USA die Art des Recherchierens, doch hier vornehmlich als Folge der Konfektionierung der journalistischen Produkte. Vor allem in den neu gegründeten Nachrichtenmagazinen (stilbildend: »Time Magazine«) fungierten die Reporter nur noch als Rohstofflieferanten, während die Redakteure am »desk« die Rolle des Autors übernahmen. Ihre Recherchierverfahren dienten nun vornehmlich dem Zweck der Überprüfung (checking) und Komplettierung überbrachter Informationen, die dann am Redaktionspult zur *Nachrichtengeschichte* zusammengeschrieben wurden. So kam die Gattung der sogenannten *factstory* im Fortgang der Zwanziger Jahre zur Blüte, während die Ära des sozial engagierten *Investigative Reporting* beim Publikum keinen großen Anklang mehr fand und verschwand (vgl. Redelfs 1996, S. 84f.).

Der Wahrheitsglaube der Faktenstory

An der Herausbildung des bald verbindlichen *Newsstory-Schreibstils* hatte auch das bereits 1843 gegründete britische Wirtschaftsmagazin »The Economist« großen Anteil: Seine dezidiert unparteilich abgefassten, Autorenkennzeichnung vermeidenden Berichte in der Tradition des »objective reporting« dienten vielen Magazinschreibern als Vorbild.

Stilprägend wirkten aber auch die zu riesigen Agenturen angeschwollenen Depeschendienste. Seit dem Ersten Weltkrieg besaßen sie ein international tätiges, weit gespanntes Korrespondentennetz mit eigenen Übermittlungssystemen, die nicht mehr nur Meldungen, sondern auch Eigenberichte mitsamt recherchiertem Hintergrund an die Redaktionen lieferten – und zwar immer nach dem (von den Berichterstattern im amerikanischen Bürgerkrieg 1861-1865 aus übermittlungstechnischen Gründen entwickelten) Muster der *factstory*, die dem berühmten Gliederungsschema der »umgekehrten Pyramide« folgt, demzufolge das Wichtigste als das Kürzeste an der Spitze steht. Dieses Muster fand seine Rechtfertigung im schier unerschütterlichen Glauben an die von subjektiven Wertungen befreite Nachricht – ganz im Sinne der Ende des 19. Jahrhunderts aufgekommenen, nun dogmatisch gebrauchten Formel: »Facts are sacred, comments are free«.

Dieses Credo gewann tatsächlich einen ausgesprochen positivistischen Beiklang, denn ihm lag die Überzeugung zugrunde, dass der Journalist, unbesehen seines politischen oder soziokulturellen Standorts, in seinem Zeitungsbericht *Wahrheit* und *Wirklichkeit* in der *Tatsachenschilderung* zur Einheit bringen müsse. »Alles hat sich mit Gewißheit genau so und so zugetragen und es darf keinen Grund geben, an der Wahrheit des Berichts zu zweifeln«: Dieser Anspruch an den Zeitungsbericht wurde in den Journalismus-Seminaren dem recherchierenden Nachwuchs als Maxime jeder Berichterstattung eingetrichtert, so, als könnten die Fakten aus sich heraus einen Sinnzusammenhang bieten.

Eine bedeutsame Äußerung einer wichtigen Persönlichkeit zum Beispiel hatte der Desk-Journalist auf ihre Korrektheit zu überprüfen; war
das Zitat den Quellen zufolge zutreffend, galt es für wahr und wirklich
und durfte ohne Angabe der Umstände (Ort, Zeit, Kontext) und bald
auch ohne Nennung des Kolporteurs (etwa andere Zeitung, Pressesprecher, Sekretär, Ehepartner) als sogenanntes Quote verwendet
werden. Das gleiche galt für die Schilderung eines Ereignisablaufes:
Hatte sich der Redakteur – so gut es eben ging – von der Glaubwürdigkeit einer Hergangsschilderung überzeugt, brauchte er diese Schilderung nicht als die Kolportage einer mutmaßlich zutreffenden Version
(etwa durch indirektes Zitieren) kenntlich zu machen, sondern durfte sie
als gesicherte Fakten im Indikativ ohne Nennung des Zeugen dartun.

Diese Verfahren wurden nach der Gründung von »Time – the
weekly news magazine« durch Briton Hadden und Henry R. Luce im
März 1923 weltberühmt. Wahr und objektiv, dabei aber glatt und
spannend zu lesen, respektlos in der Haltung und doch reich an human touch: Die »Time«-Nachrichtenmagazin-Geschichte blieb bis in
die fünfziger Jahre selbst für manche Tageszeitungsredaktion das
Vorbild des modernen Recherchierjournalismus, getreu der »Time«-
Devise, dass die Story den Eindruck von Allwissenheit und Vollständigkeit vermitteln und ihre objektivistische Schreibe – gemildert
durch farbig geschriebene Personalisierungen – als unbezweifelbar
gelten müsse.

Freilich erzeugt dieser Typ »newsstory« eine dem Leser verborgen bleibende Verdoppelung der Wirklichkeitsebenen: Der Bericht
konstruiert eine eigene, meist durch den Erzählkontext und -ablauf
definierte *künstliche Wirklichkeit*, die zwangsläufig in erheblichem
Abstand zur Ebene der Wahrnehmung des *realen Geschehens* ver-
bleibt (vgl. Enzensberger [2]1965, S. 78f.; Charnley [3]1975, S. 15f.;
Hohenberg [4]1978, S. 37f.; Haller 199, S. 283ff.).

Das Ideologische an diesem Journalismus ist darin zu sehen, dass
diese Verdoppelung verschleiert wird. Der Leser soll die künstliche
Wirklichkeit der Erzählung für die dem Erzählten zugrunde liegende
»objektive« Realität halten – eine Technik, die zuerst von den US-
Magazinen und Illustrierten, später auch von den deutschen Wirt-
schafts- und Nachrichtenmagazinen zur Kunstform entfaltet wurde.

Fakten allein genügen nicht

Dem anglo-amerikanischen Informationsjournalismus lag zweifellos eine übersteigerte Faktengläubigkeit zugrunde: Es sollten nur gesicherte Tatsachen, und diese neutral und wertfrei mitgeteilt werden – was freilich zu einer lebensfernen Nachrichtenstruktur führen müsste, die kaum Sinn- oder Handlungszusammenhänge herstellen kann. Also wurde das komplexe Geschehen auf das Tatsachengerüst reduziert und mit ein paar Quotes als »human touch« verschraubt.

Um ihre Nachrichten lebensnäher, interessanter und, vor allem, sinnmachend darzustellen, lernten zuerst die amerikanischen Journalisten, später auch ihre englischen Kollegen spezielle Deutungstechniken. Federführend war hier in den 30er Jahren das »interpretative reporting« (vgl. hierzu das Standardwerk von MacDougall [9]1987, hier zit. nach [6]1977, S. 147f.): Neben der newsstory wurden second-hand-recherchierte Hintergrundberichte verfasst, die sich mehr für das »wie« und »warum« eines Vorgangs interessierten als für die nackten Fakten des »wer, wann, was, wo?«.

Beide Muster – die factstory und das interpretative reporting – verbanden sich schließlich zur heute noch üblichen *Newsmagazinestory*. Dies ist die am Schreibtisch konstruierte, einer künstlichen Erzähldramaturgie (*focussing*) folgende, aber mit authentischen Szenen, Personen und Begebenheiten reich durchsetzte Geschichte, die das Erzählte zugleich auch interpretiert.

Seit damals wird allerdings die Frage breit diskutiert, wie weit die Nachrichtenmagazine von »Time« über »Newsweek« und »Der Spiegel« bis zum »Express«, »Le Point«, »Profil«, »Facts« und den vielen anderen Neugründungen der letzten dreißig Jahre diesen selbstgestellten Ansprüchen an die *newsmagazinestory* überhaupt noch nacheifern sollen (vgl. u. a.: Magnus/Just 1967; Landgrebe 1994). So haben die europäischen Nachrichtenmagazine seit den 50er Jahren nach und nach ihr Inventar an Darstellungsformen und -stilen erweitert. »Der Spiegel« etwa entfaltete in den 60er und 70er Jahren auch die Vor-Ort-Recherche, die Reportage, den analytischen Essay; den traditionellen Kommentar – mit und ohne Pseudonym – praktizierte »Spiegel«-Gründer Rudolf Augstein ohnehin.

Allerdings verleitet die Dramaturgie der Newsmagazinestory zum impliziten Bewerten und Beurteilen. Und so wird – gleichsam als Gegenbewegung – das tradierte Strickmuster der faktizierenden *newsstory* etwa bei den Wirtschaftsmagazinen und seit 1993 auch von »Focus« (»Fakten, Fakten, Fakten«) wieder als journalistisches Leitbild gefeiert.

Gleichwohl: Das seit dem Ende des 19. Jahrhunderts vom anglo-amerikanischen Informationsjournalismus mit publizistischem und ökonomischem Erfolg praktizierte *offensive Recherchieren* blieb das Markenzeichen der *Newsmagazinestory*. Nicht nur ungefragt gelieferte Informationen prüfen, sondern auch geheim gehaltene Fakten beschaffen und publik machen: Solch investigatives Recherchieren wurde und blieb der Anspruch der Nachrichtenmagazine. Dabei setzte der Zwang zur Story dieser Darstellungsform neue Grenzen: Verpönt war die Erörterung von Mutmaßungen (auch wenn als solche deklariert), verpönt auch das ungewichtete Schildern verschiedener Versionen desselben Geschehens; als ungehörig galt das Räsonieren oder offene Argumentieren.

In Misskredit geriet dabei der subjektive Erzählstil, etwa die Wiedergabe von Stimmungen und Empfindungen, zumal man sich vom Reportagestil früherer Sozialrecherchen und dem aufkommenden Featurestil der Boulevardpresse abgrenzen wollte.

Von der Klagemauer
zur Forums-Öffentlichkeit

Nachdem die traditionsreiche deutsche Meinungspresse im Dritten Reich fast widerstandslos zum leichtgängigen Propagandawerkzeug der NSDAP hatte umfunktioniert werden können, diente nach dem Krieg beim Wiederaufbau der deutschen Publizistik der vergleichsweise standfeste, dafür aber faktengläubige anglo-amerikanische Journalismus als Vorbild. Die per Lizenzvergabe der Alliierten gegründeten Blätter pflegten nun den Grundsatz strikter Trennung zwischen Berichterstattung und Meinungsäußerung. »Als erster verpflichtender Grundsatz stand allem voran: Die klare Trennung zwischen Nachricht und Meinung. Denn mit Hilfe bewußter Verwischung der Grenze zwischen beiden hatte der Nationalsozialismus die Öffentlichkeit irregeführt«, umriss die »Frankfurter Allgemeine Zeitung« jenes publizistische Prinzip (FAZ vom 7. Mai 1960).

Allerdings blieben die Zeitungen insofern der deutschen Berichterstattungstradition treu, als sie der eigenständigen Recherche kaum Bedeutung gaben; es wurde das berichtet, was zum Zweck der Veröffentlichung angeboten oder von den Agenturen angeliefert wurde. Das Credo der *neutralen Distanz* bei der Nachrichtenverarbeitung wurde auf die Bedingungen der Nachrichtenbeschaffung ausgedehnt. Die »Frankfurter Allgemeine Zeitung« schrieb damals: »Die Wahrheit, die ganze Wahrheit soll man aus der Zeitung erfahren, ohne Einschränkung durch falsche Rücksichten – auch nicht durch Rücksichten auf die Regierung in Bonn« (FAZ vom 4. März 1961). So kühn diese Worte auch klingen, der Recherchierjournalismus war damit nicht gemeint, vielmehr die Frage, ob Meldungen der Presseagenturen etwa aus Rücksicht auf Interessengruppen unterdrückt würden. »Gibt es Ereignisse, die nicht in der FAZ ihren Niederschlag finden?« lautete die rhetorische Frage. »Ein solches Unterdrücken gibt es nicht!« (FAZ vom 25. Februar 1961). Der Gedanke, dass wichtige Nachrichten infolge einer ständigen Informationsüberflutung der Redaktionen untergehen, kam erst Jahrzehnte später, in der Zeit der Public Relations auf.

Dass im Nachkriegsdeutschland das Selbstverständnis des Recherchierjournalismus (nämlich keiner Quelle per se zu glauben und stets auch nach solchen Informationen zu suchen, die von den Quellen zurückgehalten werden) überhaupt Fuß fassen konnte, ist dem Nachrichtenmagazin »Der Spiegel« zu verdanken. Sein Gründer und (damaliger) Chefredakteur Rudolf Augstein schuf zwei wichtige Voraussetzungen, damit sich der Recherchierjournalismus im »Spiegel« entfalten konnte: Die eine bestand im Rollenselbstbild des »Spiegel«-Redakteurs, der mit jedem Machtinhaber respektlos und mit jeder (freiwillig) angebotenen Information skeptisch umgeht; der sich selbst frei hält von Interessen Dritter und daran glaubt, dass die Wahrheit nicht im Offensichtlichen, viel eher im Verborgenen steckt. Die zweite Voraussetzung betraf die redaktionelle Ausstattung, sozusagen die Recherchier-Infrastruktur: genügend befähigte Leute, genügend Zeit, genügend Spesenmittel. Und mit diesen zwei Voraussetzungen stellte sich dann auch die dritte wichtige Bedingung ein: das Image, das öffentlich wirksamste Enthüllungsmedium in Deutschland zu sein. Also pilgerten diejenigen, die etwas aufdecken wollten (etwas aufgedeckt sehen wollten), mit ihren geheimen Akten und Dossiers im Koffer zum »Spiegel«, von dem sie auch wussten, dass er die journalistische Tugend des unbedingten Quellenschutzes besonders hoch hielt.

Viele sensationelle »Spiegel«-Enthüllungen waren keineswegs das Ergebnis investigativer Recherche, sondern der Erfolg solcher Zuträger und Informationsverkäufer. Die vielleicht spektakulärste Enthüllung betraf die Affäre um den Ministerpräsidenten von Schleswig-Holstein, Uwe Barschel, im September 1986, als dessen Pressesprecher Reiner Pfeiffer in Begleitung eines Rechtsanwalts in der »Spiegel«-Redaktion erschien und »auspackte« (wie die »Spiegel«-Redakteure und ihr Chef Erich Böhme glaubten), mutmaßlich aber von der SPD-Spitze in Schleswig-Holstein auf den »Spiegel« angesetzt wurde (vgl. die Berichterstattung des »Stern« 1990-1992 und den Bericht der »Stern«-Rechercheure, zuletzt dargestellt von Lambrecht, Müller und Sandmeyer in: Leif 1998, S. 80ff.).

Gleichwohl sind die Verdienste des »Spiegel« um den Recherchierjournalismus unstrittig, ja von historischer Bedeutung für den

Nachkriegsjournalismus in Deutschland. Seine auf Unabhängigkeit und Quellen-Skepsis gestützte Haltung, die ihm in den 60er Jahren – in der Folge der sogenannten »Spiegel«-Affäre – auch den großen Markterfolg brachte, wirkte lange Zeit als Sinnbild des *kritischen* Journalismus, der die öffentliche Kontrolle gesellschaftlicher Machtverhältnisse durch die Medien einfordert. Katherine Graham, Verlagschefin der »Washington Post« und »Newsweek«, schrieb zum 70. Geburtstag des »Spiegel«-Gründers hierzu: »Rudolf Augstein und seine Redakteure haben demonstriert, was vielleicht der Dreh- und Angelpunkt des journalistischen Metiers ist: daß es die Demokratie nicht gefährdet, sondern sie stärkt, wenn staatliche Autoritäten hinterfragt, kritisiert werden und ihnen, wenn es denn sein muß, die Stirn geboten wird.« (Spiegel Spezial 1993, S. 155).

Die machtkritische Haltung des »Spiegel« deckte sich damals mit dem Zeitgeist, der im Rückblick gern auf das Schlagwort »68er Generation« verkürzt wird. Jedenfalls wandelte sich in vielen Redaktionen das Rollenselbstbild der Journalisten, weg vom Verlautbarer, hin zum informierten Kontrolleur. In liberalen Tageszeitungen (zuerst in der »Süddeutschen« Mitte der 60er Jahre) wurde Raum für eigenrecherchierte Hintergrundberichte, Reports und Reportagen geschaffen, zudem erstmals auch der Nachwuchs entsprechend ausgebildet (den Auftakt gab die auf Initiative der »SZ«-Verleger gegründete Deutsche Journalistenschule in München). Dann entstanden neue Magazinformate des kritischen Journalismus in den öffentlich-rechtlichen Sendeanstalten (zuerst im WDR und NDR), deren Recherchen für politischen Konfliktstoff sorgten.

Es ist nicht verwunderlich, dass sich in den 70er Jahren eine den kritischen Journalismus kritisierende Gegenbewegung konservativer Gruppen formierte. Sie unterstellte, dass der Journalismus von politisch linken Intellektuellen durchsetzt sei, die sich als »Missionare« (Köcher 1986) aufspielten. Diese Kritik wurde von der einflussreichen Demoskopin Elisabeth Noelle-Neumann (Universität Mainz) befördert und mit der These gestützt, dass die Massenmedien eben doch ein Mittel der Meinungslenkung und -beeinflussung seien. Sie postulierte eine starke Medienwirkung auf das öffentliche Meinungsklima (»Die Schweigespirale« 1980) und empfahl *Gegen-*

Strategien zur Konterkarierung der journalistischen Aussagenproduktion. Im Fortgang der 80er Jahre geriet der kritische Journalismus mehr und mehr in die Defensive. Zudem haben sich seit dem Ende des Staatssozialismus die Themenfelder des allgemeinen Interesses erneut verschoben, weg vom Politischen, hin zum Privaten. In den 90er Jahren nutzten die auf Personality spezialisierten Magazine ihren Recherchierjournalismus – nach dem Vorbild der angelsächsischen Boulevardblätter – weniger zur Aufklärung als zur Durchstöberung der Privatsphäre der Prominenten.

Zur Gegenstrategie gegen den Recherchierjournalismus gehört auch eine neue, offensive Informationspolitik. So haben seit den 80er Jahren die Parteien, Gruppen und Unternehmen, aber auch die Staatsbehörden in Öffentlichkeitsarbeit investiert. Nachdem die Bundesländer in den fünfziger Jahren in ihren Pressegesetzen die Auskunftspflicht der Behörden verankert hatten, waren spezielle Amtsstellen für den Kontakt nach außen geschaffen worden, die nun professionalisiert wurden. Erhebungen ergaben Mitte der 90er Jahre, dass sich das Verhältnis zwischen Journalisten und Öffentlichkeitsarbeiter auf 3:1 verschoben habe (vgl. Belz/Haller/Sellheim 1999); zehn Jahre zuvor lag Schätzungen zufolge die Relation noch bei 6:1.

Heute wird in den meisten Einrichtungen die Informationsarbeit weniger nach öffentlichen Informationsinteressen denn nach strategischen Gesichtspunkten organisiert. Bald jede Unternehmung, jede wichtige Behörde unterhält eine gut dotierte Pressestelle, um mit Hilfe der Medien auch Public Relations betreiben und auf den Informationsfluss mit Hilfe sogenannter Medienresonanz-Analysen Einfluss nehmen zu können. Studien wiesen nach, dass selbst auf der Landesebene die Politikberichterstattung in den Medien überwiegend auf die Öffentlichkeitsarbeit der Behörden zurückgeht (Baerns 1985). Und als beste PR gilt allemal eine offensive Nachrichtenpolitik, die so tut, als wolle sie von sich aus alles offenlegen.

Unter dem Eindruck dieser neuen Informationsflut ist von manchem Medienwissenschaftler zu hören, die Zeit des Recherchierjournalismus sei nun definitiv vorüber; der moderne Rechtsstaat und die sich offen verstehende Gesellschaft mit ihrer multimedialen Infrastruktur hätten im Grunde genommen nichts (mehr) zu verbergen; krumme Touren und Verfehlungen einzelner kämen so oder so ans Licht der Öffentlichkeit, denn wegen des Medien-Konkurrenzdrucks unter Einschluss des Internet werde auch unangenehmes Material publiziert (wie zum Beispiel während der Clinton-Lewinsky-Affäre im Frühjahr 1998 die im Internet veranstaltete Publizität um angebliche Beweisstücke).

Dieselbe Ansicht hatte die »Frankfurter Allgemeine Zeitung« bereits in den 60er Jahren kund getan: »Der Versuch, eine Information, die an die Öffentlichkeit muss, zu unterdrücken, wäre bei der Fülle der Nachrichtenorgane, die es glücklicherweise bei uns gibt, lächerlich« (FAZ vom 25. Februar 1961). »Nicht anders als bei einer Geschäftskasse (werden) Unterschlagungen früher oder später aufgedeckt« (4. März 1961).

Wie naiv dieser Glaube war und ist, zeigt sich immer aufs Neue am Beispiel der Partei-Affären – und besonders nachhaltig an der Pateispenden-Affäre der CDU 1999: Dank der akribischen Recherchierarbeit der Journalisten des »Spiegel«, der »Süddeutschen Zeitung«, des »Tagesspiegel«, »Focus« und weiterer Medien konnte das Lügenspiel der Hessischen CDU rund um die in der Schweiz illegal deponierten Millionenbeträge im Januar 2000 aufgedeckt werden. Denn die Ermittlungen der Journalisten zwangen die hessische CDU-Führung, in einer Art Flucht-nach-vorn-Pressekonferenz die Verfehlungen einzugestehen (vgl. Message 2/2000).

Recherche kontra Marketing

In den USA hatte die Ideologie des Kalten Krieges einen hohen Konformitätsdruck erzeugt. Doch nach der Ermordung von Präsident Kennedy brach ein Spannungsfeld zwischen dem Informationsjournalismus und dem Weißen Haus auf, das durch die Verstrickungen der US-Politik in Vietnam weiter verschärft wurde. So zeichnete sich Mitte der 60er Jahre eine Renaissance des »muckraking« ab. Nicht nur Magazine, auch große Tageszeitungen brachten vermehrt investigativ recherchierte Stories. Wenig später führten die von der »Washington Post« bis zum Rücktritt von Präsident Nixon 1974 betriebenen Enthüllungen rund um »Watergate« zu einem Boom des *Investigative Reporting*. Auch harte Recherchiermethoden – wie: unter falschem Namen auftreten, Informanten unter Druck setzen, vertrauliche Informationen verwerten – wurden Befragungen zufolge von den meisten Journalisten akzeptiert. Als 1974 gleich vier Pulitzer-Preise für investigative Recherchen vergeben wurden, erklärte »Time« jenes Jahr zum »Year of the Muckrakers« (Redelfs 1996, S. 90).

Großen Auftrieb fand das investigative Recherchieren durch die im folgenden Jahr vollzogene Gründung der Berufsorganisation »Investigative Reporters and Editors (IRE)«. Sie ging auf die Initiative der Rechercheure des »Indianapolis Star« zurück, die sich praktischen Erfahrungsaustausch mit Kollegen anderer Zeitungen wünschten. Inzwischen zählt die Organisation mehr als 4.500 Mitglieder (knapp 4 Prozent der US-Berufsjournalisten), die sich mit Netzwerken, Tagungen und Projekten wechselseitig stützen und sehr erfolgreich für die weitere Professionalisierung des »Investigative Reporting« sorgen (Redelfs 1996, S. 223ff.).

1980 erlebte die mit ihren investigativen Recherchen so erfolgreiche »Washington Post« aber auch ihr großes Fiasko, als die junge Reporterin Janet Cooke eine recherchierte Artikelserie über den 8-jährigen Drogenabhängigen »Jimmy« publizierte, dafür den Pulitzer-Preis bekam – und anschließend des Schwindels überführt wurde: Sie hatte den 8-jährigen Hauptakteur der Story frei erfunden und so das »Jimmygate« der »Post« verursacht. Um künftig solche Pannen zu vermeiden und die Recherchequalität zu sichern, schuf die

Zeitung im folgenden Jahr ein »Investigative-Reporting-Team«, das (den Erkundigungen Redelfs zufolge) bis zu neun Personen umfasst und von einem Redakteur mit Ressortleiter-Status geführt wird. Diesem Beispiel folgten mehrere andere Zeitungen, darunter der »Philadelphia Inquierer« und das »Newsday« auf Long Island.

Dessen ungeachtet nahm im Fortgang der 90er Jahre die Zahl der Enthüllungsstories allmählich wieder ab, auch ging in vielen Medienredaktionen die Recherchierqualität drastisch zurück. Unter dem verschärften Konkurrenzdruck zwischen Online- und Printmedien häuften sich dann auch die Recherchierflops. Zu den spektakulärsten gehörte die von CNN und »Time« im Juni 1998 verbreitete Story, die USA hätten im Vietnamkrieg das Nervengas Sarin eingesetzt, eine Spekulation, die mehreren CNN-Newsproducern und sogar Chefreporter Peter Arnett den Job kosteten. Im Sommer 1998 gründete der Verleger und Journalist Steven Brill eine Zeitschrift mit der Absicht, die Medien mit journalistischen Mitteln (vor allem der Nach- und Überprüfungsrecherche) kritisch zu beobachten und Fakes und Flops schlampig arbeitender Journalisten aufzudecken – im Interesse der soliden Recherche (Monatsmagazin »Brill's Content«).

In den USA wie auch in England und Deutschland steht zu Beginn des 21. Jahrhunderts der Journalismus unter dem Druck des verschärften Medienwettbewerbs vor allem zwischen den Print- und Bildschirmmedien, aber auch innerhalb der Fernsehwelt zwischen den tradierten Programmanbietern und den Content-Producern im Internet (als Trend: Marktanpassung durch Segmentierung der Inhalte; Verschlankung der Redaktionen bei verstärktem Outsourcing).

Dieser Prozess wirkt sich auch auf redaktionelle Organisationen und auf die journalistischen Tätigkeitsprofile aus. In den großen Medienkonzernen (wie: Axel Springer Verlag, Holtzbrinck-Gruppe) zeichnet sich ein Umbau zu medienübergreifenden Redaktionen ab, die als Zentralen die verschiedenen Medien des Hauses beliefern.

Dieser Anpassungsdruck verändert auch Umfang, Art und Inhalt (wie z. B. den Themenaspekt) des Recherchierens. Beispielsweise entdeckten Ende der 90er Jahre die privaten Programmanbieter die investigativ recherchierte Story als ein gut verkäufliches Produkt für die Boulevard-Magazine. Gleichzeitig nahm die Recherchierqualität deutlich ab und die der Fakes zu, weil das redaktionelle Personal abgebaut und der Aufwand der Überprüfungsrecherche eingespart wurde. Der bekannteste unter vielen Fällen war der Fall Born: Mehrere Fernseh-Magazine auch solider Programmanbieter kauften beim freien Journalisten Michael Born in der ersten Hälfte der 90er Jahre mindestens 21 gefälschte Filme, darunter Fakes über angeblichen Ku-Klux-Klan in der deutschen Provinz, über kurdische Bombenbastler und Drogenschmuggler. Ein besonders willfähriger Abnehmer war »Stern-TV«, dessen Moderator Günther Jauch mindestens sieben Fakes unbesehen veröffentlichte. (Born wurde im Dezember 1996 wegen Betruges, Waffenbesitz, Tierquälerei u.a. zu vier Jahren Haft verurteilt – das Veröffentlichen verlogener Geschichten ist ja an sich nicht strafbar.)

Der Trend setzt sich fort: Statt selbst zu beschaffen und zu prüfen, wird von anderen (oft ungesicherten) Quellen abgeschrieben, geklaut und übernommen – nicht zuletzt dank des Internet, dessen zahllose, mit Browser-Software leicht abzusuchende Angebote den Eindruck erwecken, man könne getrost auf eine solide Recherche verzichten.

Aber auch zu diesem Trend zeichnet sich zumindest in der Tagespresse sachte ein Gegentrend ab: Um ihre Gattung gegenüber den anderen Medien zu stärken, bauen verschiedene Tageszeitungen ihre redaktionelle Recherchierkapazität vor allem im Lokalen/Regionalen aus. Einige Regionalzeitungen haben ressortübergreifende Recherche- und Reporterpools geschaffen – und damit den überkommenen Glaubenssatz des deutschen Journalismus, ein guter Redakteur habe nichts weiter als ein kommentierfreudiger Generalist zu sein, zumindest in Frage gestellt.

Recherchetypen

Gegenstand	Ereignisse und Handlungen	Offenes Thema	Geheimer Vorgang
Rechercheziel	Zurückliegende Geschehnisse rekonstruieren	Trends oder Milieus beschreiben und bewerten	Inside-Informationen öffentlich machen
Anknüpfung	Ereignisinformation	Aktueller Themenaspekt	Aussagen eines Insiders
Verfahren	Aussagen über Sachverhalte und deren Ereignisablauf unstrittig machen, Akteure ermitteln	Zu Strukturdaten Datenbasis beschaffen und mit individuellen Geschichten (Aussagen) abgleichen und füllen	Rekonstruktion des geheimen Vorgangs mit Hilfe von Zeugen, Indizien und externen »Spuren«
Methoden	Überprüfungs- und Erweiterungsrecherche oder Follow-up	Thesenrecherche, Erlebnisrecherche, Under-Cover	Aufdeckende und investigative Recherche

Begriff und Systematik des Recherchierens

Unter historischem Blickwinkel hat sich die *journalistische* Recherche seit Ende des 19. Jahrhunderts zu einem professionellen Verfahren entwickelt, mit dem Aussagen über Vorgänge beschafft, geprüft und beurteilt werden. Man nennt solche Aussagen, sofern sie für die Empfänger neu sind, vereinfacht »Informationen«. Sie gelten nicht beliebigen Vorgängen, sondern solchen, die allgemein interessant, zumindest für ein bestimmtes Publikum bemerkenswert sein sollen.

Seither haben sich – je nach Gegenstandsfeld und Medium – drei verschiedene *Recherchiertypen* herausgebildet:

- die ereignisbezogene Recherche (meist: Überprüfungs- und Vervollständigungsrecherche),

- die Themenrecherche (meist: Thesen- und Trendrecherche) sowie

- die Enthüllungsrecherche (meist: investigative Recherche oder Inside-Enthüllung).

Die Recherchierverfahren haben indessen in Deutschland, in den USA und England auch deshalb so unterschiedliche Entwicklungen durchlaufen, weil die verschiedenen Gesellschaftsordnungen und politischen Traditionen sehr unterschiedliche Auffassungen über die Bedeutung von Informationen – und also auch über deren Zugänglichkeit – hervorgebracht haben. Auffallend daran ist dies: Je mehr Bedeutung der öffentlichen Informationszugänglichkeit zugeschrieben wurde (beispielhaft: *Freedom of Information Act*), um so ausgeprägter war auch der Recherchierwille der Journalisten. Der investigative Journalismus etwa rechtfertigte sein Handeln mit der auf Kontrolle angewiesenen Demokratie und dem Leitbild der informationsoffenen, aufgeklärten Gesellschaft, wenn es darum ging, rückhaltlos Öffentlichkeit herzustellen.

Dies ist augenfällig: Die Traditionsunterschiede haben keine unterschiedlichen Verfahren sondern Abstufungen in der Recherchiertiefe und den Tabuzonen hervorgebracht. Während in Deutschland die Schnittstelle zwischen öffentlichem Amt und Privatsphäre überwiegend tabu blieben und enthüllende Recherchen als ungehörige Schnüffeleien diskreditiert werden, besitzt die investigative Recherche im angelsächsischen Raum hohes Renommee. Dort wird die Freiheit der Presse nicht einfach als gewährleistet abgehakt, sondern als journalistische Praxis begriffen. So ist die Geltung der Informationsfreiheit (unter anderem) auch ein Verdienst des Recherchierjournalismus.

Die zuvor im Durchgang durch die Geschichte des Recherchierjournalismus ermittelten Methoden und Verfahren sind für die journalistische Recherche konstitutiv und lassen sich in folgenden fünf Merkmalen zusammenfassen:

- **Erstens** geht es um Aussagen, die ohne Recherchierverfahren nicht preisgegeben würden. Die Recherche folgt dabei dem *Prinzip Öffentlichkeit:* Sie soll offenlegen, was ohne sie im Verborgenen bliebe. Das Entgegennehmen oder Abrufen bereitgelegter Informationen (etwa: Mitteilungen von Pressediensten, Internet-Daten) ist keine Recherche. Das Recherchieren beginnt erst mit dem Überprüfen dieser abgerufenen Informationen.

- **Zweitens** muss sich die journalistische Recherche gelegentlich auch gegen den Willen Betroffener und/oder Beteiligter durchsetzen – und hat darum das Problem der Legalität, vor allem das *ihrer Legitimität* zu lösen. Die gegen den Willen Dritter durchgesetzte, mithin aufdeckende Recherche rechtfertigt sich nicht aus sich selbst. Öffentlichkeit um ihrer selbst willen besitzt keine Legitimation. Aber auch partikulare Interessen (Profit, Rache, Neid, Macht) rechtfertigen sie nicht. Die gegen den Geheimhaltungswunsch Betroffener und/oder Beteiligter gerichtete Recherche ist aber dann legitim, wenn sie sich mit Aussagen befasst, an deren Offenlegung ein allgemeines Interesse besteht. Dieses übergeordnete so genannte *öffentliche Interesse* ist demokratietheoretisch begründet und grundrechtlich verankert. Über die Geltung des öffentlichen Interesses entscheidet im Konfliktfall die Rechtsprechung.

- **Drittens** befassen sich professionelle Recherchierverfahren nicht mit jeder beliebigen Information; nur solche Aussagen sind

Gegenstand, die sich auf die *sinnlich wahrgenommene Wirklichkeit* beziehen und deren Gültigkeit – umgangssprachlich: deren Wahrheit – ermittelt werden kann. Umgekehrt gesagt, soll sich die Recherche nicht mit Aussagen befassen, die keinen *faktischen* Bezug zur Wirklichkeit haben. Darunter fallen etwa literarische Aussagen, aber auch solche des Glaubens und Meinens. Das heißt: Meinungsäußerungen sind ihrem Inhalt nach kein Objekt der Recherche. (Recherchiert werden kann freilich der faktische Sachverhalt, ob die fragliche Meinung tatsächlich, wann, wo und von wem, geäußert wurde.)

- **Viertens** sind diese Verfahren darauf aus, stattgefundene Vorgänge nachzukonstruieren. Sie beschaffen faktische Aussagen, prüfen deren Wahrheitsgehalt – und ordnen sie so, dass sie einen Zusammenhang ergeben. Dieser Zusammenhang soll einen Sinn erzeugen, indem der recherchierte Vorgang in seinem Ablauf, seinen Voraussetzungen und Folgen verstanden wird. Aussagen, die einen *Sinnzusammenhang* schaffen, haben keinen faktischen, sondern einen *deutenden* (interpretierenden) Bezug zur Wirklichkeit. Eine vollständige Recherche ist darum ein Mix aus faktizierenden und interpretierenden Aussagen, wobei sich die interpretierenden auf die faktischen beziehen müssen.

- **Fünftens** sind die Ergebnisse journalistischer Recherche darauf angelegt, *allgemeinverständlich* vermittelt zu werden. Der Rechercheur bedient sich hierfür der Sprache. Nichtsprachliche Aussagen (Bilder, Szenen, Daten) dienen als Belege, sind also Mittel, nicht aber selbst das Ziel einer Recherche (Ausnahme: die Beschaffung eines Dokuments um seines Inhaltes willen). Auch ist die Sichtung bereits vorhandener Wissensbestände – etwa das Durchsuchen von Datenbanken und Archiven – im eigentlichen Sinne nur eine Vorrecherche, mit der Materialien beigebracht werden. Mit diesen Materialien lassen sich Zusammenhänge herstellen, die zur Interpretation neuer (noch nicht gewusster) Aussagen nützlich sind. D. h.: Im Kern jeder Recherche steht die Beschaffung, Überprüfung, Bewertung und Deutung des Neuen im Rahmen des schon Bekannten.

Recherchieren: Schnittlinie aus Zugänglichkeit und Beschaffungsakribie

passive Informationsverarbeitung — **aktive Informationsbeschaffung**

zugänglich

- Den Medien angebotene Informationen →
  allgemein zugängliches Geschehen (Beobachtung, Mithören, Kolportage, Lektüre)
- → Pressekonferenzen, Communiqués, Veranstaltungen (Events)
- Nachgefragte Informationen →
  → Interviews, Anfragen (Auskunft), Absuchen von Wissensbeständen
- Nachgefragte und überprüfte Inform. →
  → zusätzl.: Befragungen, Augenschein, Datenauswertung
- Nachgefragte, überprüfte und erweiterte Inform. →
  → Systematische Befragungen u. Auswertungen
- Investigativ beschaffte und überprüfte Informationen →
  → zusätzl.: Quellen unter Druck setzen
- Exklusiv angebotene enthüllende Informationen (Insider) →
  → zusätzl.: Indizienbeschaffung
- Investigativ beschaffte und überprüfte enthüllende Insider-Informationen →
  → alle (legalen) Methoden

unzugänglich

Rechercheziel: offenlegen

© M. Haller

Einstellungen zu Recherchiermethoden

Die Journalistik (als Wissenschaft des Journalismus) hat sich in den USA wie auch in Europa schon früh dafür interessiert, ob Journalisten umstrittene, auch aggressive Recherchiermethoden für vertretbar halten. Die Journalismusforscher halten solche Einschätzungen für Indikatoren der journalistischen Berufsrolle, etwa, ob sich Journalisten eher als Meinungsmacher, eher als Berichterstatter, eher als Kontrolleure oder eher als Sachwalter einer kritischen Öffentlichkeit usw. sehen.

Auf der Basis einiger berufssoziologischer Erhebungen in den 70er Jahren führten zwei Professoren an der Journalistenschule der Indiana University, David H. Weaver und G. Cleveland Wilhoit, 1982/83 eine Repräsentativerhebung durch und wiederholten ihre Befragung zehn Jahre später. Etwa zeitgleich fanden auch zwei (allerdings nicht repräsentative, methodisch fragwürdige) Studien in Großbritannien und Westdeutschland statt (1982). Ebenfalls etwa zehn Jahre später führten zwei Forschergruppen unabhängig voneinander zwei Repräsentativerhebungen in Deutschland durch: die Hannoveraner Gruppe in Westdeutschland, die Münsteraner in Gesamtdeutschland.

Die Tabelle (Seite 44) gibt eine Übersicht über die in Bezug auf Recherchiermethoden aufschlussreichen Fragen aus den verschiedenen Erhebungen. Bei der Interpretation der Antworten ist allerdings Vorsicht geboten. Denn erstens wurden die Stichproben auf unterschiedliche Art gezogen (die beiden deutschen unterscheiden sich zum Beispiel auch darin, dass die Münsteraner die freien Journalisten einbezogen haben, die Hannoveraner aber nicht); zweitens weichen die Formulierungen einzelner Fragen voneinander ab, und drittens wurden unterschiedliche Antwortmöglichkeiten in den Fragebögen definiert (Ja/Nein-Schema hier, abgestufte Antwortkategorien dort). Hinzu kommen weitere Unterschiede in den Befragungsmethoden (wie: mal telefonische, mal face-to-face-Befragung).

Einstellungen zu umstrittenen Recherchemethoden im internationalen Vergleich

Recherchemethoden	kann gerechtfertigt bzw. vertretbar sein (in Prozent)					
	USA (1982/83)[1]	GB (1982)[2]	BRD (1982)[2]	USA (1992)[3]	BRD (1992)[4]	Deutschland (1993)[5]
	(n=1.001)	(n=405)	(n=450)	(n=1.156)	(n=983)	(n=1.498)
Inkognito in einem Betrieb arbeiten, um an Informationen zu kommen	67,0	73,0	36,0	63,0	46	21,7 (53,8)*
Vertrauliche/geheime Unterlagen benutzen	55,0	86,0	57,0	81,0	75	26,5 (53,7)
Informanten unter Druck setzen	47,0	72,0	8,0	49,0	6	2,2 (11,8)
Persönliche Unterlagen ohne Zustimmung veröffentlichen	28,0	53,0	5,0	47,0	10	1,9 (11,3)
Für vertrauliche Informationen bezahlen	27,0	69,0	25,0	20,0	28	19,3 (41,1)
Sich als andere Person ausgeben	20,0	33,0	22,0	22,0	28	18,9 (45,2)
Vertrauliche Quellen preisgeben	5,0	4,0	1,0	5,2	3	0,0 (3,7)
Versteckte Mikrofone/Kameras einsetzen	–	–	–	63	22	12

[1] Quelle: Weaver/Wilhoit 1986; 139.
[2] Quelle: Köcher 1985; 47, 49.
[3] Quelle: Weaver/Wilhoit 1992.
[4] Quelle: Schneider/Schönbach/Stürzebecher 1993; 375.
[5] Quelle: Weischenberg 1995; 464.
* in Klammern: Prozentanteil inkl. der Antwortkategorie »teils-teils« vertretbar.

Auch unter Berücksichtigung dieser Unschärfen fallen die Unterschiede zwischen angelsächsischem und deutschem Rollenselbstverständnis ins Auge – und belegen die zuvor hergeleiteten Abweichungen im Werdegang des Recherchierjournalismus: Die scheinbare Skrupellosigkeit britischer und US-amerikanischer Journalisten in Bezug auf Täuschungsmanöver und aggressives Newsgetting ist nicht Merkmal einer schlechteren Moral, sondern Ausdruck eines anderen, nämlich extensiveren Verständnisses von Öffentlichkeit (oder umgekehrt: eines geringeren Geltungsbereichs der Privatsphäre). Folglich sehen sich dort die Journalisten als militante Sachwalter des Öffentlichen, während deutsche Redakteure fortgesetzt eine Art Güterabwägung betreiben zwischen den gesellschaftlichen Tabusphären, dem öffentlichen Auftrag und der Berufsmoral. Da kann man schon verstehen, dass Befragungen zufolge hier Recherchieren als anstrengender empfunden wird als in den USA. Eine internationale Studie (»Media and Democracy-Project« 1991/92) ergab jedenfalls, dass US-amerikanische Journalisten beim Vorbereiten eines Berichts häufiger Augenzeugen, Politiker, Experten und Sprecher von Organisationen befragen als ihre deutschen Kollegen; diese wiederum begnügen sich häufiger mit Pressemitteilungen und Agenturmeldungen als ihre US-Kollegen (vgl. Donsbach 1993, S. 290). Damit bestätigt die Forschung das Bild vom eher behördlich denkenden, auf »Correctness« und seine Berichterstattungspflichten fixierten deutschen Journalisten.

Zur Theorie der Recherche

Die in den Medienwissenschaften in den vergangenen Jahrzehnten aufgeworfenen Fragen nach der Theorie der Recherche zielten in zwei sehr unterschiedliche Richtungen. Die eine hat die *Funktion der Medien* im Allgemeinen und die Rolle der Journalisten im Besonderen zum Gegenstand. Die andere interessiert sich für den Zusammenhang zwischen unseren Wirklichkeitsbildern und der medialen Aussagenproduktion; sie thematisiert somit *Fragen der Wahrnehmung.*

Mit dem Komplex »Medienfunktion« hat sich die Journalistik im Gefolge der Sozialwissenschaften befasst. Unter der in den 90er Jahren dominanten systemtheoretischen Perspektive besitzt die journalistische Recherche indessen keine besondere Bedeutung, sondern gehört zum Arsenal journalistischer »Berichterstattungsmuster«, mit denen Themen aus der Umwelt aufgegriffen, bearbeitet und der Umwelt wieder dargeboten werden (Rühl 1980; Weischenberg 1995, S. 111ff.): Journalismus wird hier als eine Art (Wieder-)Aufbereitungsanlage (miss)verstanden.

Ergiebiger waren da schon die demokratietheoretischen Erwägungen der Politikwissenschaft, die bereits in den 60er Jahren das für den Journalismus normativ wirksame Konzept des öffentlichen Interesses entwickelten. Es basiert freilich auf der Prämisse, dass die politische Informiertheit der Bürger als Bedingung ihrer Handlungsfähigkeit unterstellt werden muss. Im übrigen wurde mit dem Konstrukt des *öffentlichen Interesses* ein bedingt praktikables Gegengewicht zum Persönlichkeitsrecht mit seinen Schutzsphären geschaffen, was sich aber demokratietheoretisch schlüssig begründen lässt.

In wahrnehmungstheoretischer Hinsicht sind die Kommunikationswissenschaften der Frage nachgegangen, unter welchen Gegebenheiten die Medien Wirklichkeit konstruieren – und ob deren Konstruktionen andere Wirklichkeitsbilder erzeugen, als man sie aus dem Alltagsleben kennt. Die Antwort war und ist einfach: Selbstverständlich erzeugen die Medien ein anderes, nämlich *medienspezifisches* Bild als etwa die Natur- oder die Sozialwissenschaften, anders auch als das Rechtssystem oder die Religion; anders aber auch als die individuelle Wahrnehmung der Lebenswelt.

Die Medien, auch die journalistisch gemachten, konstruieren Wirklichkeiten – freilich nach Verfahren und Regeln, die nichts mit Lüge und Irreführung, sondern mit funktionsdefinierten Nutzungszwecken im Prozess öffentlicher Medienkommunikation zu tun haben – so vor allem mit

- dem Zweck, komplizierte und undurchschaute Vorgänge einfach und durchschaubar zu machen, um sie zu verstehen (= Orientierung durch Reduktion von Komplexität);

- dem Zweck, das Wichtige vom Belanglosen zu trennen und deutlich zu machen (= Selektion);

- dem Zweck, auf Gefahren und Risiken im Zusammenleben der Menschen hinzuweisen, also diese besonders herauszustellen (= Signal-/Alarmfunktion); oder

- dem Zweck, die in der Gesellschaft wirksamen Normen und Denkweisen zur Diskussion zu stellen (= Diskursfunktion).

Dies alles sind Mediennutzungszwecke, die direkt oder indirekt nur durch Recherchierarbeit zu erfüllen sind.

Vor diesem Hintergrund verkürzen sich die recherchiertheoretischen Fragen auf pragmatisch zu lösende Probleme der journalistischen Profession, etwa: Wie müssen die Verfahren aussehen, damit sie den Erfordernissen an die Medienkommunikation auch genügen? Dieses Buch unternimmt den Versuch, diese Fragen praktisch zu beantworten.

ZWEITER TEIL

WIE MAN DER SACHE AUF DEN GRUND GEHT

Eine Einführung in die Grundzüge des methodischen Recherchierens

Übersicht

Dieser zweite Teil ist für die Überflieger gedacht, die eine knappe Einführung in die Grundregeln des methodischen Recherchierens wünschen.

Er orientiert sich an den Verhältnissen im Lokaljournalismus und beschreibt das Recherchierverfahren in der Reihenfolge, in der auch praktisch gearbeitet wird: Von der Ausgangsinformation und deren Überprüfung zum Themenaspekt, weiter über die Materialbeschaffung und die Thesenentwicklung bis zur Auswertung der Recherche, an die sich das Schreiben des Artikels anfügt.

In diesem Teil nicht behandelt werden die technischen Mittel (mehr dazu im vierten Teil) und das Medienrecht (achter Teil). Sie sind aber ebenfalls tragender Bestandteil einer Einführung ins Recherchieren, auch für Überflieger.

2.1 Ziele und Grenzen der Recherchierarbeit

Das Ziel jeder journalistischen Recherche besteht darin, Geschehnisse möglichst genau und umfassend in Erfahrung zu bringen – und die dabei gewonnenen Informationen, so weit sie zutreffend sind, in einen Sinnzusammenhang zu stellen und öffentlich zu machen.

Mit dieser Feststellung ist auch schon eine inhaltliche Aussage getroffen: Wir Journalisten haben für die Inhalte der Nachrichten *öffentlich* einzustehen: dass sie zutreffend, dass sie hinreichend wichtig und dass sie nachvollziehbar sind. Diese drei Erfordernisse haben nicht nur eine medienrechtliche, sondern vor allem eine publizistische Dimension. Sie umreißen (im Rahmen des rechtlich Erlaubten) sowohl die Ziele als auch die Grenzen des Recherchierens.

Relevanz: Ist das Geschehen oder das Thema tatsächlich von *allgemeiner* (vor allem politischer) Bedeutung? Bringen die beschafften Informationen *wichtige* (folgenhafte) Aspekte des Ereignisses zum Vorschein? Oder sind die Sachverhalte doch wenigstens für einen Teil meiner Leserschaft von Interesse oder von praktischem Nutzwert?

Gültigkeit: Sind die Informationen (bzw. die Aussagen der Informanten) in Bezug auf die Sachverhalte, über die sie berichten, tatsächlich *zutreffend?* (Umgangssprachlich wie juristisch gefragt: Sind die Informationen auch wirklich wahr?)

Verstehbarkeit: Sind die Informationen hinreichend präzis und umfänglich, um das Geschehene und seine Zusammenhänge, wenn möglich auch seine Bedeutung (wie: Folgenhaftigkeit) nachvollziehen zu können? Die sprachliche *Verständlichkeit* der Informationen wird ohnehin erwartet.

Jede der drei Forderungen mündet notwendig in Recherche. Und da eigentlich alle drei von uns einzulösen sind, ist Recherchierarbeit unabdingbar mit Journalismus verbunden.

Ziel des Recherchierens ist die Einlösung dieser drei Forderungen. Wird es erreicht, dann kann der Journalist am Ende seiner Arbeit

- die *Sachverhalte* eindeutig und detailliert darstellen,
- den Geschehens*verlauf* zutreffend rekonstruieren,
- die *beteiligten Personen* mit ihren Zuständigkeiten (Rollen) und gegebenenfalls Verantwortungen nennen,
- wahrscheinliche Ursachen und mutmaßliche Folgen des
- Geschehens skizzieren, vielleicht auch
- die Bedeutung des Geschehens für die Leser- bzw. Hörerschaft oder für Teile dieses Publikums aufzeigen.

Die Grenzen: Wenn nun dieses Ziel *jederzeit* und gegenüber *jeder Information,* die auf den Schreibtisch flattert, zu erfüllen wäre, dann müssten die Zeitungsredaktionen ihren Personalbestand vervielfachen. Man male sich eine Überprüfungsrecherche bei jeder der fünf bis zehn Unfallmeldungen aus, die in einer größeren Stadt Tag für Tag über den Ticker kommen: Recherchieren wäre hier praktisch unsinnig. Man stelle sich aber auch umgekehrt eine Redaktion vor, die Informationen vom Hörensagen, etwa über eine Bestechung oder die Rücktrittsdrohung eines Politikers, unüberprüft in die Spalten hebt: eine Fahrlässigkeit, die leider zum publizistischen Alltag gehört.

Folgerung: Die redaktionellen Mittel sollten *zweckmäßig* (Frage: Welcher Aufwand ist bei diesem Thema gerechtfertigt?) und *effizient* (Was kann ich bei diesem Informationsstand in welcher Zeit vermutlich in Erfahrung bringen?) eingesetzt werden.

Die Stoßrichtung: Gerade recherchierfreudige, aber unerfahrene Nachwuchs-Journalisten neigen dazu, in die Breite statt in die Tiefe zu recherchieren.

In die Breite recherchieren heißt: Man beschafft sich immer mehr Material über das Umfeld, zur Vor- und Vorvorgeschichte und über alle möglichen Folgen. Bald einmal entdeckt der Rechercheur, dass alles mit allem zusammenhängt – und auch, dass ihm das Material wie der Grießbreiberg in Grimms Märchen über den Kopf gewachsen ist. Ratlosigkeit ist dann oftmals das Ergebnis.

In die Tiefe recherchieren heißt: Man grenzt das Thema auf einige relevante Vorgänge ein, rekonstruiert deren Geschehensverlauf mit hoher Detailgenauigkeit, ermittelt die Rollen der daran Beteiligten und stellt den Zusammenhang zwischen Handlungen und Handelnden her. Die Recherche ist nicht dann zu Ende, wenn der Journalist alles weiß (dann dauert sie nämlich ewig), sondern wenn alle *nahe liegenden* Fragen beantwortet und die Handlungszusammenhänge *plausibel* gemacht werden können.

Das Vorgehen: Braucht man für dieses Vorgehen tatsächlich eine Methode – oder ist nicht ein von Intuition und gesundem Menschenverstand geleitetes Handeln besser?

Um Missverständnissen zuvorzukommen: Es gibt selbstverständlich Journalisten und Journalistinnen, die unbeschwert von jedwelcher Methode recherchieren – und hervorragende Ergebnisse erzielen. Man könnte so jemanden den *intuitiven Rechercheur* mit dem »richtigen Riecher« nennen. Das sind Kolleginnen und Kollegen, die »irgendwie« immer das gerade Richtige tun: die überraschend sanft flötend mit einem rüpeligen Beamten umgehen, aber dessen blasierten Vorgesetzten unmissverständlich hart und dabei erfolgreich anpacken; die mit pedantischer Pingeligkeit einen scheinbar belanglosen Sachverhalt abklären, der sich wenig später als großer Knüller und Angelpunkt für das ganze Thema erweist – und so weiter.

Solch begabten Journalisten Methodenzwang, auch Disziplin beizubringen, könnte dazu führen, dass sie ihre somnambulische Sicherheit verlieren und schlechter statt besser werden. Aber machen wir uns nichts vor: Die meisten Journalisten, die sich für besonders begabte Recherchier-Genies halten, sind es im redaktionellen Alltag nicht. Hin und wieder gelingt ihnen zwar ein Treffer, doch der muss dann über allzu viele Flops hinwegtrösten. Tatsächlich tappen sie immer wieder ins Fettnäpfchen und verpfuschen durch Fehlverhalten selbst leicht zu erlangende Informationen. Ihnen mangelt es nicht nur an Disziplin und Realismus, sondern auch am Wissen über methodisch richtiges Vorgehen zumal bei enthüllenden Recherchen.

Vor allem jüngere Journalisten kennen die methodischen Grundzüge des Recherchierens nicht. Draufgängertum oder Unsicherheit und Zurückhaltung hindern sie dann oft daran, der Sache wirklich auf den Grund zu gehen. Zwar werden Informationen beschafft, doch bleiben die Abklärungen oberflächlich. »Da hätte man mehr herausholen können«, lautet dann das unbestimmte Gefühl, das den Verfasser des Berichts, seinen Chefredakteur und vielleicht auch viele seiner Leser oder Hörer beschleicht.

Der folgende Abschnitt gibt anhand eines fiktiven Beispiels eine Einführung in das *methodische* Recherchieren mit seinen inhaltlichen Implikationen und handwerklichen Regeln. Er ordnet die dabei anzuwendenden Verfahrensmuster in *zwölf Grundregeln:* sozusagen das kleine Einmaleins des Recherchierens.

2.2 Das methodische Recherchieren

Die nachfolgend beschriebenen Verfahren greifen die zuvor genannten drei Dimensionen *Relevanz, Gültigkeit* und *Verstehbarkeit*
auf und erörtern die Recherchierschritte in der Reihenfolge, in der
auch praktisch recherchiert wird. Zur Veranschaulichung dient ein
fiktives, realen Vorkommnissen nachkonstruiertes Beispiel aus dem
lokaljournalistischen Alltag.

2.2.1 Ist die Information wichtig? (Relevanz)

Unsere Bedingung der *Relevanz* der Ausgangsinformationen funktioniert in erster Linie als Filter für den angemessenen Einsatz der
stets knappen redaktionellen Ressourcen: Ist das Thema a) wichtig
und/oder b) interessant genug, um den Aufwand einer Recherche zu
rechtfertigen?

Die erste Grundregel heißt: Die Ausgangsinformation
(oder die Themenidee) muss einen allgemein wichtigen
und/oder für die Leser/Hörer/Zuschauer interessanten,
sie betreffenden Aspekt aufweisen.

Die Wichtigkeit des Themas hängt in erster Linie von der (mutmaßlichen) Tragweite des Ereignisses und von der Rolle der daran Beteiligten ab: Privates Handeln ist öffentlich irrelevant, geschäftliches
indessen kann bedeutsam sein (wenn es für Beteiligte oder Betroffene folgenhaft ist). Politisches Handeln ist in einer Demokratie per
se bedeutsam. Und besonders wichtig sind legitimationsbedürftige

Handlungen bzw. Vorhaben von Behörden und Politikern: An Informationen über ihre (Amts-)Handlungen besteht ein *öffentliches Interesse*.

Hinzu kommen publizistische Erwägungen: Mit welchen Themenfeldern will sich mein Sender, meine Zeitung, mein Ressort in der Öffentlichkeit und vor der Leserschaft profilieren? Welche Themen sind schon aus medienspezifischen Gründen ungeeignet? (Beispiele: für eine Radiosendung sollte man O-Töne, für einen Fernsehbeitrag Bilder beschaffen können; eine Boulevardzeitung muss personalisieren und kann komplexe Themen nicht komplex darstellen.)

Das Interesse am Thema hängt ab
- von den Lebensverhältnissen des Publikums (die Medienforschung spricht von der Soziodemografie und -kultur der Rezipienten, die Medialeute haben hierfür den Ausdruck »Nutzer«, im Zeitschriftenbereich »Zielgruppe« in Umlauf gesetzt),
- vom Verbreitungsgebiet (wie: Lokalteil, Stadt/Land, Überregionales, Rubriken) mit seiner Struktur und seiner Geschichte,
- vom Zeitgeist, der sich in Denkweisen (Einstellungen), Strömungen, Moden niederschlägt.

Diese drei Bezugspunkte sollten mitbedacht werden, wenn ein Ereignis oder ein Thema aufgegriffen wird.

Die Relevanz ist aber nicht nur Themenfilter. Sie gibt der Recherche auch die *Stoßrichtung*. Denn das Thema soll ja so vertieft werden, dass im Fortgang der Recherche gerade die interessanten (bedeutsamen, folgenreichen) Sachverhalte zum Vorschein kommen. Der Journalist recherchiert also nicht einfach drauflos (er greift nicht zum Telefon und ruft die erstbeste Adresse an, um dann ins Blaue hinauszufragen). Vielmehr: Er fragt
a) zuerst einmal *sich selbst*, was er wissen sollte und darum in Erfahrung bringen muss,
b) welche Fragen die *allgemein* wichtigen sind und/oder
c) welche Informationen seine Leser oder Hörer in erster Linie betreffen.
Erst dann beginnt er mit der Materialbeschaffung.

Checkliste Relevanz

- Ist das Ereignis/ der Vorgang/ das Thema aus der Sicht der Leser/Hörer/Zuschauer von allgemeiner Wichtigkeit? (= Öffentliches Interesse im Feld des Politischen oder Folgenhaftigkeit für das Alltagsleben)

- Welche Rollen spielen die Beteiligten? (Es geht um behördliche oder geschäftliche, nicht um private Handlungen)

- Für wen ist der Vorgang/ das Thema praktisch interessant? (= Bezugnahme auf die Lebensverhältnisse oder auf den Nutzwert im Alltag des Publikums)

Beispiel: Auf einer Pressekonferenz des Versicherungskonzerns Aurora erfährt der Lokalredakteur, dass in der Innenstadt an der Heinrich-Straße ein riesiges Überbauungsprojekt mit neuartigen multiplexen Freizeit-Erlebnis-Anlagen (Projekttitel: *Babylon*) kurz vor der Genehmigung stehe. Das Thema scheint interessant, zumal die Bevölkerung auf Veränderungen im Stadtbild zunehmend sensibel reagiert.

Erste Abklärungen dienen der Konkretisierung, um das Thema besser einschätzen zu können: Wo, was und wann soll abgerissen bzw. umgebaut werden?

Vor der Frage, ob nun der (möglicherweise prekäre) Vorgang der Erteilung der Baubewilligung oder Näheres über das Bauobjekt recherchiert werden soll, entscheidet sich der Journalist für die aus der Sicht der Stadtbewohner wichtigere Frage nach dem Projekt: Was wird verschwinden? Welche neuen Nutzungen sind vorgesehen? Welche Auswirkungen auf die Umgebung (Verkehrserzeugung, Lärm), evtl. auf das Stadtleben (Milieus) sind nach Stand der Kenntnisse zu erwarten?

2.2.2 Ist die Information zutreffend? (Gültigkeit)

Das Beispiel zeigt, dass jede Recherche nicht im luftleeren Raum beginnen soll, sondern immer schon *etwas voraus* hat: ein Ereignis, verschiedene Geschehnisse – oder auch nur das Reden von Leuten über einen Vorgang, also ein Gerücht. Selbst Trendthemen (etwa: »Wie steht es mit den arbeitslosen Jugendlichen in unserer Stadt?«) setzen faktizierbare Vorgänge voraus, die als statistische Daten den Trend belegen müssen – andernfalls wäre es nur eine Spekulation, eine Idee, ein beliebiger Einfall des Journalisten.

> **Als zweite Regel gilt:** Jedes journalistische Thema basiert auf überprüfbaren Aussagen (= Informationen) über Vorgänge und Ereignisse, deren Gültigkeit als Erstes abgeklärt werden muss. Jede Recherche beginnt also mit der Überprüfung der Informationen, die den Ausgangspunkt lieferten (Basisrecherche).

Das journalistische Vorgehen ist geprägt von *Skepsis*. Denn der Journalist fragt sich beim Lesen/Hören zugetragener Informationen zuallererst und stets aufs Neue: »Stimmt es überhaupt?« Zu seiner Grundhaltung gehört, nichts zu glauben: Nur so entgeht der Rechercheur auch wirklich dem Risiko, Zeitungsenten nachzujagen, aber auch der vielleicht noch größeren Gefahr, dem eigenen Vorurteil aufzusitzen.

Wie und was kann man überhaupt überprüfen? Diese Frage entscheidet sich meist schon auf Grund der Nachrichtenquelle: *Wer* hat mir *was* geliefert? Bei einer *Agenturmeldung* darf (muss) der Journalist in aller Regel davon ausgehen, dass die Informationen von den Agentur-Kollegen bereits überprüft wurden. Und wie ist es mit dem Polizei-Kommuniqué? Oder dem Jahresabschlussbericht des Konzerns Hoffnungsfroh?

Man fährt gut mit der Faustregel, dass die Quelle umso zuverlässiger ist, je distanzierter sie zu den berichteten Sachverhalten steht.

Wenn das Polizei-Kommuniqué einen Autounfall vermeldet, den die Polizei aufgenommen hat, dann besteht kein Grund, an der Gültigkeit der Aussagen zu zweifeln: Die Polizei amtete nicht parteiisch, sondern in der Rolle des *neutralen Experten.* Wenn aber das Kommuniqué von einem Polizeieinsatz gegen Demonstranten handelt, bei dem es zu handfesten Auseinandersetzungen kam, dann ist die Polizeimeldung ebenso *parteiisch* wie der Bericht der Demonstranten – und darum ebenso wie jener zu überprüfen.

Die dritte Grundregel lautet: Eine Quelle gilt als umso zuverlässiger, je neutraler (unvoreingenommener) sie zum Thema oder Ereignis steht. Vertritt die Quelle spezifische Interessen oder ist am Geschehen beteiligt, dann ist ihre Neutralität eingeschränkt (Befangenheit, Vorteilnahme, Parteilichkeit) oder ganz in Frage gestellt.

Was eigentlich soll nun an der Meldung, an dem Kommuniqué, der Berichterstattung, Kolportage oder dem Gerücht *überprüft werden?* Zunächst einmal die mit den Informationen gelieferten objektivierbaren Sachverhaltsaussagen:

»Wer« alles hat eigentlich »was« und »wann« genau »wo« veranlasst/durchgeführt/erlebt/erlitten/angekündigt usw.?

Wir orientieren uns an den ersten vier der sechs berühmten, uralten »W«-Fragen, die jeder Zeitungsbericht beantworten sollte, weil ihre Antworten überprüfbare Sachverhalte betreffen (sie lauten: »wer«, »was«, »wann«, »wo« – und die übrigen zwei heißen »wie« und »warum«). Ob der Unfall tatsächlich 10 Minuten vor oder doch erst kurz nach 12 Uhr stattfand, kann eindeutig ermittelt werden, es gibt da nur drei Antwortmöglichkeiten (ja/nein/nicht feststellbar). Ob die Sicht an dieser Stelle beeinträchtigt ist, ob die Ampeln in Betrieb, Alkohol im Spiel oder die Geschwindigkeit überhöht war: Dies alles kann unbesehen der Meinungen und Einschätzungen der Beteiligten so genannt objektiv – und das heißt: nach Maßgabe der »intersubjektiven Überprüfbarkeit« – abgeklärt werden.

Intersubjektive Überprüfung bedeutet: Die Information muss so gefasst werden, dass sie von denen, die den Sachverhalt kennen (z.B. die Fachleute, Augenzeugen), möglichst bestätigt wird – dass sie also *unstrittig* ist. Was nicht geklärt werden kann, mithin strittig bleibt (wie: Uneinigkeit über den Beginn des Vorgangs, also das Wann), muss als solches gekennzeichnet werden, etwa, indem der Journalist die voneinander abweichenden Versionen referiert (A erzählt es so, B indessen will es so gesehen haben).

Checkliste Gültigkeit von Informationen

- **Quellenlage:** Je unbeteiligter der Informant, desto neutraler die Information; je neutraler die Aussage, desto weniger verzerrt (aber auch: desto distanzierter) ist sie.

- **Sachverhalte:** Nur faktizierbare Aussagen sind sachverhaltlich und überprüfbar (Minimalcheck: Wer, was, wann, wo?).

- **Überprüfung:** Aussagen (so weit möglich) unstrittig machen; strittig gebliebene Aussagen als Versionen kennzeichnen.

Im Unterschied zu den ersten vier »W«s ist die Überprüfung der fünften »W«-Frage nach dem »Wie«, also der Art und Weise, den Umständen und Motiven, nicht so eindeutig, weil es nicht nur um Sachverhalte, sondern um Prozesse (wie: Chronologie), aber auch um Einflussnahmen, Absichten (Motive) und Handlungsspielräume geht, die erst noch ergründet werden müssen.

Noch heikler ist es mit dem letzten »W«, der Frage nach dem »Warum«: Hier geht es um Ursache und Wirkung, also um Kausalitäten, und diese betreffen oftmals Absichten und Zielsetzungen. Sie werden meist verborgen gehalten und erfordern darum eine *Interpretation der Informationen*, damit ein sinnmachender Kausalzusammenhang erkennbar wird. Mit anderen Worten: Die Antwort auf die Frage nach dem »Warum« ist immer auch eine *Deutung des Geschehenen* nach Maßgabe eines sinnerzeugenden *Denkmodells*, hier

dem Modell der Kausalität (es gibt ja auch andere Modelle zur Rekonstruktion von Realitäten, etwa wahrscheinlichkeits- und system-
theoretische, die aber im praktischen Journalismus nur ausnahmsweise zweckmäßig sind).

Die vierte Regel heißt: Überprüfen soll man zunächst nur
faktizierbare Aussagen. Dies geschieht mit Hilfe von
Konventionen (räumliche Angaben, Zeitmessung, Identi-
fizierung durch Namen und Begriffe), indem Aussagen
verschiedener Quellen verglichen werden. Von einander
abweichende (strittige) Aussagen werden aufgedeckt.
Ziel ist die Herstellung größtmöglicher Unstrittigkeit.

Der Rechercheur stürzt sich also *nicht* als Erstes auf die vielleicht
spannenden, aber heiklen Erklärungen und Deutungen irgendwelcher
Akteure (= auf die »Wie«- und »Warum«-Fragen), sondern auf die
faktischen Sachverhaltsaussagen. Die will er zuerst Punkt für Punkt
überprüfen. Erst wenn diese *Sachverhaltsebene* gesichert ist, wagt er
sich auf die zweite Ebene des »Wie« und »Warum« – auf die *Deutungsebene.*

1.) Sachverhaltsebene
2.) Deutungsebene

Unser *Beispiel:* Bei der Überprüfung der Informationen über das Überbauungsprojekt *Babylon* an der Heinrich-Straße fragt der Rechercheur
nicht zuerst nach Motiven und mutmaßlichen Hintergedanken des
Bauherrn vor der Projektierung. Er will vielmehr als Erstes sichern, wer
überhaupt zur Bauherrenschaft gehört: Ist es wirklich nur der Versicherungskonzern? Welche Rolle spielt eigentlich das Consulting-Unter-
nehmen Müller & Meyer, an dem die Versicherung beteiligt ist? Gibt es
weitere Beteiligungen? (Hier hilft ihm schon die Homepage der Holding
im Internet weiter; per Suchmaschine sammelt er alle Informationen
über Multiplex-Anlagen in Deutschland – und stößt auf den Namen der
Consultingfirma Müller & Meyer). Dann überprüft er, *was* alles zum
Projekt gehört (Beschaffung der Unterlagen des Baugesuchs über
einen Grundstücksnachbarn), wie viel abgerissen und ersetzt werden
wird (etwa: baurechtliche Vorschriften über den Erhalt wertvoller Bausubstanz), im Weiteren, wo welche Nutzungen untergebracht sein werden. Ziel ist die präzise, zutreffende Beschreibung des Bauprojekts mit
seinen vielfältigen neuen Nutzungen.

Diese Überprüfungsrecherche ergibt vielleicht, dass die Überbauung *Babylon* einen in der Stadt völlig neuen virtuellen Erlebnispark, mehrere Digitalkinos sowie ein Mobilcom-Datenkontrollzentrum mit zahlreichen Dienstleistungen aufnehmen soll. Weiter stellt sich heraus, dass die Überbauung ein für die Soziokultur der Stadt bedeutsames Künstlercafé zum Verschwinden bringen und neben zwei Ateliers auch Wohnraum vernichten wird.

Der Journalist wird nun vielleicht die von den Bürgern des Stadtteils getragenen Initiativen und Organisationen ermitteln, Bewohner und Benutzer der bestehenden Einrichtungen befragen, außerdem die Gesamtplanung Heinrich-Straße eruieren und mit unabhängigen Stadtplanern und Architekten besprechen. Erst anhand der so beschafften Einschätzungen wird er die aus der Sicht der Bevölkerung (= seine Leserschaft) relevanten Fragen an die direkt Beteiligten stellen können.

Besonders wichtig ist natürlich die Überprüfung, wenn *widersprüchliche Informationen* vorliegen, von denen nicht gesagt werden kann, welche den Realitäten näher kommt. Dies ist eine für den Rechercheur geradezu günstige Ausgangslage, weil mit der Widersprüchlichkeit meist sich widersprechende Interessen einhergehen:

Das Material »riecht« nach Kontroverse und Konflikt, die ausgelotet sein wollen. Selbst evidente Ereignisse – z. B. eine Brandkatastrophe – geben Konfliktstoff preis, wenn der Ablauf einer Rettungsaktion rekonstruiert oder nach der Vermeidbarkeit der Katastrophe gefragt wird.

In unserem *Beispiel* erfährt der Journalist, dass der Mutterkonzern Aurora vor Jahresfrist den Stadtteilbewohnern das Projekt mit einer Video-Schau zeigte und damals eine die Urbanität fördernde Nutzung versprach – im Unterschied zur Firma Müller & Meyer, der es jetzt offenbar um Show, Rendite und Schlagzeilen geht. Welche der zwei Versionen ist die zutreffende? Eine Antwort ist nur möglich, wenn die Aussagen in einen Zusammenhang gestellt und mit den Fakten (Baugesuch, Vorverträge u.a.m.) verglichen werden können.

2.2.3 Ist die Information umfassend? (Erweiterung)

Bevor die Recherche auf die zweite, die *Deutungsebene* umsteigt, beschafft sie auf der ersten, der *Sachverhaltsebene*, im Fortgang des Überprüfens neue Informationen. Denn indem der Journalist nachfragt, erfährt er fortlaufend mehr. Die bei der Materialauswertung (Archiv, Berichte, Gutachten usw.) gewonnenen Fakten oder am Telefon (Fachleute) gewonnenen Antworten haben im Grunde immer den Effekt der Informationserweiterung: »Wie groß ist es genau?«, »Wer macht da sonst noch mit?«, »Wann eigentlich wurde darüber entschieden?« usw. Dadurch werden die Aussagen über die Vorgänge immer dichter und detaillierter – und mit wachsender Detailtreue gelegentlich auch widersprüchlicher.

Die fünfte Grundregel besagt: Bei der Überprüfung sind die Quellen so zu befragen, dass die Informationen dichter werden, d.h. an Genauigkeit und Detailreichtum gewinnen. Unstimmige oder sich widersprechende Aussagen zwingen den Rechercheur, die Quellen zu erweitern.

Unser *Beispiel:* Die Informationserweiterung könnte ergeben haben, dass die Federführung beim Projekt »Babylon« in Wahrheit bei der Firma Müller & Meyer liegt, einer 100%igen Tochter der Versicherung, die seit kurzer Zeit im Multimedia- und E-Commerce-Bereich äußerst rege ist; dass die Genehmigung des Bauprojekts von einem Gesamtplan »Heinrich-Straße« und von einer speziellen Abbruchgenehmigung abhängig ist, dass ein ungewöhnlich großer Anteil des Bauvolumens in Bezug auf die Nutzung noch gar nicht festgelegt worden ist; dass die Parkplatzfrage nicht geklärt ist; dass die eigenwillige Fassadengestaltung auch bei den Behörden auf Widerstand stößt; dass die Baubehörden ungewöhnlich verschlossen sind und ihrer Auskunftspflicht (gem. Landespressegesetz) kaum nachkommen, mit dem Argument, es handle sich um ein »schwebendes Verfahren«.

Zur *Skepsis* gehört demnach *die Neugier* als zweites Kennzeichen der Recherchier-Grundhaltung, Motto: Ich glaube nichts – aber halte alles für möglich! Das heißt: mehr wissen wollen als man bis jetzt schon weiß. So mündet jede Überprüfungsrecherche *notwendig* in eine *Erweiterungsrecherche*. Diese Informationserweiterung verläuft in zwei Richtungen. Sie dient

a) der *Erhöhung der Informationsdichte* zur präziseren Beschreibung des Geschehens (»Wann genau wurde der Brandausbruch zuerst bemerkt?«; oder: »Wie viel Zuwachs an Nutzungsfläche bringt die Überbauung?«). Und sie bezweckt

b) die *Erweiterung* des Geschehens durch Einbezug des Umfeldes (»War dies der erste Brand in dieser Produktionsanlage?«; oder: »Stimmt es, dass diese Überbauung nur eine erste Etappe in ihrer langfristigen Planung darstellt?«). Beides, die Dichte und die Umfeld-Erweiterung, kann der Journalist theoretisch unendlich weit treiben.

> Bei unserem *Beispiel* könnten Grundrisse und Innenraumgestaltung der Ateliers, Kinoräume und Büros, vielleicht auch der Toiletten ermittelt, die Berufslaufbahn des Architekten und die Lebensgeschichten der Vorstandsmitglieder des Konzerns von der Kindheit an erforscht werden. Wo müssen da die Grenzen gezogen werden?

Die *Erhöhung der Informationsdichte* sollte man von der Themenrelevanz abhängig machen: Im Lokalteil der Tageszeitung kann eine sehr detailreiche Hergangsrekonstruktion der Brandkatastrophe oder die genaue Beschreibung des Überbauungsprojekts bis hin zur Farbe der Fassade wichtig sein, weil beides unmittelbar in die Alltagserfahrung der Leserschaft hineinreicht. Im Inlandteil der Zeitung sind solche Details unwichtig, gar lästig. Im Übrigen kann die Beschaffung farbiger Details nützlich sein, um mit der Schilderung kleiner Ausschmückungen das Thema lebensnaher und den Gegenstand anschaulich zu machen.

Über die *Erweiterung des Ereignisfeldes* wird vor allem der Geschehenszusammenhang hergestellt (wie: Vorgeschichte, Parallelen, andere vergleichbare Situationen, Beispielfälle). Doch diese Erweiterung sollte nur so weit vorangetrieben werden, bis das Geschehen beschreibbar, also plausibel wird und eklatante Widersprüche, so weit vorhanden, aufgelöst werden können. Andernfalls ertrinkt der Journalist in einer Informationsflut (»Grießbreiberg«-Effekt).

Die Informationserweiterung führt damit auch zum Umstieg auf die zweite Ebene: die der Deutung. Denn mit der Erweiterung sucht der Journalist auch nach Antworten auf die Frage, wie es dazu kam. Die Antwort auf diese »Wie«-Frage soll ja das Geschehene *erklären* können.

Checkliste Informationserweiterung

- **Stoßrichtung:** in die Tiefe gehen (Hergang oder Kern des Sachverhalts mit Detailgenauigkeit), nicht in die Breite (Breitenfrage: Wer alles hat sonst noch Kenntnis davon?).

- **Fragezweck:** Erhöhung der Informationsdichte (ereignisbezogen) und Erweiterung des Ereignisumfeldes.

- **Quellenerschließung:** Suche nach möglichst hohem Sachwissen; Klärung allfälliger Interessensgebundenheit bzw. Befangenheit.

Unser *Beispiel:* Im Fortgang der Überprüfung der Informationen über das Projekt »*Babylon*« hat der Rechercheur das Themenfeld erweitert, um Zusammenhänge erkennen zu können: Der Versicherungskonzern als Bauherr hat über seine Tochterfirma auch schon zwei Nachbarliegenschaften gekauft; ein Großprojekt (Gesamtüberbauung) für die Heinrich-Straße ist in Arbeit; es soll das größte Multimedia- und Kommunikationszentrum der Region werden – unter der Leitung von Müller & Meyer. Die zwei Zeitungsverlage der Stadt, ein Kinobesitzer, eine Internet-Media-Agentur und drei weitere, noch unbekannte Unternehmen der Media-Branche haben sich unter der Federführung von Müller & Meyer zur »Projektgemeinschaft Network Babylon« zusammengetan; die Telekom scheint die technische Beratung für die Errichtung eines digitalen Telematik-Dienstleistungscenters übernommen zu haben, ergänzt mit einer auf Animation gerichteten Anlage nach dem Club-Modell. Informationen über die am Projekt beteiligten Partner findet er im Internet, das er mit einem *Browser*, einer Suchmaschine, gezielt abgesucht hat. Dem Rechercheur dämmert, dass hier ein neuer Typ des »Multimedia-Commerce« aus der Taufe gehoben werden soll; er ist einem Knüller auf der Spur.

2.2.4 Ist die Information verwertbar?

Oftmals gelingt es dem Rechercheur nicht, zugespielte oder über Hörensagen überbrachte Informationen zu überprüfen, weil die Zuträger Angst vor Publizität haben und anonym bleiben, also auch nicht als Quelle genannt sein wollen. Gelegentlich fürchtet der Informant, dass ihm aus der Namensnennung persönliche Nachteile erwachsen (wie: Angst vor Mobbing am Arbeitsplatz, Vorwurf der Geschäftsschädigung). Und manchmal sind gerade im Lokalen die Gruppierungen durch persönliche Querelen verfeindet und emotional so aufgeladen, dass ihre Angaben die Zusammenhänge entstellen. In solchen Situationen empfiehlt sich die journalistische »Flucht nach vorn« in die Öffentlichkeit, indem der Rechercheur das, was er weiß, zugespitzt formuliert und die nahe liegenden, noch offenen Fragen dazu stellt: als Aufforderung an die Öffentlichkeit, bei den Abklärungen mitzuhelfen.

Unser *Beispiel*: Weil die längerfristigen Planungsziele, vor allem aber die Beurteilung der Folgen ihrer Realisierung unklar bleiben, entschließt sich unser Journalist dazu, die Recherche als »follow-up« zu veröffentlichen: Zuerst publiziert er, um aktuell zu sein, einen kurzen Bericht über das Projekt. Er stellt ein Interview mit einem Experten dazu, der sich einige Spekulationen über die Auswirkungen erlaubt. Drei Tage später bringt der Journalist einen zweiten Bericht über das Projekt, nun aus der Sicht der betroffenen Bewohner, zusammen mit den Einschätzungen (Statements) der verschiedenen Gruppen und Lager. Nun melden sich weitere Personen und Gruppen zu Wort. Am folgenden Tag nimmt auch der Bauherr, der bislang nur rosa gefärbte PR produziert hat, zu seinem Projekt in der Öffentlichkeit Stellung. Jetzt beginnt so etwas wie ein Stadtgespräch, an dessen vorläufigem Ende das Versprechen des Konzerns Aurora steht, das Projekt im Sinne der öffentlich gewordenen Bedenken zu überarbeiten.

Die sechste Regel besagt: Der Status der Informationen (empirisch überprüfte oder strittige bzw. widersprüchliche Aussagen) ist gegenüber dem Publikum stets kenntlich zu machen. Bei nicht überprüften oder strittigen Aussagen sollte die Quellenlage erklärt oder aber auf die Veröffentlichung der Aussage verzichtet werden.

Checkliste Augenschein

- **Die Situation:** Seit wann ist es so wie jetzt? Wo ist es sonst noch so? Was hat sich verändert?

- **Die Akteure:** Wer alles? Welche Rollen/Funktionen? Welche Interessen und Absichten/Zwecke?

- **Die Beobachter:** Sind sie unbeteiligt? Woher stammen die Kenntnisse (Augenzeuge, ehemaliger Mitarbeiter, Anwohner)?

Ereignisse hinterlassen Spuren. Warum also nicht hingehen und nachschauen? In den meisten Fällen recherchieren wir vom Schreibtisch aus, hin und wieder unterbrochen von Suchgängen in Archive und Bibliotheken. Das hängt mit unseren technischen Kommunikationsmitteln zusammen (vor allem Telefon und Internet): deren Gebrauch hat dazu geführt, dass auf sinnliche Eindrücke per *Augenschein* und Vor-Ort-Befragungen meistens verzichtet wird.

Oftmals aber ist der örtliche Augenschein unentbehrlich, um die Verlässlichkeit von Aussagen zu prüfen. Ob die Straßenkreuzung auf den Autolenker verwirrend wirkt, ob in der Kneipe wirklich fast nur noch das Zuhältermilieu verkehrt oder in der U-Bahn die Kontrolleure tatsächlich Herrschaftsallüren zeigen: Solche und ähnliche, vor allem atmosphärische Zustände lassen sich nur per Augenschein überprüfen. So kann die Besichtigung an Ort und Stelle zwar kaum *als eigenständige* Recherche gelten (weil sie Sachverhalte kaum je objektiviert), häufig aber als *notwendige, die Faktenüberprüfung flankierende* Unternehmung.

Unser *Beispiel:* Die Behauptung mehrerer Anwohner, mit dem »Babylon«-Projekt werde wertvolle, noch intakte Bausubstanz durch Abriss zerstört, wollte der Journalist dann doch augenscheinlich überprüfen. Er verabredete sich mit dem Hausmeister, der ihm dann die Liegenschaft zeigte. Ergebnis: Auch wenn mit einigen Abstrichen, so fand der Journalist die Behauptungen der Bewohner zutreffend.

2.2.5 Sind die Informationen erklärend? (Sinn)

Erst jetzt, nachdem die Sachverhalte überprüft, die Informationen über das Geschehene dicht und die Ereignisse in einen Zusammenhang gestellt sind – nachdem also die genannten ersten vier »W«s *hinreichend* beantwortet sind –, kann der Rechercheur Antworten auf die Frage nach dem »Wie«, im Weiteren nach dem *»Warum« suchen*.

Er muss aber nicht. Denn oftmals ist die präzise Hergangsrekonstruktion auf der Sachverhaltsebene die eigentliche Recherchieraufgabe; weiterführende Recherchen nach dem »Warum« sind leerläufig. Zum Beispiel der Absturz der Swissair-Maschine vom Typ MD-11 vor Halifax 1998: Die Recherche kann die Arbeit der Untersuchungsbehörden nachkonstruieren (wie dies beispielsweise das Schweizer »Magazin« im Mai 1999 sehr ausführlich tat), nicht aber selbst das »Warum« des Absturzes ermitteln.

Ähnlich auch der Bosnien-, dann der Kosovo-Krieg in den 90er Jahren: Das komplexe Zusammenspiel verschiedener nationaler und supranationaler Interessen im Strudel des eigendynamisch sich beschleunigenden Geschehens konnten mit kausalen Warum-Fragen nicht ergründet werden.

Die »Wie«-Fragen spannen die Brücke, die von den Fakten zum Sinnzusammenhang führt. Zunächst gilt die »Wie«-Frage dem Ereignisgang (»Wie kam es dazu?«) und faktiziert die Aussagen und Erzählungen, indem sie das Geschehene chronologisch ordnet, nach dem Muster: Zuerst ereignete sich, dann kam dies hinzu, ehe jenes passierte, usw.

Im Weiteren aber zielt die »Wie«-Frage auf Umstände, Modalitäten und Motive: »Wie kam Herr Meyer dazu, dieses Projekt so groß anzulegen?« Also *interpretiert* der Journalist die »Wie«-Frage, um Handlungszusammenhänge möglichst plausibel beschreiben zu können.

Das Wörtchen »Warum« meint weder philosophische Probleme noch die Kinderfrage nach dem Grund für die krummgebogene Banane, sondern den *Ursachenzusammenhang zwischen Ereignissen und den Menschen,* die diese Ereignisse veranstaltet und/oder zu verantwor-

Wie: Erklärung d. Geschehens
Warum: Begründung

ten haben. »Warum kam es dazu?« meint auch: »Wer hat diesen Vorgang in die Wege geleitet?« und weiter: »Wer hat ihn zu verantworten?« und schließlich: »Welche Absichten verfolgte er damit?«.

Die anhand dieser sechsten »W«-Frage fortgeführte Recherche *deutet* das Geschehen, indem die Handlungen und die Handelnden in einen kausalen Zusammenhang gebracht werden, der die Motive (Ziele), Absichten und Zuständigkeiten (Verantwortlichkeiten) miteinander verknüpft. Das heißt: Während die »Wie«-Frage den Rechercheur zu einer *Erklärung* des Geschehens führen sollte, bezweckt diese letzte »Warum«-Frage eine möglichst plausible *Begründung* der Vorgänge. (Nebenbei: Das Kausaldenken ist den meisten Menschen selbstverständlich, weil es der Bewältigung des Alltags dient, etwa, wenn wir Gefahren erkennen und ihnen dann aus dem Wege gehen (...weil...). Dennoch sind kausale Begründungen im Grunde nur Modelle, die uns helfen, die undurchschaute Wirklichkeit zweckmäßig zu verstehen).

Die Antworten auf diese zwei letzten »W«s erfüllen demnach das eingangs aufgestellte dritte Ziel der Recherche: die *inhaltliche* Verstehbarkeit des Geschehenen.

Die siebte Grundregel lautet: Eine Vollrecherche verläuft zweistufig: Mit der Basisrecherche werden Sachverhaltsfragen überprüft – dann erst werden erklärende und begründende Antworten auf so genannte »Wie«- und »Warum«-Fragen gesucht. Die erste Stufe gilt der Sach-, die zweite der Deutungsebene.

Unser *Beispiel:* Was führt der Versicherungskonzern Aurora (bzw. dessen Vorstandsmitglieder) im Schilde? Es wäre ein Irrtum zu glauben, man könne nun einfach auf Grund der Sachverhaltsinformationen definitiv sagen, wer das alles wie und warum mache. Sind vielleicht die Geschäftsführer von Müller & Meyer blindgläubige Multimedia-Freaks? Oder sitzen ihnen die globalisierungslüsternen Konzernmanager im Nacken? Machen die Internet-gläubigen Zeitungsverleger Dampf? Oder ist es einfach so, dass der Versicherungskonzern die dicken Gewinne der letzten Jahre steuergünstig über ein Abschreibeobjekt zu investieren sucht? Alles Spekulationen.

Würde die eine oder andere Spekulation über das »Wie« und das »Warum« als Tatsache veröffentlicht, so hieße dies, Mutmaßungen als Fakten verkaufen. Eine Folge davon könnte, wenn es harmlos bleibt, der Abdruck einer Gegendarstellung sein. Weniger harmlose Folgen wären: Klage auf Unterlassung oder gar wegen Kreditschädigung. Noch schlimmer aber ist die Schädigung des eigenen Rufs als korrekt recherchierender Journalist. Denn bald einmal hieße es, der betreffende Lokalredakteur sei unseriös, argumentiere ideologisch, schreibe mit dem Brett vor dem Kopf und anderes mehr. Die Folge der Folge: versperrte statt offene Türen ringsum.

Der Rechercheur kann auf Grund der überprüften Sachverhalte vorerst nur eine *Hypothese* über die Gründe und Ziele aufstellen. Es ist freilich eine mit Tatsachen fundierte, vermutlich zutreffende Hypothese. Denn inzwischen verfügt ja der Rechercheur über eine hinreichend profunde Kenntnis der Ereignisse und deren Zusammenhang.

Die achte Regel besagt: Recherchierthesen bzw. Hypothesen beziehen sich auf Motive (Zwecke) und auf Ursachen – und sind Deutungen. Sie sind vorläufige (d. h. noch nicht überprüfte) Antworten auf »Wie«- und auf »Warum«-Fragen.

In den meisten Fällen endet hier die Recherche aus technischen, zeitlichen, finanziellen oder auch aus thematischen Gründen (siehe Flugzeugabsturz). Immerhin: Wer so weit korrekt recherchiert hat, der kann nun eine präzise, in den Zusammenhang gestellte *Beschreibung* des Themas bzw. des Ereignisses mitsamt seinen Folgen liefern. Und er kann immerhin Hinweise auf Zuständige und Verantwortliche formulieren sowie kompetente Experten-Urteile über Ursachen und Folgen *zitieren:* »›Mit dem Abbruch des Gebäudes geht ein Stück urbaner Lebensqualität verloren‹, urteilt Prof. Brecheisen, renommierter Stadtplaner aus Dingsda«. Wenn alle Sachzusammenhänge zutreffen, ist das schon ganz schön viel.

2.2.6 Die schwierige Frage nach dem Warum

Gelegentlich sollte man aber noch weiter gehen und die Ursachen und Folgen eines Ereignisses »mit Ross und Reiter« nennen können. Diese in der Stoßrichtung *aufdeckende* Recherchierarbeit bewegt sich nun auf der zweiten, der *Deutungsebene*. Und auch hier geht es wieder um eine *Überprüfungsrecherche,* diesmal jedoch nicht um die Kontrolle von Sachverhaltsinformationen, sondern von Begründungen und Erklärungen der Akteure.

Den Ausgangspunkt liefert auf dieser zweiten Ebene die vorläufige(!) Antwort (= Hypothese) auf Fragen nach dem »Wie« und dem »Warum«. Das Ziel ist die Bestätigung, Widerlegung und/oder Modifizierung dieser Erklärungs- und Begründungshypothesen.

Die Recherche ist beendet, wenn die bestätigenden, widerlegenden und modifizierenden Aussagen (= Argumente) zusätzlich zur Sachverhaltsebene beigebracht sind und die Hypothesen durch *definitive* Begründungen/Erklärungen *ersetzt* werden können.

Unser *Beispiel:* Der Rechercheur kennt inzwischen die Bilanzen des Versicherungskonzerns: sie weisen keinen überragenden Gewinn aus. Er hat auch die Motive der lokalen Zeitungsverleger in Erfahrung gebracht. Darum weiß er, dass sie sich eher zögernd mit dem Projekt auseinander setzen. Er hat inzwischen aber auch die beiden Geschäftsführer der Firma Müller & Meyer als sehr ehrgeizige Leute einzuschätzen gelernt, die in der Multimedia-Online-Branche ganz vorne mit dabei sein wollen. Er hat erfahren, dass beide wegen ihrer hohen Wachstumsraten in der Leitung des Mutterkonzerns bislang einen guten Rückhalt, aber auch viele Neider haben.

Diese Informationen veranlassen den Journalisten zu folgender Hypothese: Das *Babylon*-Projekt geht auf den konzerninternen Ehrgeiz der beiden Geschäftsführer zurück, die Erfolge vorzeigen müssen, weil sie sonst ihre Pool-Position im Mutterkonzern verlieren. Der Zusammenschluss »Network Babylon« dient den beiden vor allem zur Tarnung ihrer Absichten. Vermutlich wird das Projekt, einmal bewilligt, nach rein kommerziellen (d.h. Rendite-) Gesichtspunkten durchgezogen. Eine Genehmigung des Projekts in der vorliegenden Form wird voraussichtlich (Expertenurteil) zu einem Substanzverlust an urbaner Lebensqualität führen, dies im Gegensatz zu den Zielen der Gesamtplanung wie auch zu den Wünschen der Bewohner und ihrer Sprecher.

Naheliegende Vorurteile, etwa, dass da vielleicht der Versicherungskonzern die Interessen der Bevölkerung missbrauche oder die Baubehörden mit dem Bauherren kungeln, erweisen sich als irreführend: Der Konflikt besteht zwischen Müller & Meyer (als Verantwortliche) und den Stadtteilbewohnern (als Betroffene); der Mutterkonzern Aurora gibt sich in der Sache zurückhaltend bis neutral, vermutlich, weil er früher die Urbanitäts-Initiative »Für mehr Wohnqualität« als Sponsor wohlwollend unterstützt hatte.

Als neunte Grundregel gilt: Auf der Deutungsebene sollten möglichst alle (Personen, Gruppen, Lager, Parteien), die mit den Geschehnissen direkt zu tun haben oder hatten, befragt werden. Diese Befragungen sind aufzuzeichnen (Befragungsprotokoll).

Zur Erinnerung: Auf der Sachverhaltsebene wurden die Informationen anhand möglichst neutraler Quellen überprüft. Zu diesen gehören in erster Linie Agenturmeldungen, Material aus Archiven, aus Online-Diensten und Bibliotheken, Gutachten und Untersuchungen, im Weiteren auch Aussagen neutraler Sachverständiger, unbeteiligter Augenzeugen, usw. Als methodische Grundlage diente die »intersubjektive Überprüfung« der Sachverhaltsaussagen.

Jetzt aber, auf der Deutungsebene, geht es um eine ganz andere, nämlich *qualifizierende* Art der Überprüfung, die am besten durch die persönliche Befragung möglichst zahlreicher Beteiligter zu bewerkstelligen ist. Denn es sollen jetzt die subjektiven Erlebnisse, Absichten und Einschätzungen in Erfahrung gebracht werden. Und die hierfür geeignete Methode ist allein das *Gespräch,* sei es die knappe Befragung, sei es ein ausführliches Interview oder die investigative Befragung.

Bei der Vorbereitung dieser Befragungen sollte der Rechercheur darauf achten, dass er die Rollen (Zuständigkeiten) und die Interessen der zu Befragenden richtig einschätzt und in eine Reihenfolge bringt. Es kann nämlich für den Erfolg entscheidend sein, wann er wen befragt. Dies gilt vor allem bei aufdeckenden Recherchen, die einen Konflikt ausleuchten sollen.

Checkliste Sinnzusammenhang

- **Zweistufig vorgehen:** Antworten auf Wie- und Warum-Fragen erst suchen, wenn die Sachverhalte (wer, was, wann, wo) durch die Basisrecherche geklärt sind.

- **Erklärungen suchen:** Antworten auf Wie-Fragen gelten der Chronologie des Geschehens, den Begleitumständen und den persönlichen Motiven der Akteure.

- **Begründungen suchen:** Antworten auf Warum-Fragen verweisen auf Zuständige und/oder Verantwortliche, deren Handlungen kausal gedeutet werden.

Die Befragungen beginnen also immer bei den unbeteiligten Personen: erstens, weil sie meist keinen Grund haben, Aussagen zu verfälschen oder parteiisch darzustellen; zweitens, weil sie oftmals über mehr Übersichtswissen verfügen als die Beteiligten; sie können dem Rechercheur am ehesten eine Einschätzung des Geschehens geben und ihn mit präzisen Ablaufangaben ins Bild setzen.

Die neutralen Darlegungen benötigt er, weil die beteiligten und betroffenen Leute die Sache zwangsläufig parteiisch, mithin einseitig sehen und darstellen. Und je beteiligter (involvierter) die Leute sind, desto eher tragen sie auch (Mit-)Verantwortung für das Geschehene und sehen sich vielleicht zur Vertuschung oder Entstellung genötigt. Also sollte der Journalist so viel wie möglich über die Vorgänge wissen, ehe er die Hauptbeteiligten befragt.

Der Grundsatz, von außen nach innen vorzugehen, bedeutet also auch, dass die Hauptbeteiligten wenn möglich, *als Letzte* befragt werden. Deren sehr subjektive, vielleicht schönfärberische, vielleicht dramatisierende Sicht kann dann der Rechercheur besser durchschauen, die Lücken (und vielleicht auch die Lügen) erkennen.

Die soeben vorgenommene Unterscheidung der Beteiligten: einerseits in die (passiv) Betroffenen und andererseits in die (aktiv) Verantwortlichen, weist auf den nächsten Grundsatz hin.

Die zehnte Grundregel lautet: Die Reihenfolge der Befragungen sollte so angelegt werden, dass »von außen nach innen« befragt werden kann. Mit »außen« sind die Unbeteiligten gemeint, mit »innen« die am Geschehen aktiv und passiv direkt Beteiligten, auch die Betroffenen. Die Reihenfolge wird in einem Befragungsplan festgehalten.

2.2.7 Umgang mit Konfliktstoff

Ereignisse oder Themen, die nicht nur rekonstruiert und nacherzählt werden können, sondern erklärungsbedürftig sind, enthalten meist Konfliktstoff. Bestünde nämlich keine Kontroverse, gäbe es auch kaum Erklärungs- und Deutungsprobleme; dann wäre mit der Rekonstruktion der Sachverhalte schon alles getan. Indem aber der Rechercheur über Motive, über Absichten und Ziele der Hauptbeteiligten Widersprüchliches erfährt, ist das Thema *konflikthaltig*.

In diesem Fall sollte er mit seiner Ursachen-Hypothese den Konflikt thematisieren (Muster: Wahrscheinlich kam es zum Krach, weil X dies, Y aber jenes erreichen/verhindern usw. wollte). Der Rechercheur bildet den Konflikt ab, indem er die zu befragenden Personen oder Gruppen so auflistet, dass sie einander wie Lager gegenüberstehen. Diese Liste ist zugleich der Befragungsplan (auch wenn dieser noch um einzelne Namen erweitert bzw. ergänzt werden sollte).

Die elfte Grundregel lautet: Bei konflikthaltigen Themen sollte der Befragungsplan so angelegt werden, dass die zu Befragenden in Lager (Parteien) eingeteilt werden und so der Konflikt auch formal zum Ausdruck kommt. Wenn möglich sind alle in den Konflikt involvierten Parteien zu befragen, mindestens aber die zwei Hauptkontrahenten.

Konflikte gehen meist auf *Interessensgegensätze* zurück, die sich infolge unterschiedlicher Machtverteilung (Durchsetzungschancen) verschärfen. Für den Befragungsplan ist von Vorteil, die Konflikt-gruppen auf möglichst zwei Lager zu »verkürzen« – zum Beispiel die Verantwortlichen einer Maßnahme gegenüber den von der Maß-nahme Betroffenen. Allgemeiner gesagt: *die Subjekte* einer Handlung gegenüber *den Objekten* dieser Handlung. Dies wäre bei einem Mie-terkonflikt der Hausbesitzer gegenüber seinen Mietern; bei Sexismus am Arbeitsplatz wären es die Männer gegenüber den Frauen; bei einem Flugzeugabsturz die Hinterbliebenen mit ihren Sprechern ge-genüber der Fluggesellschaft und dem Flugzeughersteller (in Bezug auf die Betroffenen gehören beide demselben Lager an) – u.a.m.

Checkliste Konfliktthemen

- **Konfliktparteien:** Die am Geschehen Beteiligten nach Zwe-cken (Handlungszielen) und Interessen in Gruppen einteilen.

- **Konflikt abbilden:** Wenn möglich, den Konfliktstoff in zwei Lager (Hauptkontrahenten) zusammenfassen. Muster: Sub-jekte und Objekte des Konflikts.

- **Konflikt ausleuchten:** Den Befragungsplan so organisieren, dass zwischen den Lagern gependelt werden kann.

In unserem Beispiel *»Babylon«* zeichnet sich ein Konflikt zwischen Ur-banitätsbedürfnissen (öffentliches Interesse) und Wohnqualität (be-troffene Stadtteilbewohner mit ihren Sprechern) einerseits und dem wirtschaftlichen Expansionsdrang der verantwortlichen Geschäftsführer von Müller & Meyer andererseits ab. Überlagert wird der Konflikt von politischen Interessen (Standortpolitik des Stadtrats), die aber zunächst zurückgestellt werden, um den Konflikt auf der Handlungsebene aus-leuchten zu können.

Dank dieser *Polarisierung* kann nun der Rechercheur, im Fortgang der Befragungen zwischen beiden Lagern hin- und herpendeln. Durch dieses Vorgehen gewinnt er Argumente der einen Seite, um sie gegebenenfalls der anderen bei der nächsten Befragung vorzu-halten (etwa, um Einlassungen, Rechtfertigungen usw. zu provozie-

ren). Vor allem aber garantiert die Zuordnung der zu Befragenden in
(mindestens) zwei Lager, dass immer auch *die andere Seite* zu Wort
kommt (der so genannte »Gegencheck«) – analog zum Rechtsgrund-
satz, dass bei Zivilstreitigkeiten beide Parteien anzuhören seien (im
Römischen Recht hieß der Grundsatz: Audiatur et altera pars).

Und schließlich führt diese Polarisierung zu einem interessanten
und abwechslungsreichen Befragungsverlauf, der gegebenenfalls
auch spannend nacherzählt werden kann.

2.2.8 Die Organisation der Befragungen

Die Berücksichtigung der letztgenannten Grundsätze – Befragungs-
reihenfolge von außen nach innen, Abbildung des Konflikts als Polarität – erfordert, wie erwähnt, einen *Befragungsplan.*

Der Journalist überlegt sich nämlich noch vor dem ersten Telefongespräch, in welcher Reihenfolge er die Beteiligten angehen wird.
Die ihn leitende Frage lautet: Welche Interessen vertritt der Betreffende im Geschehen? Auf Grund der präzisen Abklärungen auf der
Sachverhaltsebene kennt er die Zuständigkeiten bzw. Funktionen
seiner *Kandidaten* ja schon recht gut.

Auf seinem *Befragungsplan* ordnet er jetzt die zu Befragenden in
die Gruppen:

a)   die Unbeteiligten und Neutralen,
b)   die beteiligten »Objekte«
     (Betroffene, deren Sprecher und deren Sympathisanten),
c)   die beteiligten »Subjekte«
     (Mitwisser, Zuständige, Verantwortliche usw. sowie deren Spre-
     cher).

Am einfachsten listet er nun *in jeder Gruppe* die zu befragenden
Leute *nach dem Grad ihres Beteiligtseins* auf: zuerst die am wenigsten Beteiligten, am Ende die Hauptbeteiligten (auf der Liste der
»Neutralen« kommen am Schluss diejenigen, die möglicherweise
beteiligt sind, deren Neutralität also ungewiss ist).

Wenn der Befragungsplan fertig ist, werden die Befragungen und
Gespräche nach folgendem Ablauf durchgeführt: Zuerst alle Kandi-

daten der Gruppe a), anschließend diejenigen von b) und c), indem
zwischen beiden Gruppen gependelt wird. Wenn die Hauptbeteiligten interviewt sind, ist die Befragung zu Ende.

Die zwölfte und letzte Grundregel lautet: Bei konflikthaltigen Themen wechselt der Befrager zwischen den Lagern
und nutzt den Konfliktstoff (= Gegeninformationen), um
neue Informationen zu gewinnen. Die Recherche ist beendet, wenn die Rollen der Akteure geklärt und Warum-
Fragen schlüssig beantwortet sind.

Randbemerkung: Auch beim Befragungsplan sollte nicht zwanghaft
vorgegangen werden. So kann nicht jede einzelne Adresse von Anfang an richtig platziert werden; auch gibt es immer wieder termin-
lich-technische Probleme bei der Verabredung des Interviews; außerdem führen natürlich neue, im Fortgang der Befragungen gewonnene
Erkenntnisse immer mal wieder zu Ergänzungen und Korrekturen an
der Reihenfolge der Adressen. Aber: Der Befragungsablauf *insgesamt* muss stimmen und sollte als Ganzes den genannten Grundregeln folgen.

Unser *Beispiel:* Ganz innen, im Brennpunkt der Hypothese stehen als
Konfliktpartner nicht etwa (wie es ganz am Anfang schien) die bewilligende Behörde oder die betroffenen Mieter der Liegenschaft, sondern
die Geschäftsführer von Müller & Meyer einerseits und die Bürgerver-
tretungen und Stadtplaner des Stadtteils andererseits: Die Betroffenen
(= Bewohner und Benutzer) bilden nicht den Gegensatz zur Konzernleitung, sondern zu Müller & Meyer. Sie alle werden erst gegen Schluss
der Recherche befragt. Ganz außen, auf gleichsam neutralem Terrain,
werden Stadtplanungsexperten, vielleicht ein Alternativplaner und ein
als Urbanitätsfachmann ausgewiesener Sozialpsychologe, im Weiteren
der Betreiber einer ähnlichen, wenn auch kleineren »Network«-
Einrichtung in einer anderen Stadt aufgelistet (sie diente nämlich Müller
& Meyer als Ideenlieferant). Diese Gruppe »neutraler« Informanten wird
als Erste befragt.
Die Baupolizei mit ihren vorgesetzten Stellen konnte übrigens nicht eindeutig eingeschätzt werden; sie wird wohl den Übergang zu den beiden
Konfliktparteien bilden und darum als Letzte in der »neutralen« Gruppe
interviewt.

Im Fortgang seiner Befragungen führt der Journalist sein *Recherche-protokoll*. Dort hatte er die bereits rekonstruierten Sachverhalte niedergeschrieben (mit Quellenangaben) und auch alle offenen oder widersprüchlichen Punkte, die durch die Befragungen geklärt werden sollen. Im Verlaufe der Befragungen notiert er nun jedes Gespräch (voller Name und Funktion des Gesprächspartners, Datum und Uhrzeit) mit den wichtigsten Aussagen unmittelbar nach Gesprächsende. So besitzt er am Ende ein präzises, zum Teil wörtliches (= zitierfähiges), also auch authentisches Datenmaterial.

Checkliste Recherchierinstrumente

- **Zugangswissen:** Online- und Offline-Datenbanken, Internet-Suchmaschinen, Nachschlagewerke; Archive und Bibliotheken, Fachleute (= Expertenkartei).

- **Informationswissen:** Trennung von Sachaussagen (Sachebene) und interpretativen Aussagen (Deutungsebene).

- **Befragungsplan:** Die Namensliste folgt der Regel »von außen nach innen« und bildet im Konfliktfall die Konfliktlager ab.

- **Rechercheprotokoll:** Alle Außenkontakte werden stichwortartig notiert (wann, mit wem, mit welchem Ertrag).

2.2.9 Pragmatisch
statt perfektionistisch Recherchieren

Um die Kirche wieder ins Dorf zu setzen: Die vollständige, pedantisch über sämtliche hier aufgezählten Abschnitte abrollende Recherchierarbeit ist die Ausnahme, die eintreffen mag, wenn der zu befragende Personenkreis relativ klein, das Zeitbudget groß und die zu überprüfende Hypothese eng gefasst ist. Da kann man dem Recherche-Ideal schon mal recht nahe kommen (die perfekte Recherche freilich gibt es nur in der Theorie).

In der Praxis jedenfalls verfahren die Rechercheure meist nach dem *abgekürzten Verfahren.* Gegen solche Abkürzungen gibt es auch nichts einzuwenden, sofern die methodischen Standards und die damit verbundenen Grundsätze (wie: alle Seiten hören) eingehalten werden. Andernfalls dreht sich der Rechercheur im Kreise und betreibt statt der Überprüfung am Ende doch nur die altbekannte Vorurteilsbestätigungsrecherche.

Man sollte sich also auch vor dem Perfektionismus hüten, der mit überzogenen Ansprüchen (wie: Vollständigkeit, Lückenlosigkeit, Widerspruchsfreiheit) daherkommt und den Rechercheur in die Verzweiflung des ewig Unvollendet-Unvollkommenen treibt. Dies bedeutet aber keineswegs, dass nun die Schlamperei zu adeln sei. Es geht vielmehr um das sachgerechte und pragmatische Recherchieren:

- Nach jeder Befragung (und nicht erst am Ende sämtlicher Interviews) wird bilanziert und die noch offene Kandidatenliste bereinigt. Oftmals lassen sich anfangs noch kompliziert formulierte Ursachen-Hypothesen mit fortschreitendem Wissen vereinfachen und auf einen Problemkern reduzieren.

- Meist kann die Befragungsliste gestrafft, können Interviews auf wenige, aber zentrale Fragen verkürzt werden.

Mit zunehmender Erfahrung findet der Rechercheur bald einmal das richtige Verhältnis zwischen Schnelligkeit und Präzision, zwischen Methode und Improvisation.

2.3 Auswertung der Recherche

Das erfragte Material wird im Anschluss an die Befragungen zur *Hypothesenüberprüfung* nach folgenden Kriterien ausgewertet: Welche Darlegungen, Aussagen und Einschätzungen bestätigen, welche widerlegen oder modifizieren die Ausgangshypothese? Dieses dritte der drei Überprüfungsziele – die Modifikation – ist, nebenbei, das häufigste Ergebnis.

Die Auswertung der gesamten Recherche ist beendet, wenn

- der Hergang des Ereignisses hinreichend präzis rekonstruiert ist,
- die Zuständigkeiten und Rollen der Beteiligten (Anordnende wie Betroffene) bekannt sind,
- die Verantwortlichkeiten (Zuständigkeiten) angegeben werden können,
- kausale Zusammenhänge mit ihren mutmaßlichen Folgen beschrieben und belegt werden – und, nicht zuletzt,
- wenn genügend interessant zu erzählender Stoff (Berichte, Kolportagen, Selbstzeugnisse) beschafft ist.

Unser *Beispiel:* Die Befragung der neutralen Gruppe ergab, dass Müller & Meyer ihr ehrgeiziges Projekt *»Babylon«* nur mit einer weit reichenden Ausnahmegenehmigung realisieren können. Deshalb hatten sie im Vorjahr die Stadtregierung in die Projektierung einbezogen und die zu erwartenden Steuereinnahmen in einem Exposé vorgerechnet. Auch wurde den Magistraten nahe gebracht, dass das geplante kommerzielle Animations- und Multimediazentrum Arbeitsplätze schaffen und ihrer Stadt ein zukunftsorientiertes Image verleihen werde. Offenbar sollte auf diesem Weg die Sondergenehmigung für den Abriss des bestehenden Komplexes erlangt werden.
Die Befragung der in der Sache kontroversen Parteien ergab dann, dass die Geschäftsführer von Müller & Meyer tatsächlich aus strategischen Motiven die Stadt in ihr Projekt eingespannt hatten. Denn nach

dem Neubau sollte eine rein kommerzielle, möglichst ertragreiche Nutzung der Anlagen durchgesetzt werden; obwohl die Stadt die erforderliche Verkehrsanbindung sowie Parkplätze gefordert hatte – dies auf Kosten urbaner Qualitäten wie auch im Gegensatz zu den erklärten Zielen der städtischen Stadtteilplanung.

Nun, im Anschluss an die Auswertung, muss verdichtet, verkürzt und gerafft werden: Niemals alles, was man in Erfahrung gebracht hat, erzählen wollen. Der Rechercheur sollte vielmehr den Neuigkeitswert (im Vergleich zu den Ausgangsinformationen als Vorher-Nachher-Effekt) herausstellen, dann den Stoff auf den Kern komprimieren sowie die wichtigsten Akteure nennen und beschreiben. Seine Aufgabe heißt, akademisch ausgedrückt: Reduktion von Komplexität, indem er einfache, übersichtliche Strukturen und Handlungsstränge aufzeigt. Motto: So einfach wie möglich, so vielschichtig wie nötig.

Jetzt endlich beginnt ein ganz anderer Abschnitt: die Niederschrift der Recherchen-Ergebnisse als Recherchenbericht. Das Schreiben oder Bauen von Beiträgen ist indessen nicht Gegenstand dieses Buches, vielmehr eine Frage der *Darstellungsform* und des Gebrauchs der Sprache. Gleichwohl sind hier ein paar Tipps angebracht (mehr zum Einstieg und zum Aufbau eines Recherchenberichts siehe Abschnitt 5.9):

- Den durch die Recherche erzielten Neuigkeits- oder Erkenntniswert herausstellen (Vorspann, Texteinstieg, Kastenelemente usw.);

- Strukturaussagen (Daten, Relationen) anschaulich machen (nicht: 31,7% der Bevölkerung, sondern: jeder dritte Einwohner dieser Stadt – usw.) und Fachwörter umgangssprachlich (er)-klären;

- einen Ablauf in den Text bringen (chronologisch oder entlang eines Handlungsfadens);

- eine lebendige Sprache mit handelnden und sprechenden Personen entwickeln;

- bei komplexen Sachzusammenhängen auf Veranschaulichungen achten, gegebenenfalls Szenarien und Situationen entwerfen;

- bei erlebnisstarken Themen auch Schilderungen von Begebenheiten und Erlebnissen in den Bericht einbauen (Mischform zwischen Bericht und Feature).

Checkliste Recherche-Auswertung

- **Ertrag:** Die neuen Fakten zu einem Kern zusammenfassen
(»Vorher-Nachher«-Effekt)

- **Akteure:** Verantwortliche (»Ross und Reiter«) nennen

- **Bericht:** Handlungsabläufe der Beteiligten mit Vorgeschichte
knapp nacherzählen (Story-Muster)

- **Bei Konfliktthemen:** Kontrahenten mit ihren Positionen nennen und Quintessenz anbieten.

Unser *Beispiel:* Im Fortgang der öffentlichen, durch den ersten Recherchenbericht der Zeitung ausgelösten Diskussion findet sich Müller &
Meyer schließlich bereit (die Konzernleitung Aurora, heißt es, habe
M & M auch unter Druck gesetzt), an einer neuen Pressekonferenz eine
Überarbeitung des gesamten Konzepts »*Babylon*« in Aussicht zu stellen. Zuvor hatte der Journalist dem Oberbürgermeister in einem Interview die Zusicherung entlocken können, dass für das *Babylon*-Projekt in
seiner jetzigen Form keine Sondergenehmigung erteilt werden könne.
Offenbar hat diese Recherche einiges in Bewegung gebracht.

Der Zeitungsbericht am andern Morgen beginnt mit der Schlagzeile:
»Überbauung Babylon: Aurora krebst zurück«. In der Unterzeile heißt
es: »Bürgerproteste hatten Erfolg. Konzern stellt Überarbeitung des
Bauprojekts in Aussicht.« Der Bericht beginnt mit einer kurzen Szene
von der gestrigen Pressekonferenz, als die beiden Herren von Müller
& Meyer mit vielen Worten ihren Rückzieher als kluge Weitsicht verkaufen wollten, aber auf präzise Gegenfragen eingestehen mussten,
über die Köpfe der Betroffenen hinweg ins Blaue geplant zu haben. An
diese Passage schließt sich eine kurze Darstellung der neuen Be-
schlusslage mit Zitaten aus dem Bürgermeister-Interview an. Dann folgt
– als Hauptteil des Textes – eine Rückblende, die nun unter der neuen
Perspektive des Scheiterns von M & M aufbereitet ist und die Recherchierleistung der Zeitung (ohne jede Selbstgefälligkeit) zur Sprache
bringt.

Zwei Bilder zeigen (nochmals) die derzeitige und die geplante Überbauung. In einem Kasten werden die Stationen des Projekts mitsamt den Recherche-Enthüllungen der Zeitung mit Datum und Sachstand in eine Übersicht gebracht. In den Fließtext als »Bonbons« hineingestellt sind Statements von fünf Bewohnerinnen und Bewohnern (unterschiedliches Alter, verschiedene Berufe, drei Frauen und zwei Männer) des betroffenen Stadtteils: Sie kommentieren die neue Lage – und ersparen es der Zeitung, selbst (zum x-ten Mal) hierzu einen Kommentar zu schreiben. Drei Tage später wird das Thema auf der Leserseite nachbereitet, zwei Monate später (Wiedervorlage!) bringt die Zeitung ein Kurzinterview (in der Rubrik »nachgefragt«) mit dem Geschäftsführer von M & M über das neue Konzept und den aktuellen Planungsstand. Die Zeitung bleibt am Ball.

2.4 Zusammenfassung:

Die Schritte des methodischen Recherchierens

Hier finden Sie die Schritte methodischen Recherchierens in einem Schema zusammengefasst. *Ausgangspunkt* sind Aussagen (Informationen) über Geschehenes (Mitteilungen, Erzählungen, Gerüchte).

WAS IST ZU TUN?

1. Schritt: Relevanz einschätzen; wie wichtig bzw. interessant ist das Ereignis/das Thema?

2. Schritt: Überprüfen der eingegangenen Informationen mittels Quellen-/Faktenkontrolle

3. Schritt: Erweitern der Sachverhaltsinformationen zur Erhöhung der Informationsdichte und zur Beschaffung des Umfeldes (Zusammenhang)

4. Schritt: Hypothesenbildung über Ursachen/Folgen; über Verantwortliche; über Urteile und Beurteilungen von Vorgängen

5. Schritt: Hypothesenüberprüfung zur Bestätigung, Widerlegung resp. Modifizierung der Ausgangshypothese

6. Schritt: Abfassen des Textes als Meldung, Bericht, Hintergrund, Feature, Report

MIT WELCHEN MITTELN?

Nachdenken, also der eigene Kopf; Rücksprache mit Kolleginnen/Kollegen

Archive, Online-Dienste, Bibliotheken; Nachschlagewerke; Sachverständige

Archive, Online-Dienste, Bibliotheken, Experten; evtl. Augenschein (Rekognoszieren am Ort des Geschehens); Befragung von Augenzeugen/Beobachtern

Der eigene Kopf

Materialauswertung; Befragung der Beteiligten: die Akteure und Betroffenen (Befragungsplan und Protokoll), Auswertung

Recherchier-Ertrag als »news«; die publizistische Eigenleistung hervorheben; anschaulich (konkret) schreiben.

DRITTER TEIL

RECHERCHIERVERFAHREN
IM JOURNALISTISCHEN ALLTAG

Übersicht

Was ist eigentlich eine Thesenüberprüfung? Wie arbeitet der »investigative« Journalist? Was bringt die (Recherchier-)Reise durch Bibliotheken und Online-Datenbanken? Wann überhaupt ist eine Recherche abgeschlossen?

Auf diese und viele andere Fragen soll dieser Buchteil Antworten geben. Denn hier geht es um die verschiedenen Recherchierverfahren, wie sie im journalistischen Alltag vor allem bei der Tagespresse gebraucht werden.

Welches Verfahren auch immer gewählt wird: In erster Linie geht es darum, über ein Geschehen möglichst viel möglichst präzise sagen zu können. Erst dann stellen sich weiterführende Fragen und Methoden. Dementsprechend ist dieser Buchteil aufgebaut: Zuerst kommen die grundlegenden, allgemein geltenden Verfahren, dann die weiterführenden; schließlich werden ausgewählte Spezialitäten behandelt.

3.1 Die wichtigste Recherchierarbeit: Das Überprüfen

Stimmt es überhaupt? Der akribische Faktenrechercheur, so erzählt der amerikanische Publizist Curtis D. MacDougall, kam gerade deshalb wieder in Mode, weil die Zeitungsredaktionen plötzlich merkten, dass die angeblich so objektiven Agenturberichte oft genug ungenau und schlampig abgefasst waren. Eine an der Universität von Minnesota 1936 durchgeführte Untersuchung ergab, dass von 591 Artikeln dreier Tageszeitungen von Minneapolis nur 54 Prozent fehlerfrei waren. Ähnliche Untersuchungen wurden später wiederholt, doch der Prozentsatz blieb im Großen und Ganzen der gleiche. MacDougall berichtet zum Beispiel von einer Untersuchung kleinerer Vorstadt und Landzeitungen von 1968, die ergeben haben soll, dass nur 40,1 Prozent der analysierten 322 Berichte in faktischer Hinsicht fehlerfrei gewesen seien (MacDougall [4]1977, S. 109).

Es gibt keinen Grund anzunehmen, dass im deutschsprachigen Raum die Fehlerquote etwa niedriger wäre – eher im Gegenteil: Studien weisen nach, dass sogar jeder zweite Bericht nach Einschätzung der Informanten fehlerhaft ist (vgl. Eckhardt, in: Message 1/2000). Der saloppe Umgang mit Informanten-Äußerungen, die unkritische Verwertung von PR-Pressetexten, aber auch von Datenbanken, Archiven und Online-Angeboten führt zu einer stetigen Zunahme unzutreffender Sachaussagen.

Hinzu kommt, dass in vielen Medienredaktionen sich die Journalisten eher als Textmanager verstehen denn als pingelige Aufklärer ungeklärter Sachverhalte. Inhaltliche Fehler lasten sie darum dem Berichterstatter oder Rechercheur an. Dabei gehört es genauso zur Aufgabe des redigierenden Redakteurs, die in einem Text enthaltenen Aussagen zu überprüfen – zumindest nach Maßgabe des kritischen Verstandes. Schließlich ist er die letzte Kontrollinstanz vor der Veröffentlichung, er besitzt auch die notwendige Distanz zum

Thema (der Rechercheur hingegen wird im Fortgang seiner Nachforschungen oftmals »betriebsblind«).

Die Recherche ist demnach in erster Linie eine Technik zur Überprüfung von Informationen (= Aussagen über Sachverhalte), deren Urheber ja in aller Regel dem bearbeitenden Redakteur unbekannt sind. Zu überprüfen sind aber nicht nur Aussagen, sondern auch deren Quelle: Zu den im 2. Buchteil schon genannten sechs »W« gehört noch ein siebtes hinzu: »Welche Quelle?«.

3.1.1 Quellenkontrolle

Wer ist der Überbringer der Information? Diese einfach scheinende Frage ist mitunter sehr vertrackt, weil es sich bei den überbrachten Informationen, schaut man genauer hin, um Kolportagen handelt. Da erzählt jemand etwas, das er von dritter Seite erfahren hat; und woher wusste es diese Seite: Hat sie es nicht auch erzählt bekommen bzw. irgendwo gelesen – oder war sie selbst zugegen? Es liegt auf der Hand, dass Primärquellen zuverlässiger sind als Kolporteure.

Doch die Primärquelle ist nicht per se zuverlässig. Denn sie könnte ja in eigener Sache sprechen, also eine bestimmte Intention verfolgen. Die Frage also ist: Wie steht der Informant zu dem, über das er informiert? Spricht er in eigener Sache (und darum vermutlich einseitig oder gar verfälschend) – oder erzählt er mir von einem Vorgang, den er genau kennt, aber mit dem er keine Absichten verbindet? Es versteht sich, dass der nicht-involvierte Informant zuverlässiger ist als jener, der in eigener Sache spricht.

Für die Quellenüberprüfung lauten die Kontrollfragen:

- *Ist der Informant zugleich Primärquelle?* (Beispiele: Augenzeuge, Experte, Tagungsteilnehmer, Mitreisender.) Wenn nein: Wer ist die Primärquelle und wie verlief der Informationsweg zum Informanten? (Beispiele: Agenturbericht einer Pressekonferenz, Vortragsskript einer Tagung, mündliche Benachrichtigung durch einen Akteur.)

- *In welcher Beziehung steht der Informant zum Urheber?* (Beispiele: Er ist dessen Sprecher, dessen Partner, dessen Konkurrent, dessen politischer Gegner, dessen Opfer bzw. Geschädigter, dessen früherer Partner und heutiger Konkurrent usw.)

- *Ist die Primärquelle zugleich der Urheber bzw. ein Akteur im Geschehen?* (Beispiele: Presse-Kommuniqué eines Unternehmens, einer Partei; Interview eines Geschäftsführers.) Wenn ja: Welche Interessen verfolgt der Urheber/Akteur? (Beispiele: Marktzugang für ein Produkt; Erfolgsmeldung zur Steigerung des Aktienkurses; Zustimmung der Wähler zu politischen Aussagen.)

- *Wenn der Informant nicht die Primärquelle ist: Wird sie im vorliegenden Material genannt?* Wenn nein: Kann sie der Informant beibringen? Wenn ja: Kann der Informant deren Zuverlässigkeit einschätzen?

Dass etwa der Urheber oder Akteur ein alter Bekannter, ein netter Journalist oder ein freundlicher Pressestellen-Sprecher ist: Dies sind keine Garantien für seine Zuverlässigkeit, die eine inhaltliche Überprüfung entbehrlich machte. So gesehen darf vermutet werden, dass eine Zeitung in ihren Berichten umso mehr Fehler und Mängel hat, je naiver und/oder bequemer ihre Redakteure im Umgang mit Pressematerial sind.

Doppelregel: Erstens: Je offener der Informant über seine Motive spricht, desto eher darf ihm Vertrauen geschenkt werden. Zweitens: Je authentischer (Idealfall: Zeuge) und kompetenter (Idealfall: Experte) er ist, desto zuverlässiger sind seine Angaben.

Beispiel: An einem Sonntag Nachmittag flatterte in einer norddeutschen Großstadt die Faxmeldung der Polizeibehörde auf die Schreibtische der Lokalredaktionen, dass »46 albanische Asylbewerber mit zum Teil schwere Vergiftungserscheinungen« in die umliegenden Krankenhäuser eingeliefert worden seien.
In der Redaktion A griff der diensthabende Redakteur sogleich zum Telefon, rief den Pressesprecher der Polizei an und verlangte nähere Angaben zur mutmaßlichen Ursache. Der Sprecher sagte, es seien Proben von der Verpflegung genommen worden, entsprechende Befunde lägen in drei Tagen vor. Der Beamte gab indessen die Einschätzung, dass es sich nach Stand der Ermittlungen möglicherweise um eine Salmonellen-Lebensmittelvergiftung handele, die entweder auf den Verzehr von Soft-

eis oder auf verdorbene Speisen, die sich die Betroffenen selbst zuberei-
tet hätten, zurückzuführen sei. Der Redakteur verfasste seinen Bericht
und stellte ihn unter dem Titel »Was löste den Infekt aus?« ins Blatt.

Die Redaktion B schickte sogleich zwei Lokalreporter an den Ort des Geschehens. Dort befragten sie als erstes die Notfallärzte nach der Symptomatik, dem Verlauf und dem mutmaßlichen Auslöser der Vergiftungen.
Dann klärten sie den Kreis der Betroffenen genau ab und befragten etwa
zehn (Stichprobe) nach deren Essgewohnheiten und dem ersten Auftreten von Krankheitssymptomen. Im Anschluss wurden die am Ort einge-
troffenen Vertreter der (für die Unterbringung zuständigen) Sozialbehörde
und (die Aufsicht führende) Innenbehörde befragt. Deren Angaben wurden den hinzu gekommenen Sprechern des Flüchtlingsrats vorgelegt;
umgekehrt wurden die Behördensprecher mit den Kritiken, die sich auf
die Verpflegung der Asylanten bezogen, konfrontiert. Nach zwei Stunden
werteten die Reporter ihre Befragungen aus. Fazit: Erstens handelt es
sich um mindestens sechzig Asylbewerber, die sich aus acht verschiedenen Nationalitäten zusammensetzen, und die alle von der offiziellen Nah-
rung gegessen oder mit einem Esser direkten Kontakt gehabt hatten.
Zweitens sprechen die Symptomatik und der Ereignisverlauf dafür (und
nicht dagegen), dass es sich um eine durch die Verpflegung verursachte
Salmonellenvergiftung handelt. Am andern Tag brachte die Zeitung einen
großen Recherchenbericht unter der Überschrift: »63 Bewohner im Kran-
kenhaus – Verdacht auf Salmonellen«.

Drei Tage später lagen die bakteriologischen Beweise vor. Es handelte
sich zweifelsfrei um eine – durch das mit der Verpflegung verabreichte
Hühnerfleisch ausgelöste – Salmonellenvergiftung. Redaktion A hatte
nicht erkannt, dass hier die Polizei keineswegs ein sachneutraler Experte war, denn sie untersteht in der Sache der parteilichen Innenbehörde. Als neutrale Experten konnten hier einzig die Notfallärzte gelten.
Alle anderen waren mehr oder weniger stark involviert und mussten
darum »im Gegencheck« abgefragt und mit den Einschätzungen der je
anderen Seite konfrontiert werden.

3.1.2 Faktenkontrolle

In einer Zeitungsredaktion kann nicht jeder Text, der publiziert werden
soll, lückenlos überprüft werden. Doch je folgenreicher die Publikation für die am Geschehen Beteiligten sein wird, umso zwingender ist
die pingelige Wahrnehmung der Sorgfaltspflicht, so wahrhaftig (so
zutreffend) wie möglich zu berichten. Vor allem, wenn es um ein bri-
santes Thema geht, wenn die Veröffentlichung Menschen, Organisationen oder Unternehmen Schaden zufügen und prozessträchtig werden
könnte, ist ein exaktes »checking« sämtlicher Fakten sinnvoll.

> **Regel:** Informationen, die nicht verifiziert werden können, müssen als Aussage einer konkreten Quelle – in direkter oder indirekter Rede (= kolportierend) – dargestellt oder aber weggestrichen werden.

Die redaktionelle Faktenkontrolle nach dem *Verifikationsverfahren:*

- Jede Sachaussage im Text wird unterstrichen, jede Ursachenbehauptung wird zusätzlich rot markiert, jedes Zitat zusätzlich blau.

- Dann wird für jede Tatsachenbehauptung, die nicht allgemein bekannt ist, und für jedes Zitat die vom Artikelschreiber genannte Quelle an den Rand geschrieben.

- Anschließend prüft der Redakteur jede der genannten Quellen auf ihre Glaubwürdigkeit hin (etwa: ein namentlich bekannter Informant, ein Firmensprecher, die Presseagentur) oder, ob der Verfasser seine Quelle belegen kann (Augenschein, Gesprächsnotizen, ein Kommuniqué, Zeitschriftenaufsatz usw.).

- Bei strittigen Sachverhalten vergleicht der Redakteur die Aussagen nach Maßgabe der Zuverlässigkeit der Quellen.

- Schließlich beurteilt der Redakteur, ob kausale Darstellungen durch Ablaufschilderungen hinreichend belegt und plausibel sind.

Kaum nötig zu sagen, dass komplette Kontrollverfahren eher die Ausnahme sind. Dennoch sollte gerade der noch ungeübte Redakteur bei konflikthaltigen Recherchenberichten, die ihm zum Redigieren auf den Schreibtisch gelegt werden, ein solches »checking« der Fakten und Quellen vornehmen. Mit einiger Übung entdeckt er dann bald einmal die Schwachstellen einer Recherche auch ohne dieses aufwändige Verfahren.

Erfahrene Redakteure nutzen neben ihrem kritischen Verstand und ihrem Fachwissen auch handfeste Überprüfungsverfahren zur Kontrolle der für den Druck bestimmten Texte. Es ließe sich so manche aufgeblasene Zeitungsente rechtzeitig zur Strecke bringen,

wenn die textverarbeitenden Redakteure ihre Rolle im Sinne einer
kritischen Instanz gebrauchen würden.

> *Beispiele:* Die im Frühsommer 1983 mit riesigem Wirbel geplatzte Ge-
> schichte des Stuttgarter Militaria-Händlers Konrad Kujau alias Fischer,
> der für den »Stern« via Reporter Heidemann angebliche »Hitler-
> Tagebücher« fabrizierte, zeigte schlaglichtartig, wie nachhaltig selbst
> simple Überprüfungsregeln (wie: Prüfung des tatsächlichen Alters des
> Papiers) »vergessen« wurden – eine Folge des Vermarktungsjourna-
> lismus. Denn rund 10 Millionen Mark waren dem »Stern« die gezinkten
> Kladden teuer gewesen, die er als »Scoop«, als historischen Enthül-
> lungsknüller der staunenden Weltöffentlichkeit darbot. Statt der journa-
> listischen Skepsis treu zu bleiben, war aus blindmachendem Erfolgs-
> zwang eingekauft worden.
> Kaum anders erging es dem »Spiegel«, als er bei einem so genannten
> Historiker in Belgrad ein angebliches Beweisstück für die Schuld Kurt
> Waldheims als Nazi-Offizier während der deutschen Besetzung Jugos-
> lawiens publizierte (Heft 5/1988). Die zwei zuständigen Redakteure
> merkten nicht, dass jenes Dokument, ein Telegramm, – ähnlich wie im
> Fall Kujau – auf einem erst nach dem Krieg hergestellten Papier ge-
> druckt war, eine Fälschung, die das Bundeskriminalamt innerhalb weni-
> ger Tage aufdecken konnte. (Mehr hierzu im 8. Teil.)

Zeitungsqualität, dies gehört gerade heute wieder manchem Verleger
in die Bilanzen geschrieben, ist nun mal zu einem guten Teil Recherchequalität. Und die ist direkt abhängig von der Höhe des Re-
daktionsbudgets mitsamt der personellen Ausstattung.

3.1.3 Sonder- und Ausnahmefälle

Verdachtsberichterstattung: Mitunter steckt der Rechercheur im
Dilemma, dass er für die Hergangsüberprüfung nur einen Augenzeugen findet. Und wenn nun dieser Zeuge widerspruchsfrei erzählt? Wenn seine Erzählung mit den beschafften sonstigen Fakten
übereinstimmt? Die Verlockung ist groß, den Zeugenbericht nun
im Indikativ als objektive (= intersubjektiv überprüfte) Tatsache
darzustellen. Oft geht es auch gut. Gleichwohl ist es seriöser, die
Schilderungen als Aussagen dieses Augenzeugen (in direkter oder
indirekter Rede) wiederzugeben. Dies ist im Übrigen zwingend,
wenn die Veröffentlichung den Betroffenen Schaden zufügen

könnte. Hier muss das öffentliche Interesse überwiegen und die journalistische Sorgfaltspflicht genau beachtet werden. Zudem müssen die Leser/Hörer sogleich erkennen können, dass es sich um einen Verdacht und nicht um eine belegte Tatsache handelt (vgl. BGH, NJW 1977, S. 1288ff.).

> *Beispiel:* Als der Manager Lopez von General Motors/Opel in den Vorstand der Volkswagen AG wechselte, schrieb »Der Spiegel« über den Verdacht, Lopez habe Firmengeheimnisse aus dem Opel-Werk an VW verraten und General Motors deswegen gegen ihn Strafantrag gestellt (in: Spiegel 21/1993). Über die von Lopez gegen den »Spiegel« eingereichte Klage urteilte das Gericht, der »Spiegel« habe hier über die dem Verdacht zu Grunde liegenden *Tatsachen* berichtet, im Zuge der Recherchen auch VW einbezogen und detailliert befragt (d.h. der Sorgfaltspflicht genügt) und keine Vorverurteilung vorgenommen, vielmehr den ungesicherten Status der Informationen deutlich gemacht. Es handele sich auch nicht um eine leichtfertig erhobene Beschuldigung, da sich der »Spiegel« auf die Strafanzeige von General Motors bezogen habe (vgl. Fricke 1997, S. 183f.).

Vertrauliche Quellen: Und was tut man, wenn der einzige Augenzeuge nicht genannt sein will, der Rechercheur also keine authentische Quelle nennen kann? Zunächst gilt: Der Rechercheur respektiert den Wunsch, denn Vertraulichkeit ist das oberste Gebot und durch Ziffer 5 des Pressekodex geschützt. Gleichwohl »verhandelt« er mit seinem Zeugen, vielleicht sind dessen Bedenken oder Ängste aus der Luft gegriffen. Beharrt aber der Zeuge auf Anonymität, dann sollte seine Verlässlichkeit doppelt genau, bei Dritten oder, wenn zu heikel, dann etwa mit Fangfragen überprüft werden.

> *Beispiele für solche Kontrollfragen:* Stimmt seine Berufsangabe? (Stellen Sie Fachfragen aus seinem Berufsfeld). Wie verlief seine Ausbildung? (Wo hat er welche Prüfungen mit welchem Grad abgelegt – und bei wem?). Hat er wirklich an dem genannten Ort gelebt? (Fragen Sie ihn, ob er das Restaurant in der XY-Straße kennt). Fragen Sie nach Bekannten oder Kollegen, die Sie wiederum befragen können.

Auch wenn sich der Zeuge als zuverlässig zeigt, sollte der Recherchenbericht die Quellenlage (= ein Zeuge, der nicht genannt sein will) nennen. Dies macht den Bericht glaubwürdiger als eine abge-

griffene Allerweltsformel in der Art der so genannt »gut informierten Kreise«.

Güterabwägung: Mitunter fühlt sich der überprüfende Redakteur
unter Druck gesetzt und genötigt, die Überprüfung abzukürzen oder
ganz fallen zu lassen. Die häufigsten Situationen:

- *Termindruck:* Die Information kam so knapp vor Redaktionsschluss, dass nun entschieden werden muss: fallen lassen oder
  drucken? (Berühmt ist der Fall Barschel auch deshalb, weil sein
  Pressereferent Pfeiffer mit seiner umfangreichen Enthüllungsgeschichte am Mittwoch zum »Spiegel« kam; am Freitag Nachmittag aber bereits Redaktionsschluss war, und am Sonntag
  Landtagswahlen. Die »Spiegel«-Chefredaktion ging auf Risiko
  und publizierte).

- *Konkurrenzdruck:* Die Information könnte auch zur Konkurrenz-
  Redaktion gelangt sein. Was ist, wenn »die« zuerst damit kommen? (Aus Angst, nicht der erste zu sein, bringen Boulevardblätter immer mal wieder kapitale Falschmeldungen und lassen
  Päpste sterben und Prinzessinnen Babys gebären).

- *Preisdruck:* Der Informant gibt zu verstehen, dass eine andere
  Redaktion seine mit der Informationsbeschaffung verbundenen
  Mühen »angemessen« entschädigen wolle. Soll man also das
  Scheckbuch zücken, auf die Gefahr hin, dass dann nur deshalb
  die Geschichte publiziert wird, weil dafür Geld bezahlt wurde?
  (Gehäuft kam dies bei »Focus« und »Der Spiegel« im Zuge der
  Politiker- und Parteispendenaffäre Ende 1999 vor).

Es wäre realitätsfremd zu fordern, dass der *Gegencheck* (= Befragung derjenigen, auf die sich die Enthüllung bezieht) *immer* durch-
zuführen wäre. Zu verlangen ist aber, dass die Redaktion im justiziablen Sinne die Sorgfaltspflichten einhält und, vor allem, dass sie
den möglichen Schaden für die Betroffenen berücksichtigt. Es geht
dabei meist um die Abwägung zwischen öffentlichem Interesse und
geschäftlichen Interessen oder um Schutzinteressen der Privatsphäre.
Und hier sollte der Kodex des Deutschen Presserates Maßstab sein.

3.2 Die häufigste Recherchierarbeit: Vervollständigen

Mehr darüber wissen wollen: Ausgangspunkt jeder Recherche sollte eigentlich die *Neugier des Journalisten* sein: Die ihm vorliegenden – notabene überprüften – Informationen über einen Anlass, ein Ereignis oder einen Vorgang genügen (ihm) nicht. Er beginnt deshalb Nachforschungen anzustellen. Allerdings, auf die angeborene Neugier allein sollte er dabei nicht vertrauen, weil sonst jede Wasserstandsmeldung zu Recherchen Anlass geben könnte. Der zumeist so schon überlastete Zeitungsredakteur benötigt deshalb Kriterien, die gleichsam im Eilverfahren eine Einschätzung der *Relevanz* der vorliegenden Informationen gestatten.

3.2.1 Relevanz-Kriterien

Als Kriterien für den Recherchierentscheid sind folgende Einschätzungsfragen hilfreich:

- Hat das Ereignis bemerkenswerte *Auswirkungen* für einen Teil der Bevölkerung, also auch für die Leserschaft?

- Hat das Ereignis oder die Themenidee *eine symptomatische Bedeutung*, indem es auf eine Entwicklung, einen Trend verweist?

- Besteht an der Veröffentlichung (etwa entgegen der Geheimhaltungswünsche der Beteiligten) ein *übergeordnetes Interesse*?

- Wird der Vorgang auf das Alltagsleben der Bevölkerung (des Publikums) *Einfluss* nehmen?

- Ist die Kenntnis des Vorgangs für *die politische Meinungsbildung* von Wichtigkeit?

Jedes dieser Kriterien genügt, um einer Information *Relevanz* zu geben. Jede relevante Information führt zur Erweiterungsrecherche.

Meldungen, Berichte oder Pressemitteilungen, die in diesem Sinne *relevant* sind, prüft der Redakteur auf ihre Vollständigkeit: Geben die Ausführungen auf die (im zweiten Buchteil besprochenen) sechs »W«-Fragen (wer, was, wann, wo, wie und warum) hinreichend Auskunft? Oft sind schon die Antworten auf die entscheidenden ersten *vier Sachverhaltsfragen* viel zu mager: *Wohin* genau reiste der Regierungsvertreter, nachdem er die Erklärung abgab? *Seit wann* genau ist das fragliche Produkt im Handel? *Wer alles* war am gestrigen Beschluss zur Umwelt-Initiative beteiligt? Und so weiter.

3.2.2 Doppelte Erweiterung

Bei der Erweiterung der Informationen sollte darauf geachtet werden, dass *zuerst* die Sachverhaltsfragen präzis beantwortet werden. Die zwei wichtigsten Zielsetzungen der Vervollständigung:

- Alle *nahe liegenden* Sachverhaltsfragen unter Einschluss der Frage nach der Quelle muss der Text beantworten können.

- Wenn sich das Geschehene weitgehend lückenlos rekonstruieren lässt, können die für den *Sinnzusammenhang* maßgeblichen Aussagen ermittelt und plausibel gemacht werden.

Die für die *Deutung* zentralen Antworten auf Kausal- und Bedingungsfragen »wie« und »warum« sind ohnehin meist spekulativ, weil jede plausible Antwort sehr genaue Kenntnisse über den Geschehenshergang, also erschöpfende Antworten auf die ersten vier »W« *voraussetzt* (Näheres hierzu stand im zweiten Teil).

Typische Testfragen des Redakteurs für die Deutungsebene:

- »Was hat XY veranlasst, diese Entscheidung zu treffen/nicht zu treffen, diesen Schritt zu tun/zu unterlassen, etc.?«

- »Ich möchte wissen, welche Umstände und welche Maßnahmen dazu geführt haben, dass ...«

- »Wieso haben sich die fraglichen Personen so (und nicht anders) verhalten, wie es in diesem Bericht, dieser Kolportage etc. dargestellt wird?«

Wenn solche Fragen plausibel – und mit Sachverhalten belegt – beantwortet werden können, ist die Recherche vollständig.

> **Regel:** Der erste Schritt der Erweiterung geht nicht nach außen, sondern ins Zentrum des Geschehen und sorgt für Detailgenauigkeit (wer alles? Seit wann genau? Wo auch noch? Usw.). Der zweite Schritt geht ins Umfeld und beschafft Informationen zur Einschätzung und Gewichtung des Geschehen (wie: Vorgeschichte, Analogien, Vergleiche, Beispiele).

3.2.3 Problem Pressematerial

Vor allem im *Lokalbereich* handelt es sich bei dem zu vervollständigenden Material meist um Pressebulletins der Behörden, um amtliche Mitteilungen (wie: Polizeibericht) und um Pressemeldungen von Vereinen und Unternehmen. Wenn diese Informationen an einer Pressekonferenz abgegeben werden, sollte der Redakteur sein Material nicht einfach zufrieden in die Tasche schieben und Richtung Redaktion davonziehen, sondern *sogleich überprüfen*, ob es

- den Hergang und die Umstände hinreichend dokumentiert,

- den aktuellen Sachverhalt genau genug darstellt und

- die Beteiligten vollzählig aufführt.

Oftmals bietet das Pressematerial nur eine in Hochglanz gepackte Suada blumiger Formulierung. Dann muss die Kerninformation erst freigelegt, durch genaues Nachfragen geklärt und dann angereichert werden. Alle nahe liegenden Fragen sollten beantwortet werden.

Für *Pressekonferenzen* gilt im Übrigen die Regel: Wichtige oder interessante Nachfragen nicht während der Konferenz stellen, sondern die Konferenz dazu nutzen, einen Telefontermin eine Stunde später zu vereinbaren, um dann die (gut vorbereiteten) Ergänzungsfragen zu stellen. Schließlich soll ja die Ergänzungsrecherche exklusiv sein.

Das Ganze aufrollen: Oftmals ist die Absicht des Redakteurs, das vorliegende Material zu ergänzen, um einen »runden« Bericht machen zu können, bereits der Einstieg in eine *eigenständige größere* Recherche.

> *Beispiel:* aus einer süddeutschen Stadt: Da flatterte eine Polizeimeldung auf das Redaktionspult: Am vergangenen Morgen um 7.00 Uhr sei die Feuerwehr ausgerückt wegen eines Dachstuhlbrandes in der Grünen Straße, der nach 2 Stunden unter Kontrolle habe gebracht werden können. Der Schaden müsse auf 1,8 Millionen Mark beziffert werden.
>
> In der einen Zeitung war diese Meldung kommentarlos abgedruckt worden. Das Konkurrenzblatt brachte einen Tag später einen größeren Eigenbericht – und der entstand folgendermaßen: »Warum«, so die Einstiegsfrage des cleveren Redakteurs, »gab es einen derart hohen Schaden bei einem kleinen Dachstuhlbrand?«
>
> Seine Nachfrage ergab, dass eine Firma, die im Parterre des Hauses ein Büro unterhielt, unter dem Dach ein Labor für chemische Analysen eingerichtet hatte – und dies in einem Wohngebiet. Der Redakteur wurde stutzig. Nach längerem Hinterfragen brachte er zu Tage, dass die Firma keine Bewilligung hatte, den Dachstuhl für gewerbliche Zwecke zu nutzen. Weitere Abklärungen ergaben, dass die Behörde von dem Labor hätte wissen müssen, denn die Nachbarn hatten schon wiederholt nachgefragt und reklamiert. Die zentrale, auf Deutung gerichtete Frage für den Fortgang der Recherche lautete nun: Warum ist die Baupolizei gegen den Firmeninhaber nicht eingeschritten? Ein ehemaliger Angestellter der Firma behauptete, der Unternehmer und der Behördenchef seien Vereinsfreunde, da wasche eine Hand die andere. Einen Beleg konnte der Redakteur aber nicht beibringen; so unterblieb zwar der Vorwurf der Kungelei, doch die Kritik an der Behördenschlamperei war eindrücklich genug. Im Gemeinderat kam es zu einer Anfrage, weitere Nachlässigkeiten der Behörde kamen ans Licht ...

Das Beispiel zeigt, dass der nachforschende Rechercheur nicht willkürlich, sondern methodisch vorgeht: Ausgangspunkt war für ihn das Fragliche, das Nichtplausible bzw. Ungeklärte (was im Übrigen kritisches Mitdenken beim Redigieren der Texte der Mitarbeiter voraussetzt!).

- *Als Erstes* formuliert der Redakteur das ihm Unklare als klare Frage (hier: »Wie kam es zu dem für einen Dachstuhlbrand überaus hohen Schaden?«).

- *Als Zweites* sucht er den »Einstieg« in die Recherche: Feststellung des Ereignisorts für den Augenschein, Auflistung beteiligter Personen, Auflistung von Auskunftspersonen.

- *Als Drittes* beschafft er sich durch Augenschein und Befragung verschiedene Versionen über die ungeklärte Begebenheit (hier: Aussagen, die den hohen Sachschaden erklären sollen).

- *Als Viertes* prüft er die Versionen auf Übereinstimmungen untereinander resp. gegenüber dem schon vorliegenden Material.

- *Als Letztes* entscheidet er sich für die am besten belegte, plausibelste Version und referiert sie als mutmaßliche Erklärung/ Begründung (in diesem Beispiel: Schlamperei der Baupolizei resp. der ihr vorgesetzten Behörde).

3.2.4 Risiken

So manche, als Erweiterung begonnene Vollrecherche führte nach ihrer Veröffentlichung zu peinlichen Berichtigungen, weil sich im Nachhinein herausstellte, dass die Ausgangsinformationen nicht oder nicht ganz zutrafen. Der Rechercheur unterließ deren Überprüfung, weil er sie aus dem Pressearchiv, dem Internet-Angebot oder einem vermeintlich neutralen Expertenpool gezogen hatte und für abgesichert hielt. Doch Irrtum: Auch Instituts-Verlautbarungen können mitunter so fehlerhaft sein wie ein PR-Text oder eine Kolportage.

Beispiel: Die von einer Bremer Professorin im November 1998 in einer Expertise aufgestellte Behauptung, das AWK Krümmel habe radioaktive Strahlung abgegeben, wurde von vielen Zeitungen unüberprüft übernommen und zu einer Schauergeschichte über die wahren Gründe gehäufter Leukämiefälle in der Elbmarsch erweitert. Schon nach wenigen Tagen brach die Geschichte in sich zusammen – nicht auf Grund journalistischer Recherchen, sondern dank anderer Wissenschaftler, die sich mit korrekten Daten an die Öffentlichkeit wandten. (Nachkonstruiert von Manfred Redelfs, in: Message – Internationale Fachzeitschrift für Journalismus 2/99, S.14-17).

3.3 Die riskante Recherchiermethode:
Die Thesen-Kontrolle

In zwei von drei Fällen, so bestätigen berufserfahrene Redakteure, steht im Zentrum der Recherchierarbeit der Versuch, diverse Behauptungen, Gerüchte und Vermutungen über die *Ursache* oder *Bewertung* eines Ereignisses dahin zu *prüfen,* ob sie zutreffen. Man muss also einer Sache in faktischer wie auch in erklärender Hinsicht auf den Grund gehen – und dies macht man in zwei Phasen:

1. Phase: Behauptungen oder Gerüchte über den *Hergang* sollen hart gemacht werden nach dem Motto: »Stimmt es tatsächlich, dass ... ?« (Überprüfung).

2. Phase: Die nun verifizierten Aussagen über den Sachverhalt werden hinterfragt nach dem »Warum«-Schema: »Warum kam es dazu, dass ... ?« (begründende Erklärung auf Plausibilität prüfen).

Wenn die Stimmt-es-überhaupt-Frage auf der ersten Stufe trotz nachfassender Überprüfung nicht beantwortet werden kann, dann muss auf die zweite Phase verzichtet werden, weil die Begründungen meist reine Spekulation bleiben. In diesem Falle sollte der Journalist die ganze Sache (mit Ausnahme der Spesenrechnung) am besten wieder vergessen. Ist er aber auf der Faktenebene fündig geworden, dann kann er nun anstelle des Gerüchts eine auf Sachverhalte und chronologische Ablaufinformationen abgestützte *Hypothese* entwickeln. Diese ist der Einstieg in die nun folgende Hauptrecherche.

Beispiel: Die 1997 vom Hamburger Institut für Sozialforschung in vielen deutschen Städten gezeigte so genannte Wehrmachtsausstellung (»Vernichtungskrieg. Verbrechen der Wehrmacht 1941-1944«) präsentierte 801 Bilddokumente, auf denen tote Zivilisten sowie bewaffnete Wehrmachtsangehörige zu sehen sind, die sich, mit der Waffe in der Hand, neben den Leichen fotografieren ließen. Die These, die von der

Ausstellung bewiesen werden sollte, lautete: Die deutsche Wehrmacht war an schwersten Verbrechen gegen die Zivilbevölkerung sowie an der Vernichtung der Juden aktiv beteiligt. Diese These gilt im Übrigen seit den Nürnberger Prozessen von 1947/48 gegen deutsche Wehrmachtsgenerale als unstrittig. Also wollten die Aussteller mit ihrer Bilderdokumentation die von ehemaligen Wehrmachtsangehörigen verfochtene Gegenthese, die Wehrmacht habe im Krieg nur nach Kriegsrecht gehandelt, widerlegen und die Mitschuld der Wehrmacht ins allgemeine Bewusstsein heben. Die Aussteller waren so überzeugt, dass sie die von Kritikern vorgebrachten Zweifel an der Gültigkeit einzelner Bildzuweisungen mit Unterlassungsklagen und Prozessdrohungen konterten.

Als dann 1999 ein neutraler Sachkenner, der polnische Historiker Bogdan Musial in der renommierten Fachzeitschrift »Vierteljahreshefte für Zeitgeschichte« nachwies, dass zahlreiche Bilder vermutlich Gräuel der Sowjetischen Geheimpolizei und nicht der Wehrmacht zeigten, entbrannte eine öffentliche Diskussion über die Gültigkeit der Dokumente. Schließlich wurde die Ausstellung »zur Überarbeitung« geschlossen.

Dieses Beispiel aus der Welt der Wissenschaft, wo die Verpflichtung zur Wahrheit in viel strengerem Maße eine berufsethische Norm darstellt als im Journalismus, zeigt uns die Gefahr der Thesen-Gläubigkeit besonders deutlich: Die gut gemeinte Absicht, die Mitschuld der Wehrmacht augenfällig zu machen, verleitete die Ausstellungsmacher zu einem Vorgehen, das man »Vorurteilsbestätigungsrecherche« nennen könnte: im Zweifelsfalle wurden Bilder von Gräueln mit fingierten Bildtexten der Wehrmacht angelastet (statt den Zweifelsfall zu klären). Als dann die Überprüfung die Fragwürdigkeit einiger Belege an den Tag brachte, stand die Glaubwürdigkeit der ganzen Unternehmung in Frage. Und weil die Ausstellung einige Falsifikate gezeigt hatte, konnten die Gegner die gesamte Schuldthese als Machwerk abtun.

3.3.1 Das Thema zerlegen

Handelt es sich bei dieser Ausgangsthese um einen komplizierten Sachverhalt, dann empfiehlt es sich, ihn in *verschiedene Aussagenelemente* aufzugliedern, von denen *jedes* wieder Ausgangspunkt einer Überprüfungsrecherche wird.

Zu beachten ist dabei, dass durch Widerlegung oder Modifikation einzelner Aussagenelemente der Hergang des ganzen Geschehens, die kausalen Folgen und Beweggründe der Handelnden, verändert werden können, so dass sich die (Be-)Deutung des Gesamtzusammenhangs ändert.

Beispiel: Einem Lokalredakteur einer großen norddeutschen Stadt liegen zwei Meldungen vor. Die eine berichtet von der neuesten Enquête einer Gruppe Mediziner, derzufolge unter den als arbeitslos registrierten Jugendlichen unter 24 Jahren der Alkoholikeranteil in den vergangenen 6 Monaten um 50 Prozent angestiegen sei. Die zweite Meldung, die zufällig am gleichen Tag auf den Schreibtisch flattert, ist das monatliche Bulletin des Arbeitsamtes der gleichen Stadt. Darin heißt es, dass die Umschulungsangebote wie auch andere Hilfsangebote zur besseren Wiedereingliederung ins Berufsleben von jugendlichen Arbeitslosen immer weniger genutzt würden.

Der aufmerksame Redakteur, der auch die erste Meldung gelesen hatte, vermutet einen Zusammenhang und stellt darum folgende Mutmaßungen als Hypothese auf: »Der soziale Druck, arbeitslos zu sein, und der damit verbundene Statusverlust ist für Jugendliche weit härter als für reifere Erwachsene; darum greifen Jugendliche eher zu Alkohol – und als Alkoholiker haben sie nicht mehr genug Selbstvertrauen, um eine Umschulung durchzustehen; sie sinken in eine resignative Haltung und verfallen noch mehr dem Alkohol – ein Teufelskreis.« Um diese Hypothese recherchierend überprüfen zu können, wird sie nun in ihre *Aussagenelemente* gegliedert:

1. Der soziale Druck der Arbeitslosigkeit ist überraschend bei Jugendlichen größer als bei Erwachsenen.

2. Der damit verbundene Psychostress führt zum Trinken.

3. Erst der Alkoholkonsum mindert die an sich vorhandene Umlernbereitschaft.

4. Wer aus einer (Um-)Schulung aussteigt, gibt sich selber auf und ist für eine Alkoholikerkarriere besonders anfällig.

Die Recherche, die jedes Aussagenelement überprüft, wird nun die eine oder andere Hypothese bestätigen, modifizieren oder auch widerlegen, so dass sich die Gesamtaussage der Aussagenelemente verändert. Etwa: Die Aussagenelemente 1 und 4 stimmen, 2 und 3 jedoch nicht, denn die Recherche ergab, dass die Behörden mit ihren Umschulungskursen überhaupt nie auf die Interessen der Jugendlichen eingegangen waren, auch nicht auf die aktuelle Marktlage; deshalb verweigerten immer mehr Jugendliche die Umschulung. Als dann der Amtsleiter die Programme änderte und zusätzliche Kurse anbot, stieg die Beteiligung wieder, während sich der Alkoholikeranteil stabilisierte.

Solche Thesen-Überprüfungsrecherchen übersteigen oftmals das einfache Kontrollieren von Aussagen und Behauptungen, weil sie – etwa durch Befragung von Sachkennern und Betroffenen – Entwicklungen, Vorgeschichten, Einschätzungen von Experten u. a. beibringen müssen. Die Arbeit wächst darum zu einer eigenständigen Recherche, die dann in der Regel auch als *Eigenbericht* der Zeitung publiziert wird.

Die Grenze seriöser Überprüfungsarbeit ist im Übrigen allzu oft durch die knappe personelle Ausstattung der Redaktionen, vor allem der nachrichtenverarbeitenden Ressorts gesetzt: »Der Wille ist ja da, doch es fehlen uns die Leute«, wurde mir schon oft auf die Frage nach der hohen Fehlerquote, dem Hang zur Kolportage und der mangelnden Thesenkontrolle geantwortet.

> **Regel:** Ausgangspunkt einer These ist nicht nur eine Sachverhaltsinformation, sondern meist eine plausibel scheinende Geschichte, die über Ursachen und Folgen erzählt. Der Einstieg in die Überprüfung besteht im Herausfiltern der Sachverhalte und ihrer Quellen. Erst im zweiten Schritt werden die Behauptungen über Gründe und Folgen geprüft, indem sie mit der Fakten- und Quellenlage abgeglichen werden.

Sich begrenzen: Jeder recherchierende Journalist kommt früher oder später an den Punkt, wo er sich zwischen den widersprüchlichen Darstellungen, die er gesammelt hat, für die zutreffende Version entscheiden müsste, ihm aber die Zeit für die Erarbeitung der Kriterien fehlt. Wer hier einfach abbricht, verheddert sich bald mal im Dickicht von Widersprüchen, das er bis zum Redaktionsschluss (und mit seinem Spesensatz) nicht mehr zu durchdringen vermag. Ein Gefühl von Panik entsteht, der Journalist wird kopflos und bringt nicht einmal mehr das auf eine Linie, was er bereits beschafft hat. In dieser Situation empfiehlt es sich, keine Ursachenthesen aufzustellen, sondern die plausibelsten Versionen unter Angabe der Quellen als Erklärungen zu referieren (auch wenn man gerne erzählt hätte, wie es »wirklich« war...).

Umgekehrt kann man, knapp gesagt, jedes Thema kaputtrecherchieren, wenn genug Zeit und Geldmittel gegeben sind: Bald einmal ist so viel Wissen über Umstände und Hintergründe angehäuft, dass der Wald vor so vielen Bäumen aus den Augen schwindet. Das eigentliche Recherchierthema, die Einstiegsfrage, geht verloren, ebenso der rote Faden. Der Artikel ufert aus, wird langatmig. Darum wird der kompetente Rechercheur an einem gewissen Punkt die alte Researcher-Regel befolgen müssen: »Go with what you've got« – nimm, was du hast, denk es durch und fang an zu schreiben! Dabei gilt dann die zweite, ebenso alte Researcher-Faustregel: »When in doubt, leave out« – im Zweifelsfalle in den Papierkorb!, auch wenn sich der Rechercheur in Spekulationen und Hypothesen noch so verliebt und er noch so »schönes« Material zusammengetragen hat. Lieber weniger oder auch mal ungenau (vage) berichten, als ungesicherte oder auf Grund von Mutmaßungen falsche Tatsachenbehauptungen verbreiten!

Diese (und die im folgenden Abschnitt erwähnten) Kontrollregeln sind im Übrigen Bestandteil der »sorgfältigen Prüfung« von Behauptungen, wie sie von den Landespressegesetzen als Sorgfaltspflicht des Journalisten verlangt und vom Kodex des Deutschen Presserats vorgeschrieben werden (Näheres hierzu im 7. Teil, insbesondere Abschnitt 1.5).

3.4 Die beliebteste Recherche: Das offene Thema

Einfach nur den eigenen Interessen folgen und aufgreifen, was neugierig macht und man selbst spannend findet: So etwa lautet der Recherchiertraum vieler Journalistinnen und Journalisten vor allem der Zeitschriftenbranche. Und gelegentlich kann man ihn auch verwirklichen, diesen Traum. Dann lesen wir große Geschichten etwa über die Frage »Reichen zwölf Jahre bis zum Abitur?« oder eine Serie über »Die erfolgreichsten Frauen in unserer Stadt«. Oder warum Teenager bei Live-Konzerten ihrer Schlager-Idole immer kreischen (müssen).

Schauen wir genauer hin, dann sind solche Themen doch nicht allein der Laune des Rechercheurs entsprungen, sondern derjenigen des Zeitgeists, der wiederum gar nicht so launisch, sondern trend- und ereignisbezogen ist. Gute Recherchierjournalisten haben demnach eine gute »Spürnase«, mit der sie auf Themen stoßen, die gerade »in der Luft liegen« und die Menschen interessieren.

Beispiele: Der Kultusminister unseres Bundeslandes bringt in der Kultusministerkonferenz den Vorschlag ein, das Schulabgangsalter zu senken und nach dem Muster der früheren DDR bundesweit das Abitur schon nach 12 Schuljahren einzuführen. Die Redakteurin denkt beim Lesen dieser Pressemitteilung, dass knapp 40 Prozent ihrer Zeitungsleser Kinder im schulpflichtigen Alter haben und deshalb die Schuldauerfrage ein hoch relevantes Thema ist. Ihre Recherche beginnt dort, wo Erfahrungen mit dem 12-Jahre-Modell vorliegen: in einem der neuen Bundesländer. Dann beschafft sie sich die fachlichen Einwände der Gegenseite (Pädagogen, Erziehungswissenschaftler), prüft ihre Schlagkraft anhand der Ausgangsrecherche und konfrontiert dann den Vertreter des Ministeriums mit den stärksten Gegenargumenten, ehe sie ein kleines Stimmungsbild bei Lehrern, Eltern und Gymnasialschülern einfängt.

Die Handelskammer verschickt ihre Quartalsstatistik über Firmenneugründungen und Liquidationen, gegliedert nach Branchen und Postleitzahlen. Ein Begleittext gibt Hinweise über die mutmaßliche Arbeitsplatzbilanz, das Alter und Geschlecht der Firmengründer. Der Redakteur »sieht« beim Lesen des Pressetextes das Thema: Wie sieht es mit der viel diskutierten beruflichen Gleichstellung der Frauen aus, wenn es ums Unternehmertum geht? Er geht von der Hypothese aus, dass vielleicht viele jüngere Frauen ein Unternehmen gründen würden, wenn sie anhand von gelungenen Beispielen das Risiko besser einschätzen könnten. Das Thema wird also so angelegt, dass positive Beispiele gezeigt werden sollen. Über die Handelskammer bekommt er die Adressen, übers Internet findet er die ausgewiesene Unternehmensberaterinnen, die bereit sind, die Beispiele zu analysieren und gründungswilligen Frauen kostenlos Tipps zu geben.

Am nächsten Samstagabend wird im Stadtpark das große Livekonzert der Super-Mega-Hip-Stars stattfinden. Und wieder werden viele Eltern ratlos zuschauen, wie ihre Teenager-Kinder ganz aus dem Häuschen sind. Da kommt der Lokalchef (er hat selbst eine 14-jährige Tochter) auf die Idee, eine Themenseite zu machen über das Musikerleben der Teenager. Er gewinnt den Musikredakteur vom Beilagen-Ressort und kann seine Volontärin dazu bringen, ein paar Bücher zur »Adoleszenzkrise« zu lesen und über das Internet (Homepages der Universitäten) zwei auf das Jugendlichenalter spezialisierte Psychologen aufzutun, die als Interviewpartner zur Verfügung stehen. Unter dem Titel »Weinen ist schön« kommt am Samstag der Report über die für junge Teenager wichtige Funktion der Identifikation mit Idolen – und über die Gefahren, wenn solche Grandiositätswünsche auch bei älteren Teenies akut bleiben. Der Report bietet in einem Kasten ein paar Tipps für Eltern, die Zeitung richtet fürs Wochenende eine Hotline ein: Beide Psychologen stehen bereit, um am Telefon Rat zu geben.

Im journalistischen Sinne ist ein offenes Thema dann attraktiv, wenn

- ein aktueller Bezugspunkt als Aufhänger dienen kann (wegen eines Vorfalls, eines Ereignisses oder einer Person);

- das Thema einen Trend, eine Entwicklung beleuchtet, symptomatisiert oder repräsentiert (wie: Beispiele/Fälle belegen den Trend);

- unterschiedliche Ereignisse auf denselben Zusammenhang verweisen;

- das Thema im Alltag der Menschen eine große Rolle spielt oder spielen könnte, aber (noch) nicht zur Kenntnis genommen wird.

Auch wenn mancher Journalist es für entbehrlich hält: Wie schon bei der ereignisgebundenen Recherche beginnt auch die Themenrecherche mit dem Überprüfen. Zu klären ist nämlich, ob die Sachverhalte überhaupt zutreffen, die zur Themenidee führten. Denn meist stützt sich die Themenidee auf ein Mix aus ganz unterschiedlichen Aussagen: auf ein paar Daten (oft aus dem Gedächtnis), auf Episoden und so genannte Fälle, auf ein bisschen Erfahrung – und auf viel Kolportage (d.h. Erfahrungen aus zweiter oder dritter Hand).

Der Einstieg in die Themenrecherche beginnt darum mit dem Auseinander-Dividieren der verschiedenen Arten von Aussagen, indem »von oben nach unten« analysiert wird: »Oben«, das sind die abstrakten Aussagen über angebliche Ursachen und Wirkungen, über Trends und über Strukturen. »Unten«, das sind die empirischen Aussagen über Vorgänge und Ereignisse (d.h. in Wort und/oder Bild gefasste Wahrnehmungen, vor allem Gehörtes und Beobachtetes).

> *Der Immermehrismus:* Besondere Vorsicht ist angezeigt, wenn es um Themen geht, denen ein angeblicher Trend zu Grunde liegt: Immer mehr Drogenabhängige auf Kinderspielplätzen, immer mehr Vergewaltigungen in Stadtparks, immer mehr Asthmatiker in den Großstädten, immer mehr Vegetarier in Kleinstädten, immer mehr Väter über Sechzig, immer mehr Millionäre unter Dreißig (keine dieser Zeilen ist erfunden). Meist sind es Daten, die aus verschiedenen Erhebungen und Datenbasen beliebig zusammengefügt und zu Trendbehauptungen verknüpft werden, um die Themenidee zu fundieren. Der Wissenschaftsjournalist Gero von Randow griff als erster diese Journalisten-Manie auf: »Desinformation kommt auf vielen Wegen in die Zeitung oder ins Fernsehen und somit in unsere Köpfe. Ein besonders tückischer Pfad ist sprachlicher Natur: der ›Immermehrismus‹, ein Trick, dessen sich Nachrichtenverbreiter bedienen, um zumeist aus der Luft gegriffenen Behauptungen ein quasi-statistisches Mäntelchen umzuhängen.« (in: Die Zeit vom 28.12.1990). Dagegen hilft nur die Überprüfung der Datenbasis, mit der die Trendbehauptung gestützt werden soll – auch wenn dann (meist) dieses Thema stirbt.

Die folgerichtig angelegte Themenrecherche läuft über drei nachgeschaltete Stufen:

- *Anknüpfen:* Stimmen die Annahmen, die der Themenidee zu Grunde liegen? Wenn ja: Was ist der aktuelle Bezugspunkt? Welches Wissen und welche Interessen verbinden meine Leser/Hörer/Zuschauer mit diesem Thema? (Sachverhalt-Aussagen als Ausgangspunkt herauspflücken und überprüfen; aktuelle Ereignisbezüge herstellen; Perspektivenwechsel vornehmen und Leser/Zuhörer nach deren Vorstellungen befragen.)

- *Übersicht gewinnen:* Was weiß man über das Thema? Konkret: Wie sieht der Stand des Fachwissens aus? Wie derjenige des Publikums? Was können wir für eine Einschätzung geben? (Archiv- und Internetrecherche: Möglichst alles, was in den letzten 12 Monaten hierzu publiziert wurde; Textauswertung: die interessantesten Verfasser, meist Fachjournalisten, befragen; dann in die Bibliothek und die drei, vier wichtigsten Bücher zum Thema durchsehen; anschließend Expertenbefragung – dann Zwischenbilanz ziehen.)

- *Den aktuellen Aspekt finden:* Die im zweiten Schritt gewonnene Übersicht dazu nutzen, nach Maßgabe des Publikumsinteresses (erster Schritt) den derzeit interessanten/wichtigen Aspekt im Thema zu finden und einzugrenzen, Motto: Von der Breite (= Übersicht) in die Enge (= Aspekt), dann in die Tiefe gehen (die derzeit maßgeblichen Akteure unter dem Blickwinkel der Folgenhaftigkeit befragen; die aktuellen Ereignisse und Vorgänge detailliert ausleuchten, die Vorgeschichte und das Umfeld stets auf den aktuellen Aspekt beziehen).

Der Themenrechercheur ist einigen Gefahren ausgesetzt, die umso größer sind, je mehr Zeit und Mittel ihm zur Verfügung stehen. Die größte Gefahr heißt: Orientierungslosigkeit, demjenigen vergleichbar, der im Wald steht und denselben nicht sehen kann. Meist ist es eine diffuse Angst davor, etwas Wichtiges übersehen oder einen Bewertungsfehler gemacht zu haben, die manchen Rechercheur daran hindert, nur den aktuellen Aspekt auszuleuchten. Die Folge: der Betreffende arbeitet wochenlang (nachts, am Wochenende) und kann am Ende keinen Artikel mehr schreiben, er müsste »eigentlich« ein Buch verfassen. Diese skrupulöse Haltung des Zauderers ist moralisch nachvollziehbar, journalistisch indessen erfolglos. Man findet aus diesem Dilemma, wenn man sich zur Kommunikation zwingt und seine Kollegen, seinen Freund oder seine Freundin damit nervt, dass man immer wieder über den Stand der Recherche und die offenen Fragen spricht. Nur schon anhand der Rückfragen kann man sehen, was noch ungeklärt und von Interesse ist. Auch kann man erkennen, was an der Geschichte langweilig und darum wegzulassen ist.

3.5 Der Umgang mit Vergangenem: Die Rekonstruktionsrecherche

Meist ist der Bedarf nach Rekonstruktion gegeben, wenn das »Wie« nicht oder nicht hinreichend beantwortet werden kann – wenn zum Beispiel die *Handlungsweisen* und/oder *Motive* der Hauptbeteiligten nicht bekannt sind – und darum der *Hergang* mit seinen Akteuren, Umständen und Gegebenheiten geklärt werden soll.

Der Recherche-Einstieg: In der journalistischen Praxis bieten sich zwei unterschiedliche Ausgangspunkte für solche Rekonstruktionsrecherchen an:

- Der eine knüpft am aktuellen bzw. spektakulären Ereignis an und fragt nach der Vorgeschichte, also: »Wie kam es überhaupt dazu?« (= Chronologie). Es ist durchaus möglich, dass über dasselbe Geschehen verschiedene, vielleicht sogar widersprüchliche *Versionen* vorliegen, die alle mehr oder auch weniger zutreffen.

   Beispiel: Die Kollision eines Passagierschiffes mit einem Frachter: Die letzten 15 Minuten vor dem Crash auf der Schiffsbrücke des Schiffes, die Handlungen des Kapitäns, des Steuermannes, des Ersten Offiziers usw.

- Der andere Ausgangspunkt fragt nach den Motiven bzw. Beweggründen, die den Handlungen/Entscheidungen zu Grunde lagen (= Erklärungen).

   Beispiel: Der Handel mit Nazi-Raubgold durch Schweizer Banken und Versicherungsgesellschaften: Wer hat damals, nachdem die Herkunft des Goldes bekannt wurde, wie gehandelt und seine Handlungen mit welchen Argumenten gerechtfertigt? Usw.

Der Journalist will also nicht »checken«, nicht überprüfen, ob die Version A oder die Version B stimmt, vielmehr: Er geht davon aus, dass sämtliche Versionen Beobachtungen oder Erzählungen sind, die das tatsächliche Ereignis nur *näherungsweise* wiedergeben. Die Arbeitsfrage lautet demnach: »Wie war es wohl wirklich?« – wobei natürlich der Rechercheur weiß, dass er Wirklichkeit nicht als eine objektive Wahrheit wird erforschen können, sondern immer nur in der Form einer, nach Ansicht und Einschätzung der Beteiligten *zutreffenden* und *plausiblen* Version.

Die Arbeitsschritte im Einzelnen:

- *Als Erstes* arbeitet der Rechercheur alle ihm vorliegenden Berichte durch und legt sich *eine Liste der Hauptbeteiligten (Akteure)* an – solche Leute, die das Geschehene entweder aktiv beeinflusst, oder aber das Geschehene passiv erlitten haben.

- *Als zweiten Schritt* wertet er alle Berichte aus und legt sich eine *Liste möglicher Augenzeugen* an – von Leuten also, die etwas Authentisches zum Ablauf sagen können (und wollen).

- Im *dritten* Arbeitsgang legt er sich eine Liste *aller Secondhand-Informanten zu* – das sind Leute, die das Geschehen selbst nicht miterlebt, aber mit Beteiligten und Augenzeugen darüber gesprochen haben.

- In einem *vierten* Arbeitsgang schließlich listet der Rechercheur *die in Frage kommenden Interpreten* auf, also: Sachverständige, Sprecher betroffener Gruppen, neutrale Institutionen usw.

Es liegt auf der Hand, dass die nun folgende Recherchierarbeit vor allem in der Durchführung von Befragungen und Interviews (mit der Konfrontierung sich widersprechender Aussagen) besteht. Diese Vorgehensweise ist einer kriminalistischen Ermittlung durchaus ähnlich; dies heißt freilich nicht, dass sich der Journalist als Ermittler aufspielen sollte (hierzu mehr im 6. Teil).

Der *Ablauf* der Rekonstruktionsrecherche ähnelt insgesamt der Bewegung des *allmählichen Einkreisens:* der Journalist nähert sich gleichsam *von außen* dem Sachverhalt, den er aufklären möchte; er wird deshalb bei den neutralen Experten, den Unbeteiligten, beginnen und erst am Schluss die (in der Sache befangenen) Hauptbeteiligten befragen (Recherchierregel: »von außen nach innen«).

Dabei ist zu bedenken: Der recherchierende Journalist sollte *zu keiner Zeit* versucht sein, einen *urteilenden Richter* zu spielen, der per Beweis eine unter vielen Versionen für die einzig wahre erklärt. Vor allem die Nachrichtenmagazingeschichte mit ihrem Pseudo-Objektivismus tendiert dazu, vermeintliche Wahrheiten zu verkaufen – eine Tendenz im Übrigen, der sich jeder engagierte Journalist ausgesetzt sieht. Doch wenn er ein kompetenter Rechercheur ist, dann wird er seinen Lesern keine Wahrheiten auftischen, sondern ihnen die *wahrscheinlichste* aller dargebotenen Versionen erzählen; er wird auch die wichtigsten Unstimmigkeiten mitteilen, also *Zweifel zulassen*. Oft genug liegt es ja schon am Tonfall der Schreibe, der dann die Musik macht.

> *Beispiel:* Eines schönen Mittags teilte die Stadtpolizei in einer Presseerklärung mit, ein Mann fremder Nationalität sei »beim Versuch, in eine Parterrewohnung einzubrechen«, angeschossen und verhaftet worden. Die Meldung wurde – wie bei Polizeimitteilungen üblich – unüberprüft verbreitet.
> Nicht auf Grund journalistischer Skepsis, sondern infolge einer Mitteilung des angeblichen Einbrechers wurde ein Reporter der Tageszeitung am Ort aktiv und rekonstruierte das mutmaßliche Geschehen anhand von Zeugen, Indizien und zuletzt der Aussagen des Betroffenen sowie der Streifenpolizisten. Der angebliche Einbrecher entpuppte sich als ein argloser Bürger, der sich auf dem Weg zu einem möglichst unbeobachteten Schäferstündchen befunden hatte, als er einem Streifenwagen als verdächtig auffiel und verfolgt wurde.
> In der Folge des Zeitungsberichts brach im Übrigen ein für Polizeibehörden nicht untypisch rechthaberischer Kommuniqué-Krieg wegen der Frage los, ob die Polizei eine falsche Sachverhaltsdarstellung verbreitet habe (sie hatte). Die Zeitung publizierte die Pressemitteilungen und stellte jeweils ihre Rechercheergebnisse als Eigenberichte darunter.

Beispiele wie dieses zeigen, dass die Zeitung auf der (ihrer Erkenntnisse zufolge:) zutreffenden Version beharren und gleichwohl die Gegenstimmen publizieren kann: Das eigentümliche Informationsgebaren der Behörde wird so selbst zur Information.

3.6 Fortlaufende Veröffentlichung: »Fließende« Recherche

Mit »fließend« ist der Informationsfluss gemeint, den die Zeitung in Gang setzt, damit ein Geschehnis aufgeklärt und die Verantwortlichen ermittelt werden können – und das die Zeitung ohne öffentliche Mithilfe nicht aufzudecken in der Lage wäre.

So gesehen ist die »fließende Recherche« eine spezielle, auf Mithilfe noch unbekannter Zeugen gerichtete Methode der Rekonstruktionsrecherche. Doch es geht im Grunde um mehr als nur um Mithilfe, denn durch das Nach-und-nach-Veröffentlichen von Informationen, Mutmaßungen und Deutungen wird auch Druck erzeugt, können Mitwisser verunsichert wie auch zu Aussagen ermutigt werden, kann verräterisches Verhalten provoziert wie auch zum Spurenverwischen veranlasst werden. Kurz: Das »fließende« Veröffentlichen aufdeckender Informationen verlangt vom Redakteur nicht nur ein *rasches* und *sicheres* Urteilsvermögen, wenn neue Informationen auftauchen, sondern auch Augenmaß bei der *Einschätzung der Folgen* der Veröffentlichungen.

Erstes Beispiel: Ein Streifenwagen der Verkehrspolizei raste an einem kalten Februarabend hinter einem mutmaßlichen Autodieb her. Die wilde Verfolgungsjagd durch die Stadt endete, indem der Wagen an eine Mauer prallte und der Lenker, von zwei Polizeikugeln lebensgefährlich verletzt, hinter dem Steuer zusammenbrach.
Im folgenden Polizei-Kommuniqué wurde die Version verbreitet, die beiden Polizisten hätten auf die Räder des fahrenden Wagens gezielt, der Lenker sei vermutlich durch »Querschläger« verletzt worden.
Durch Anwohner aufmerksam geworden, die andere Beobachtungen gemacht haben wollten und die sich mit der Lokalredaktion der Zeitung in Verbindung setzten, *recherchierte* der betreffende Redakteur vor Ort, um anhand der verschiedenen Versionen den mutmaßlichen Hergang zu rekonstruieren. Der erste, dann die folgenden Zeitungsberichte hatten weitere Hinweise, im Folgenden neue Äußerungen der Polizei und dann auch eine Pressekonferenz des Untersuchungsrichters zur Folge, so dass sich der Vorgang der Rekonstruktion über mehrere Zeitungsberichte während einiger Wochen hinzog.

Dieses Beispiel veranschaulicht zweierlei: Zum einen zeigt es, wie wichtig der Kontakt zwischen *Bevölkerung (Leserschaft)* und *Lokaljournalisten* ist, damit Informationen »fließen«. Größere Lokal- und Regionalzeitungen pflegen deshalb spezielle Kontaktfelder (wie: Lesertelefon), um so die Blattbindung zu stärken. Zum andern belegt es, dass es nicht immer zweckmäßig ist zu warten, bis eine Recherche abgeschlossen und als vermeintlich »runde Geschichte« publiziert werden kann. Denn erstens ist eine Recherche nie komplett; und zweitens ist manchmal die Nach-und-nach-Publikation der einzige Weg, der Aufklärung näher zu kommen: Ein erster, mit Mutmaßungen, vielleicht auch Behauptungen abgefasster Bericht provoziert Leser und Behördenvertreter zu Äußerungen, ermuntert vielleicht noch unbekannte Augenzeugen, sich zu melden.

So zieht sich die Recherche über Tage oder Wochen in der Form *fortlaufender* Publikationen hin, von denen keiner den Anspruch der Letzterklärung erheben darf (so genannte Follow-up-Berichte).

Der Nachteil: In jedem einzelnen Artikel muss knapp die Vorgeschichte, die Problemstellung und der Stand der Dinge referiert werden, da ja jeder Artikel auch ohne Vorkenntnisse verstehbar sein muss. Denkbar, dass die Zeitung eine solch »fließende« Recherche regelrecht durchzieht, indem in regelmäßigen Abständen Aussagen von Augenzeugen nachgereicht, Stellungnahmen der Behörden eingeholt, Experten befragt, vielleicht auch nahe Verwandte der Betroffenen zu Äußerungen veranlasst werden, um einen gewissen Druck der Öffentlichkeit zu erzeugen.

Es versteht sich, dass ein solches Verfahren nur durch einen Sachverhalt von erheblicher Relevanz gerechtfertigt ist.

Zweites Beispiel: Über verschiedene Quellen wurde bekannt, dass auf dem Rhein-Main-Flughafen durch das Leck einer Tankleitung größere Mengen Kerosin in den Boden versickert waren. Da zu jener Zeit der Flughafen wegen des umweltzerstörerischen Bauvorhabens der Startbahn West bei einem Großteil der Bevölkerung ins Zwielicht geraten war, beeilten sich die Flughafensprecher mit verharmlosenden Auskünften über das Ausmaß des Unfalls.
Ein halbes Jahr später erhielt die Redaktion einer Frankfurter Zeitung von einem Angestellten des Flughafens telefonisch den Hinweis, dass bei jenem Unfall vermutlich eine Million Liter Kerosin versickert und das Trinkwasser akut gefährdet sei. Gleichzeitig mit einem ersten Be-

richt der Zeitung über die umstrittene Unfallversion der Flughafenleitung stellten Frankfurter Umweltschützer eigene Recherchen an und gaben die Ergebnisse an die Zeitung weiter.

So konnte der sachbearbeitende Redakteur eigene Erkundigungen mit zugespielten Informationen und Berichterstattungen kombinieren und den öffentlichen Druck zwecks Aufklärung des Unfalls erhöhen. Artikelüberschrift: »Umweltschützer vermuten fünf Millionen Liter/Genaue Menge des ausgelaufenen Flugzeugsprits unbekannt.« Einen Tag später: »Kerosin-Panne wird zum Politikum/Gutachten für Staatsanwalt räumt ungenügenden Korrosionsschutz auf Rhein-Main ein.« Ein zweiter Bericht: »Kerosin-Skandal soll vor Hessischen Landtag.« Drei Tage später: »Ausmaß des Kerosin-Unfalls bleibt weiterhin unklar.« Drei Wochen später: »Zweifel an Behörden-Einschätzung des Kerosin-Unfalls/Aachener Arbeitsgemeinschaft: Auswirkungen weit schlimmer.« Nach weiteren zwei Wochen: »Grüne Stadtverordnete: Flughafen-Kerosin ist bereits ins Grundwasser eingedrungen/Proben aus Brunnen im Stadtwald/Ministerium widerspricht.«

Nur schon diese Überschriften lassen erkennen, dass hier das Follow-up von sehr unterschiedlichen Informanten (Gruppen aus der Bevölkerung, Gutachtern, Interessenverbänden, Parteien, Behörden, Regierung) bestritten wurde, die gleichsam eine von der Zeitung veranstaltete *öffentliche Debatte* zur Aufklärung dieses Unfalls und zur Beseitigung seiner Folgen führten.

Beide Beispiele machen deutlich, dass selbst im Alltagsgeschehen einer Stadt für die Redaktion einer Zeitung oder eines Hörfunksenders rasch die Schwelle erreicht sein kann, von der an die Rekonstruktionsrecherche den Charakter einer Enthüllung annimmt. In unseren Beispielen haben die Verantwortlichen (Behördenvertreter) nur *vordergründig* orientiert und waren auf Selbstrechtfertigung bedacht, indem sie ihr Verhalten verharmlosten, vielleicht sogar verschleierten. Die von den Medien zur Sprache gebrachten Hypothesen, verbunden mit den argumentierenden Einschätzungen von Zeugen und Experten, lieferten nun eine neue, gegenüber den offiziellen Darstellungen der zuständigen Stellen *aufdeckende* Version des Geschehenen, die für öffentlichen Druck sorgte.

3.7 Die aufdeckende Recherche: Viel Sorgfalt und viel Hartnäckigkeit

Voraussetzung der aufdeckenden Recherche ist die Funktion der Öffentlichkeit als eine kritische, gelegentlich auch moralisch urteilende Instanz – sozusagen *der virtuelle Pranger der Gesellschaft*.

Da gibt es einen Vorgang, von dem nur die unmittelbar Beteiligten volle Kenntnis haben. Der Sachverhalt ist nun aber von allgemeinem Interesse und betrifft nicht den Privat- oder Intimbereich irgendwelcher Leute. Aus Angst vor nachteiligen Reaktionen oder (Gegen-) Maßnahmen behalten die Beteiligten, so gut es geht, ihr Wissen für sich.

Die Massenmedien als Veranstalter und Träger der kritisch wirksamen, gegenüber Politik auch kontrollierenden Öffentlichkeit (in der Bundesrepublik sprach man in diesem Zusammenhang in den 60er und 70er Jahren vom »*Verfassungsauftrag* der Presse«) sollten sich um die Aufdeckung, um das Offenlegen dieses allgemein interessierenden Sachverhalts bemühen. Die aufdeckende Recherche gehört darum im Grunde zu den tradierten, selbstverständlichen Aufgaben journalistischer Massenmedien.

Doch wir wissen es zur Genüge: Die Vorgänge und Ereignisse, über die wir in den Zeitungen berichten, behandeln oft nur einen – nämlich den für die Öffentlichkeit bereitgestellten – Aspekt, während die übrigen Aspekte belanglos scheinen und verschwiegen werden. Der Journalist sollte indessen das *Wesentliche* hervorkehren und veröffentlichen, mithin die von den PR-Abteilungen dargebotenen Nebensächlichkeiten als solche behandeln.

3.7.1 Themen-Relevanz

Voraussetzung jeder enthüllenden Recherchierarbeit ist demnach das Beurteilungsvermögen der *öffentlichen* Relevanz einer Information. Denn manchmal ist gerade der veröffentlichte Aspekt der am wenigsten wichtige, der verborgene hingegen der entscheidende. Mit anderen Worten: Der um Aufdeckung bemühte Journalist verschafft sich Klarheit, ob und inwiefern die verborgenen Aspekte die möglicherweise relevanten (etwa: folgenreichen) sind – oder ob sie doch nur den Voyeurismus kitzeln.

Die aufdeckende Recherche stößt im Übrigen bald mal auf den Widerstand der Beteiligten, die von solcher Offenlegung ja Nachteile für sich oder ihre Sache befürchten. Deshalb braucht der aufdeckende Rechercheur ein gewisses Einfühlungsvermögen in die Lage der Beteiligten und Betroffenen – er geht hartnäckig und zugleich mit Fingerspitzengefühl vor, vor allem bei der Befragung Betroffener, die sich oftmals in der Situation von Opfern sehen.

3.7.2 Der Recherche-Einstieg: Zwei Ebenen

Selten beginnt die enthüllende Recherche mit einer Information, die gleichsam vom Himmel fällt, oder mit einem geheimen Dokument, das aus dem Nichts hereinflattert und die Sensation bedeutet. In vier von fünf Fällen setzt die aufdeckende Arbeit an längst bekannten Sachverhalten an. Darum findet der aufmerksame Journalist gelegentlich auch bei Ereignismeldungen, Berichten, Hinweisen und Erzählungen seinen *Ausgangspunkt*.

Es handelt sich deshalb um eine *Zwei-Ebenen-Recherche*: Zum schon bekannten Vordergrund soll nun der Hintergrund (oftmals erweist er sich auch als Untergrund) ermittelt und in den richtigen Bezugsrahmen gestellt werden. Über die Geschäftspraktiken der Geschäftsleitung der »Neuen Heimat« etwa wussten die »Spiegel«-Redakteure (und nicht nur sie) schon so manches. Diese bekannten Sachverhalte dienten dann als Raster zur Prüfung der internen »Neue Heimat«-Dokumente, die 1981/82 zur Enthüllung des Skandals anstanden. Nach dem selben Muster arbeiteten 1997 die beiden Rundfunk-Rechercheure Udo Lielischkies und Stefan Stuchlik bei ihrer Jagd nach den »Paten der Fleischmafia«. Gemeint waren die heimlichen Exporteure des wegen der BSE-Rinderseuche mit Exportverbot belegten britischen Rindfleischs. Bei diesen durch Verdachtspunkte, Gerüchte oder Hinweise ausgelösten Recherchen fließen Enthüllungsabsicht (wer, wann, wo?), Rekonstruktionsarbeit (wie kam es? was folgte dann?) und Thesenüberprüfung (die machen das, weil ...) ineinander.

> *Beispiel:* »In den frühen Morgenstunden blockierten zahlreiche Elbfischer mit neun Kuttern die Flusszufahrt zu den Dow-Chemiewerken bei Stade«, meldet dpa. »Die Fischer wollen damit gegen die von der niedersächsischen Landesregierung erlaubte Einleitung von chloriertem Kohlenwasserstoff in die Elbe protestieren.« Hintergrund dieses Ereignisses: Den Fischern war Tage zuvor ein als vertraulich gekennzeichnetes Papier zugespielt worden, demzufolge die Dow-Chemiewerke täglich bis zu zwei Tonnen chlorierte Kohlenwasserstoffe in die Elbe einleiten, obgleich Messungen eine Vergiftung der Elbaale durch solche Stoffe nachgewiesen hatten.

Dieser Vorfall mit den Elbfischern zeigt exemplarisch, wie in aller Regel *aufdeckende* Recherchierarbeit beginnt: Da hat sich vordergründig etwas abgespielt, dessen eigentliche Bedeutung nicht das Ereignis, die Schiffsblockade, sondern der Wirkungszusammenhang ist: hier die Verseuchung des Flusses mitsamt Folgen.

Typisch ist dieses Beispiel auch, weil interne Instruktionen an die Öffentlichkeit kamen – freilich nicht durch die Recherche eines Journalisten, sondern durch die heimliche Tat eines beunruhigten Staatsbeamten. Tatsächlich kommen die meisten Enthüllungen, vor allem die spektakulären, durch das Zuspielen vertraulicher Informationen zu Stande, wie einmal mehr der spektakuläre Fall Barschel im Herbst 1986 zeigte (er wurde ja durch Barschels Pressereferent Pfeiffer ausgelöst, der mit seiner Enthüllungsgeschichte beim »Spiegel« aufkreuzte). Das heißt: Die Enthüllung hat gegenüber dem Journalisten stattgefunden, ehe die Recherche beginnt. Die Recherchierarbeit dient dann der Sicherung (Überprüfung durch Indizien, Zeugenaussagen, Hergangsrekonstruktion) und Abrundung des zugespielten Materials, manchmal auch noch der Verschleierung der Quelle (Näheres hierzu im 5. Teil).

3.7.3 Die aufdeckenden Verfahren

Ist der Einstieg durch die enthüllende Ausgangsinformation gegeben, so bieten sich dem aufdeckend arbeitenden Journalisten drei Schemata (im Sinne operabler Analyse-Modelle) an. Im Einzelnen:

Schema 1: Vordergrund – Hintergrund

Die vorliegende Information wird als Vordergrund, als Oberfläche gesehen, die den eigentlichen Sachverhalt sowie das Motivgefüge der Akteure eher verdeckt. Der Rechercheur ermittelt nun den Hintergrund als einen Sachzusammenhang, der überhaupt erst Rückschlüsse auf einen Sinn machenden Zusammenhang (etwa: Aufdecken von Motiven, von Funktions- und Wirkungsabläufen mit den Zuständigen und Verantwortlichen) zulässt.

Beispiel: Da melden die Verkehrsbetriebe einer großen ostdeutschen Stadt, für die Erneuerung ihrer Straßenbahnflotte habe sich der Aufsichtsrat für das Angebot der Firma Siemens und deren Niedrigflurbahn – gegen das um Arbeitsplatzsicherung besorgte Angebot eines ostdeutschen Konsortiums – entschieden. Grund: Siemens habe das wirtschaftlich günstigste und innovativste Angebot abgeliefert. Dies ist der Vordergrund.

Der Lokalrechercheur interessiert sich für den Hintergrund: Wie hat der Aufsichtsrat die Angebote bewertet? Warum hat er diese und keine anderen Kriterien gewählt? Die Recherche beginnt bei den unterlegenen Unternehmen und deren Angeboten. Es stellt sich heraus, dass dem Aufsichtsrat das letzte, besonders günstige Angebot eines Mitbewerbers nicht vorgelegen hat. Der Zeitungsbericht löst eine rechtliche Überprüfung durch das Aufsicht führende Innenministerium aus. Parallel dazu stößt der Rechercheur auf interne Papiere und Protokolle, die darauf schließen lassen, dass das Verfahren zu Gunsten von Siemens gesteuert wurde. Für die fachlich schwierige Beurteilung technischer Spezifika zieht der Journalist neutrale Fachleute bei. Es werden Kontakte zu internen Informanten geknüpft und der Hintergrund Schritt um Schritt ausgeleuchtet – gegen den Widerstand der Verantwortlichen der Verkehrsbetriebe, die an Aufklärung kein Interesse zeigen. Es stellt sich heraus, dass beim Siemens-Angebot in mutmaßlich betrügerischer Weise nachgebessert und gegen die Vergabeordnung der Auftrag vergeben wurde. Nach weiteren enthüllenden Berichten – inzwischen wurde die Vergabe von der Kommunalaufsicht gekippt – nimmt die Staatsanwaltschaft ihre Ermittlungen wegen Betrugsverdachts auf. Dank der Hartnäckigkeit des Journalisten kommt nach und nach der ganze Hintergrund zum Vorschein, auch wenn offen bleibt, ob Bestechung mit im Spiele war.

Enthüllende Zusammenhänge gibt es, wenn es um Hintergründe geht, im Grunde immer. Bei jedem kleinen Blechschaden ließe sich eine grässliche Geschichte über Psychodramen, über die Historie einer unübersichtlich gebauten Kurve, über Telepathie und Suggestion enthüllen. Aber man sollte sich eben hüten, aus einer Mücke einen Elefanten zu machen – oder Geister zu rufen, die es nur in der Fantasie des Journalisten gibt. Die sachgerechte Hintergrundenthüllung ist darum oftmals mehr der Instinktsicherheit des Rechercheurs als seiner Methode geschuldet.

Schema 2: Der Eisberg

Die vorliegenden Informationen (meist eine Meldung oder ein Kurzbericht) vermelden einen kleinen, aktuellen Vorfall, ohne die Vorgeschichte, Zusammenhänge und die Beteiligten zu nennen. Der Rechercheur deutet (auf Grund seines eigenen Sach- oder Zusammenhangwissens) die vorliegende Meldung wie die Spitze eines Eisberges, dessen überwiegender Teil verborgen ist, nun aber ausgelotet und beschrieben werden soll.

Beispiel: Der Regionalredaktion flattert die Erfolgsmeldung aus dem Innenministerium auf den Tisch, dass im vergangenen Jahr 12.480 neue Verkehrsschilder aufgestellt worden seien. Der Redakteur erinnert sich an einen Vorstoß des ADAC, die Zahl unnötiger, die Verkehrssicherheit beeinträchtigender Schilder steige stetig. Eine Blitz-umfrage unter den Kollegen sowie zwei Telefonate bei der kommunalen Verkehrspolizei legen den Verdacht nahe, dass das Bundesland den Schilderwald unnötig aufforste und damit auch Steuergelder verschwende. Abklärungen bei Verkehrsexperten bestätigen den Verdacht, dass Unfälle infolge zu vieler Schilder gehäuft auftreten. Nachfragen im Innen-, dann im Finanzministerium ergeben, dass die Kosten für die Schilderflut an den Bund weitergereicht werden. Beim Bundesverkehrsministerium, dann beim Bundesrechnungshof wird bestätigt, dass dies ein Trend zahlreicher Bundesländer sei. Allein in den vergangenen zwei Jahren, so die Pressestelle des Bundesrechnungshofs, seien die Kosten für Straßenschilder um knapp 35 Prozent gestiegen. Und im Verkehrsministerium wird bestätigt, dass für unnötige Verkehrsschilder allein auf Bundesstraßen im Vorjahr 200 Millionen Mark Steuergelder ausgegeben worden seien. Anhand dieser Daten geht nun die Recherche zweispurig weiter: Auf Bundesebene wird untersucht, warum das Verkehrsministerium klaglos den unsinnigen Schilderwald bezahlt. Auf regionaler Ebene steht das Innenministerium im Fadenkreuz der Recherche; es soll darlegen, warum es unsinnige (= teure und verkehrsgefährdende) Straßenschilder massenhaft aufstellen lässt. Die Erfolgsmeldung entpuppt sich nun als Skandalmeldung. Denn die Recherche enthüllt, dass zwei inkompetente Ministeriale ohne Sachprüfung die Anträge der Straßenbau- und Verkehrsämter abzeichnen und dass keine Rechnungskontrolle stattfindet, weil ja der Bund die Mittel geben müsse.

Es werden insgesamt vier Berichte im überregionalen, im regionalen und im lokalen Teil der Zeitung publiziert. Die Veröffentlichungen ziehen eine Anfrage im Landesparlament und weitere Recherchen nach sich. Das zuständige Ministerium verspricht Besserung.

Allerdings: Bekanntlich ist keine Meldung, kein Bericht vollständig; es gibt nichts, was sich nicht vertiefen, erweitern und ergänzen ließe. Darum sollte der Rechercheur sich der Gefahr bewusst sein, dass sein Aufdeckerstolz dazu neigt, selbst Trivialitäten für sensationell zu halten und dass zu viele und nebensächliche Details einen Bericht uninteressant machen.

Schema 3: Symptom und Krankheit

Die vorliegenden Informationen werden als Schilderung von Symptomen verstanden, die für etwas ganz Anderes, weit Wichtigeres stehen. Wie das Fieber die Krankheit signalisiert, so recherchiert nun der Journalist, um das Krankheitsbild aufzuzeigen: Die Handlungen von Individuen werden als Ausdruck oder Resultate sozialer Prozesse begriffen und dargestellt.

Es versteht sich, dass dieses Schema vor allem für soziale Vorgänge geeignet ist: Wie Asylbewerber auf dem Einwohnermeldeamt schikaniert werden: symptomatisch für den Umgang mit Ausländern? Wie eine wachsende Zahl an Leuten sich Arbeitslosenunterstützung ergaunert: symptomatisch für eine unzureichende Gesetzgebung – oder für ein Anwachsen an krimineller Energie? Usw.

Beispiel: Eine Woche vor Urlaubsbeginn kommt wie jedes Jahr die Hinweismeldung der Verkehrspolizei, dass auf den Autobahnen Richtung Süden wieder mit vielen Kilometern Stau zu rechnen und darum auf Bundesstraßen auszuweichen sei. Der serviceorientierte Text liefert auch Karten, Daten und Notfallnummern. So weit, so gut.

Doch die Redaktion ist damit nicht zufrieden, sie möchte diesmal mehr über die Staugründe erfahren, um zu klären, ob sich solch ökologisch, psychologisch und volkswirtschaftlich unsinnige Situationen denn nicht vermeiden (oder doch mindern) ließen: Ihre Einstiegsfrage heißt: Ist der Verkehrsstillstand auf der Autobahn vielleicht nur das Symptom für einen tiefer gehenden Missstand?

Die Recherche beginnt im Archiv mit den früheren Stauberichten über dieselben Straßen. Über Internet-Suchmaschinen und eine Online-Datenbankrecherche werden Fachaufsätze und die Namen dreier unabhängiger Verkehrsexperten beschafft, die sich auf Stauvermeidung spezialisiert haben. Datenanalysen mitsamt Expertenwissen führen zur Einschätzung, dass viele Staus auf Fehlverhalten der Autofahrer und Fehler der Verkehrsbehörden zurückzuführen sind. Es folgt nun ein Augenschein und eine detaillierte Befragung der fraglichen Straßenverkehrsbehörden. Es kommt heraus, dass falsch organisierte Dienstpläne der Autobahnpolizei dazu führen, dass keine Bereitschaft da ist, wenn der Urlaubssturm losbricht; dass behördeninterne Vorschriften verhindern, dass die Phasenschaltungen des Ampelleitsystems auf den sich ändernden Verkehrsfluss angepasst werden; dass nach einem Bagatellunfall die Fahrzeuge auf der Fahrbahn stehen gelassen werden, weil die Autofahrer dies für vorschriftsmäßig halten, also nicht aufgeklärt sind. Diese und weitere Gründe für den alljährlichen Urlaubsstau werden mit Daten unterfüttert und zu einem harschen Bericht mit Grafiken und Problemlisten verdichtet, der vier Tage vor Urlaubsbeginn erscheint. Am nächsten Tag folgt ein Interview über Maßnahmen und Vorhaben mit dem Einsatzleiter der Autobahnpolizei; dann, ein Tag vor Urlaubsbeginn, kann die Zeitung vermelden, dass die Zuständigen sozusagen in letzter Minute alle Vorkehrungen getroffen hätten, um die Staugefahr zu mindern, Motto: Die Krankheit wurde erkannt, nun kann sie auch behandelt werden.

Auch hier gilt zu beachten, dass sich annähernd jedes menschliche Verhalten als symptomatisch verstehen lässt, als Ausdruck verborgen-unheimlicher Prozesse. Jeder Delinquent, Randalierer, Drogensüchtige oder Sektierer ist in gewisser Weise ein Symptom für sozial bedingte Krisen. Oft genug handelt es sich dabei aber nicht um aufdeckendes Recherchieren, sondern um *aufklärendes*, mitunter auch moralisierendes Kommentieren von Sachverhalten. So kommt es, dass oftmals eine (wenn auch klug analysierende) Interpretation als Enthüllung ausgegeben wird.

Systematik: Bei jedem der drei Schemata liegt, wie zuvor ausgeführt, ein *konkreter Verdacht* als Ausgangspunkt vor. Um ihm nachgehen zu können, muss über das auslösende Ereignis Klarheit hergestellt werden: Stimmt es überhaupt? Der Rechercheur muss sicher sein, dass die Meldung/der Bericht/die Erzählung stimmt und dass er keiner Ente hinterherjagt. Erst wenn er den Sachverhalt (als Vordergrund, Spitze des Eisbergs, Symptom) überprüft hat, beginnt er mit dem aufdeckenden Nachforschen. Dieses Hinterfragen gilt zum einen den Ereignissen, zum anderen den Personen.

Nun listet er alle in Frage kommenden Personen auf und legt anhand dieser Liste den *Befragungsplan* an: Wer spielt welche Rolle (wer ist außen, wer innen?) und wer steht wie zu wem?

In weiteren Arbeitsgängen muss er einen möglichst dichten Faktenzusammenhang durch Materialstudium und Befragungen herstellen, indem er das in Archiven, bei Behörden und Unternehmen, bei Fachleuten, Insidern und den Akteuren beschaffte Material auswertet (was ist stimmig, wo stecken Widersprüche?) und die zu befragenden Personen mit ihren Rollen kennenlernt.

Wichtig: Alles bleibt verbunden, *der Rechercheur isoliert nicht die Handlungen von den Handelnden,* sondern stellt die *Zusammenhänge* her. Keine losgelösten Statements und Aussagen, so sensationell sie auch sein mögen, kennzeichnen die gute Arbeit; auch nicht die hochpräzise, aber isolierte Nacherzählung eines bis dahin unbekannten Ereignisdetails – die *aufdeckende* Recherche ist vielmehr dann geglückt, wenn sich vor den Augen des Betrachters (Lesers/Zuschauers) gleichsam der Vorhang hebt und er die handelnden Personen in voller Aktion erleben und das Spiel verstehen, also durchschauen kann. Der enthüllende Recherchebericht darf darum auch Elemente des Features und der Reportage enthalten. (Mehr darüber im Abschnitt 5.9.)

3.7.4 Strittige Verfahren

Das Hauptproblem beim aufdeckenden Recherchieren ist die Vertraulichkeit vieler Gesprächssituationen: Darf man die Schimpftirade eines aufgebrachten Unternehmers zitieren, der die Entlassung von dreißig rumänischen Arbeitskräften rechtfertigen will? Kann man die rührende Geschichte einer Obdachlosen wiedergeben, die voller Stolz erzählt, wie sie einem Filialleiter eine ganze Wintergarnitur abgeschnorrt hat? Soll man schreiben, dass der Zugchef wegen der fortschreitenden Unpünktlichkeit der Deutschen Bahn über seine Direktion geflucht hat?

Wie am Ende des ersten Buchteils ausgeführt, ist unter Journalis-tik-Fachleuten und Rechercheuren strittig, ob und in welchem Aus-maß Mittel zur Täuschung der Gesprächspartner eingesetzt oder auch die Naivität von Zeugen und Beteiligten »für die gute Sache der Enthüllung« ausgenutzt (im Jargon: in die Pfanne gehauen) werden dürfen – journalismusethisch gesehen sind es sehr heikle Fragen, die sich nur unter Ansehung des Einzelfalls schlüssig beantworten las-sen. Immerhin gelten unter seriös arbeitenden Journalisten folgende vier Regeln als unstrittig:

- Erstens: Wenn der Journalist verdeckt (also seine wahre Identität verschleiernd) erkundet, dann kann er zwar *Faktisches* in Erfah-rung bringen und als Information verwerten, er darf aber per-sönliche Äußerungen Dritter nur verwenden, wenn der Urheber der Äußerung nicht erkennbar wird (Ausnahme: Die Äußerung wurde ohnehin öffentlich getroffen).

- Zweitens: Auch wenn der Journalist offen – also unter Bekannt-gabe seiner journalistischen Identität – recherchiert, ist nicht je-de erfragte Äußerung per se publizierbar. Der Wunsch eines In-formanten, seine Aussagen bitte nur als »Hintergrundinformati-on« zu verwenden, ist zu respektieren (d.h. keinen »Journa-lismus der verbrannten Erde« betreiben!).

- Drittens: Gegen den erklärten Willen der Befragten sollten deren Sachaussagen nur dann publiziert werden, wenn an der Aufklä-rung ein *öffentliches Interesse* auch im justiziablen Sinne be-steht.

- Viertens: Die Naivität eines Zeugen oder einer beteiligten Per-son darf nur ausgenutzt werden, wenn daraus für die derart be-nutzte Person kein Schaden erwächst. Wer zum Beispiel in Un-kenntnis der Absichten des Rechercheurs Nachteiliges über sich selbst äußert, dem sollte daraus kein Nachteil erwachsen (dass die Person es selbst gesagt hat, ist in diesem Fall kein Rechtfer-tigungsgrund für die Veröffentlichung).

3.8 Der Traum von der großen Enthüllung: Der investigative Journalismus

Spätestens seit der *»Watergate«-Affäre* Anfang der 70er Jahre träumt mancher Rechercheur und Reporter davon, eines Tages den »deep throat« zu treffen und mit der ganz großen Enthüllungsstory zu journalistischem Ruhm zu kommen. Für die meisten wird es wohl ein Warten auf den Jüngsten Tag sein. Denn »Watergate« war ein auf die amerikanischen Verhältnisse zugeschnittener Fall, nicht nur in politischer Hinsicht, sondern auch in Bezug auf das journalistische Rollenverständnis (siehe erster Buchteil) und die nicht überall akzeptierten investigativen Recherchiermethoden.

3.8.1 Die US-Tradition

Das Hervorragende an jener exemplarischen Recherchierarbeit der »Washington Post«-Journalisten Carl Bernstein und Bob Woodward bestand zweifellos darin, dass sie sämtliche, für die aufdeckende Recherche nützlichen Verfahren besonders intensiv und synchron einsetzen konnten: die Auswertung von zugespieltem *Insidermaterial,* das Überprüfen *vertraulicher Auskünfte,* das Ausquetschen *Beteiligter,* das konfrontative *Abfragen der Akteure,* das Arbeiten mit *Unterstellungen* (Hypothesen, Szenarien und Spekulationen), praktisch auch mit Einschüchterungen und Drohungen, mit Moralisieren und Psychotricks (wie: Erzeugen von Schuldgefühlen) – immer mit dem Ziel, verborgene, unzulässige Machenschaften oder Missstände ans Licht zu bringen: das Grundmuster des *»Investigative Reporting«.*

Der amerikanische Reporting-Spezialist Curtis MacDougall äußerte in den 80er Jahren die Auffassung, dass investigatives Recherchieren kein spezielles Verfahren sei, sondern nur handwerklich besonders gutes, d.h. intensiveres und hartnäckigeres Recherchieren bedeute: »Actualy the investigative reporter is like any other kind of reporter, only more so. More inquisitive, more skeptical, more resourceful and imaginative in knowing where to look for facts, more ingenious in circumventing obstacles, more indefatigable in the persuit of facts and able to endure drudgery and discouragement.« (MacDougall 1987, S. 202).

In diesem Sinne sind in den USA rund 5.000 »Investigators« (knapp 4 Prozent der US-Berufsjournalisten) tätig, die zur journalistischen Elite der amerikanischen Printmedien gehören. Laut einer Umfrage unter 500 Zeitungsredaktionen und 200 Fernsehstationen, die vom Berufsverband *Investigative Reporters and Editors (IRE)* durchgeführt wurde, stimmten 1986 fast alle Journalisten einer Tätigkeitsbeschreibung zu, die folgende drei Hauptmerkmale aufweist:

- Der Rechercheur begnügt sich nicht mit einer Inside-Enthüllung (wie: Veröffentlichung zugespielter Dokumente oder Zeugenaussagen), sondern er erschließt aktiv neue Quellen;

- Bei dem Gegenstand oder Thema sollte es sich um unlautere Machenschaften oder (mutmaßliche) Missstände handeln, denen große Beachtung (Relevanz) zukommt;

- Die Informationsbeschaffung und -überprüfung stößt auf den Widerstand beteiligter (involvierter) Personen; dieser muss überwunden werden.

Arbeitsweise: Der prominente New Yorker Journalist Jack Newfield erzählt, wie er 1972 als Reporter der »Village Voice« zu seiner großen Story kam: Mit der Absicht, eine kleine Reportage über die Arbeit freundlicher weißer Polizisten im schwarzen Ghetto New Yorks zu schreiben, begleitete Newfield einen Sergeanten einen Tag pro Woche während sechs Wochen auf seinem Streifendienst. Beiläufig hörte er bei einer Personenkontrolle, ein Drogenhändler habe einem anderen Polizisten 1000 Dollar angeboten, wenn er ihn laufen lasse. Obwohl dann der Polizist diesen Bestechungsversuch im Verhörprotokoll erwähnte, wurde der Drogenhändler vom Untersuchungsrichter nach kurzer Zeit wieder auf freien Fuß gesetzt, der Polizist erhielt eine Rüge, weiter nichts. Der Journalist wurde stutzig.
Nun machte Newfield den betreffenden Amtsrichter ausfindig, stöberte in Prozessakten, in Untersuchungsprotokollen, befragte Delinquenten und Angeschuldigte, ging zu Rechtsanwälten und zu Spezialisten des Drogenhandels.

Dann schrieb er vier Artikel über diesen Untersuchungsrichter: Er wies nach, dass der Mann von Drogenhändlern gekauft war, hinter denen die Mafia stand. Newfield schrieb einen weiteren Artikel (»The Ten Worst Judges«) für das »New York Magazin«, machte ein Feature für das New Yorker Lokalfernsehen, schrieb weitere Nachfolgegeschichten, wissend, dass erst der »Follow-up« die Wirkung ausmacht. Bald wurde ein Untersuchungsausschuss eingesetzt, um Newfields Enthüllungen zu prüfen. Ein Jahr später wurde der betreffende Amtsrichter wegen Korruption verurteilt.

Newfield ließ nicht nach. Zwei Jahre später erschien in der »Village Voice« eine Artikelserie mit der Überschrift »The Next Ten Worst Judges«. Sie waren das Ergebnis wochenlanger Beobachtungen, der Auswertung von mehr als hundert Urteilen, von Protokollen und zahllosen Befragungen von Richtern, Sachverständigen, Gerichtsschreibern, Polizisten und Gerichtsreportern. Newfields Darstellung der Gerichtsbehörde mündete in ein vernichtendes Urteil. Leseprobe: »Just a month inside the chaotic courtrooms, ...and you will see judges ... who are incoherent from too many martinis at lunch, judges who bend the law to favor the clients of lawyers who are clubhouse cronics ... You will see judges coerce guilty pleas ... malinger, manipulate the calendar ...« (in: Dygert 1976, S. 34f.).

Viele der Pulitzer-Preisträger der 70er und 80er Jahre waren so genannte investigative Reporter, die sich durch besonders akribische Recherchen auszeichneten. Mitchell V. Charnley berichtet u. a. von den drei Reportern der »Detroit Free Press«, die während sechs Wochen rund 300 Befragungen und Interviews durchführten, um den brutalen Einsatz der Polizei und der Nationalgarde in der Folge des blutigen Aufstands in Detroit aufzuhellen (Charnley [3]1975, S. 338). James H. Dygert, selber ein recherchierender Journalist, schreibt nicht ohne pathetischen Stolz:

»Every good investigative reporter has to be slightly mad. Not only must he manifest the customery skills and characteristics of a journalist, he must do so to excess, and be ever ready to attempt the impossible. An ordinary reporter is persistent. An investigative reporter never gives up, no matter how insurmountable the obstacles, or how hopeless the prospects ... (He is) on the lookout for conspiracies and corruption almost everywhere ... He occasionally faces danger to his life« (Dygert 1976, S. 146).

Ruhm erlangte Leon Dash, Reporter der »Washington Post«, in der zweiten Hälfte der 80er Jahre. Er war einer der ersten, die den

Computer für systematische Datenbank-Recherchen und -analysen nutzten, um von erlebten, erzählten und beobachteten Einzelfällen auf Strukturen schließen zu können. 1986 publizierte die »WP« seine Artikelserie über Teenager-Schwangerschaften im Schwarzen-Ghetto Washingtons, die großes Aufsehen erregte. Seine Arbeitsweise erläuterte er später in einem (als Bericht veröffentlichten) Interview: »Um die Ursachen dafür zu erforschen, dass auffällig viele marginalisierte Jugendliche im Alter von 14 oder 15 Jahren Kinder zur Welt brachten, zog der Reporter für 17 Monate in eines der ärmsten Viertel der Stadt. Er teilte den Alltag der Nachbarfamilien, die er im Abstand von mehreren Monaten immer wieder interviewte. Dabei änderte sich das Ergebnis der Gespräche, je besser sie ihn kennenlernten und ihm vertrauten.« (Redelfs 1996, S. 239). Auch in späteren Arbeiten behielt Dash seine Arbeitsmethode bei, Erzählungen und Augenscheinliches mit sozialempirischer Feldforschung zu verknüpfen. Für sein Porträt einer Familie, deren Mitglieder den überwiegenden Teil ihres Lebens im Gefängnis verbrachten, das die »WP« 1994 publizierte, erhielt die Zeitung im folgenden Jahr den Pulitzer-Preis.

3.8.2 Besondere Anforderungen

Zwei Kennzeichen lassen sich aus dieser kurzen Skizze des amerikanischen »investigative journalism« für uns nutzen:

- *Erstens* die Erfahrung, dass gute und enthüllende Recherchierarbeit eine Sache des *akribischen Fleißes, des methodischen Vorgehens* und großer *Investitionsbereitschaft* ist, mit dem Risiko, wegen regelwidrig beschaffter Informationen auch mal attackiert zu werden (mehr hierzu im Abschnitt über die sog. Wallraff-Methode).

- Und *zweitens* die Einsicht, dass die harte Recherche nicht nur journalistisches Selbstbewusstsein, sondern auch eine unbestechlich-distanzierte Haltung der Redaktion sowie volle Rückendeckung durch den Verleger bzw. die Verlagsgeschäftsführung voraussetzt (diese Fragen werden noch im letzten Teil dieses Buches angesprochen).

Grundzüge der investigativen Recherche

- Ausgangspunkt ist meist der Hinweis eines Insiders. Dieser bezieht sich auf eine Handlung oder einen Vorgang, der in der Öffentlichkeit als unzulässig eingestuft wird (als unrechtmäßig, unmoralisch usw.). Demnach beginnt die Recherche nicht mit einem Thema, sondern mit einem konkreten Verdacht.

- Die Basisrecherche besteht darin, die fragliche Handlung bzw. den Vorgang zu rekonstruieren und die daran Beteiligten zu ermitteln.

- Anschließend werden die damit verbundenen Motive, Interessen, Beweggründe und Absichten (Zwecke) in Erfahrung gebracht, eingeschätzt und mit dem rekonstruierten Hergang abgeglichen.

- Als dritter Arbeitsschritt werden die Hauptakteure konfrontativ befragt, mit dem Ziel, dass sie ihre Handlungen begründen und rechtfertigen.

- Der letzte Arbeitsschritt ist die Verknüpfung der Rekonstruktion mit den Aussagen der Hauptakteure, indem deren Selbstdarstellung durch die überprüften (»hart gemachten«) Fakten konterkariert bzw. widerlegt – und damit unwahrhaftig – werden. Daran kann sich eine weitere Befragungsrunde anschließen.

Die Recherche verläuft nur ausnahmsweise verdeckt, nur ausnahmsweise unter Einsatz des Scheckbuchs, nur ausnahmsweise mit fingiertem Material. Die Regel heißt: hartnäckig, systematisch und mit offenem Visier.

In Deutschland verstehen wir heute unter investigativem Journalismus die hart an der Grenze des Erlaubten verfahrende, gegen den Geheimhaltungswillen Beteiligter gerichtete *aufdeckende Recherche* (siehe voriges Kapitel), die sich zudem anheischig macht, im öffentlichen Interesse vor allem gegen staatliche bzw. behördliche Institutionen sowie gegen Träger öffentlicher Macht zu *ermitteln*. Der Rechercheur versteht die in den Landespressegesetzen festgeschriebene Medienfunktion – gegenüber öffentlichen Einrichtungen auch Kritik und Kontrolle zu üben – als einen *öffentlichen Auftrag*, den er tatkräftig zu erfüllen sucht.

Im journalistischen Alltag gilt freilich auch für den investigativen Rechercheur: Er muss ungewöhnlich findig, ausdauernd und besonders vorsichtig arbeiten (dürfen). Er schnüffelt wochen- mitunter monatelang im Dunstkreis verdächtiger Akteure – Arbeitsbedingungen, die vor allem große Magazinredaktionen bieten.

3.8.3 Unterschiede USA – Deutschland

Es gehört zur politischen Tradition der Bundesrepublik seit Adenauers Zeiten, dass die Politiker, kaum an der Macht, den investigativen Recherchierjournalismus als zerstörerisch brandmarken. Das heißt: Im Rollenbild des Rechercheurs kommt auch das politische Verständnis der Gesellschaft zum Ausdruck. Und dieses ist in den USA deutlich anders als etwa in Deutschland. Auch aus diesem Grund können wir die Methoden des »Investigative Reporting« von den USA nicht einfach auf unsere Verhältnisse übertragen:

- Zum Ersten haben wir im deutschsprachigen Raum ein anderes Verständnis der Rolle staatlicher Institutionen als die Amerikaner: Im Bewusstsein der Deutschen ist der Staat eine der Gesellschaft übergeordnete Instanz, während die Amerikaner weit mehr den Staat als ein *Gegenüber* begreifen, einen Apparat, um dessen Machthabe verschiedene gesellschaftliche Gruppen kämpfen. Nicht erst seit den Sex-Affären des US-Präsidenten Bill Clinton in den 90er Jahren werden in den amerikanischen Medien die Inhaber öffentlicher Ämter mit argwöhnischer Neugier beobachtet, während deutschsprachige Journalisten mit Macht- und Funktionsträgern vergleichsweise respektvoll umgehen (vgl. Leyendecker et al. in: Message 2/1999). Auf schnüffeliges Investigieren, wie es zum Beispiel der »Spiegel« Mitte der 90er Jahre im Fall Manfred Stolpe wegen dessen einstiger Stasi-Zuarbeit betrieb, reagieren viele Deutsche paradox: Man solidarisiert sich mit dem vemeintlichen »Medien-Opfer«.

- Zum Zweiten trägt die amerikanische Publizistik eine (gegen-über der westeuropäischen) weiterreichende und insofern mäch-tigere *öffentliche Meinung,* die darum als *vox populi* auch auf das politische Geschehen mehr Einfluss hat als etwa in der Bun-desrepublik Deutschland, mehr als in Österreich und in der Schweiz. Folglich hat auch das Offenlegen, das Aufdecken von Sachverhalten einen höheren Beachtungswert als im deutsch-sprachigen Raum. So sind die amerikanischen Medien auf das recherchierende »news-reporting« geradezu angewiesen, wäh-rend die deutschsprachige Publizistik, wie im ersten Buchteil dargelegt, sich mehr als Berichterstatter und Interpret des aktu-ellen Geschehens versteht.

- Der dritte Grund hängt mit den ersten beiden eng zusammen und gilt dem in den USA weniger abgeschotteten Dreiecksverhältnis Individuum – Gesellschaft – Staat. Anders als in Europa zeigt sich die US-Gesellschaft als informationsoffen. Behördenver-treter sind kooperationswillig, die Sitzungen annähernd aller gesetzgebenden oder kontrollierenden Körperschaften sind öf-fentlich, Personaldaten in Datenregistern (gegen Gebühren) meist zugänglich. Wie Manfred Redelfs berichtet, hätten die Journalistenorganisationen in den letzten drei Jahrzehnten des 20. Jahrhunderts wesentlich mitgeholfen, dass die *open meeting laws* stetig ausgeweitet und verbessert wurden (Redelfs 1996, S. 161), was eine weitere Stärkung des *Freedom of information Act* bewirkte. In Europa hingegen sind eher entgegengesetzte Trends zu beobachten. Vor allem in Ostdeutschland respektieren die Journalisten Informationssperren, Auskunftsverweigerungen, staatliche Opportunitäten und die Ausweitung der Privatsphäre als übergeordnete Größen.

- Der vierte Grund geht auf das andere Moralgefüge der US-Gesellschaft, vor allem in der puritanisch eingestellten Bevölke-rung des mittleren Westens zurück. In den USA werden Fragen der Moralität gern verabsolutiert (Motto: Darf ein US-Präsident in seinem Privatleben einer anderen Moral frönen als im öffent-lichen?) und zum Maßstab der öffentlichen Beurteilung von Einzelpersonen erhoben – besonders markant: die Berichterstattung über das Intimleben von US-Präsidentschaftskandidaten in der Zeit der Vorwahlen. Im Unterschied dazu meinen wir, dass sozusagen nur der öffentliche, ans Amt gebundene Teil der Person von Interesse ist und der private Teil einer anderen Moral folgen darf.

Beispiele: Als es Anfang der 70er Jahre um den großen Skandal der Baugenossenschaft »Neue Heimat« ging, wurde über das Privatleben des Skandal-Chefs der maroden Firma, Vietor, nicht recherchiert, obwohl es da Vieles zu erzählen gebeben hätte. US-Zeitschriften hätten da große Personalstories erarbeitet und Vietors Privatleben ausgeleuchtet. Oder: Unter den Bonner Journalisten war Anfang der 70er Jahre allgemein bekannt, dass sich der damalige Bundeskanzler Willy Brandt von netten jungen Damen erotisch unterhalten ließ und dies auch in den mit Steuergeldern finanzierten Sonderzügen während des Wahlkampfs. Es bestand indessen Konsens, dass darüber nicht zu berichten sei. Auch als sich Anfang der 90er Jahre der Finanzminister der Kohl-Regierung, Theo Waigel, von seiner Frau trennte und – als stets bußfertiger CSU-Politiker – in ein Konkubinat mit der Ex-Sportlerin Irene Epple eintrat, hielten sich die deutschen Journalisten ans Tabu. US-Medien hätten vermutlich sogleich den Widerspruch zwischen Waigels Polit-Credo und seinem tatsächlichen Lebenswandel breit ausgeleuchtet. Und umgekehrt hielten sich deutsche Journalisten an die ihnen diktierten Spielregeln, als sich Mitte der 90er Jahre der damalige Ministerpräsident Nordrhein-Westfalens, Gerhard Schröder von seiner Gattin »Hillu« scheiden ließ, um die »Focus«-Reporterin Köpp zu ehelichen – seine vierte Ehefrau, was für US-Journalisten schon genügend Grund wäre, die Zuverlässigkeit und innere Standfestigkeit des Kanzlerkandidaten zu hinterfragen.

In Europa – jedenfalls auf dem mitteleuropäischen Kontinent – billigt man den Menschen zumindest in moralischer Hinsicht innere Widersprüchlichkeiten (im Zweifelsfalle auch Lügen) zu. Deshalb geht es beim investigativen Recherchieren in erster Linie um das Aufdecken von Fehlhandlungen der Mandatsträger: deren *im Amt* vollzogene Handlungen und in dieser Hinsicht auch deren *Eignung* sollten Gegenstand des Investigierens sein.

3.9 Der kulturelle Hintergrund:
Die literarische Recherche

Eine für Tageszeitungsjournalisten eher seltene, dabei besonders reizvolle Recherchiergattung ist die »literarische« Recherche: Zu einem allgemein interessierenden Thema (meistens ein Trendthema) soll der soziokulturelle Hintergrund zur Deutung, als Sinnzusammenhang und/oder als Ausdruck des Zeitgeistes beigebracht und mit Alltagsbeobachtungen zu einem (bei Radio und Fernsehen so genannten) Feature verwoben werden. Die literarische Recherche enthält darum eine Mischung verschiedener journalistischer Verfahren und bevorzugt essayistische Formen. Sie kann auch ein mit Recherche-Elementen durchsetztes Feature, seltener ein Text im Duktus einer Reportage sein.

Beispiele: Unter der Überschrift »An der Lagerstatt des Leselandes« erschien im Mai 1998 in der Wochenendbeilage der »Sächsischen Zeitung« eine recherchierte Reportage der Journalistin Karin Grossmann über einen Pfarrer aus Niedersachsen, der von Mülldeponien alte Bücher aus der DDR einsammelt und aufbewahrt. Sie schaut genau hin, schildert, erzählt, berichtet über den Wert jener Bücher im Leseland DDR, die weggeschreddert werden – und lässt deren Bedeutung wieder auferstehen im recherchierten Bericht über die Person des büchersammelnden Pfarrers Martin Westkott. Der Text wurde mit dem Theodor-Wolff-Preis 1999 ausgezeichnet.
Oder die Recherche der Karriere des »Hügelbrots im Abendland«, wie das Feature des freien Journalisten Helmut Fritz hieß. Gemeint ist die Erfolgsgeschichte der »Hamburger«, hintergründig der Erfolg der Fastfood-Kultur in Europa. Der Einstieg in die Recherche ähnelte einer Rekonstruktionsarbeit. Der Reporter ging zunächst mit Hilfe des Zeitungsarchivs alle Artikel zum Thema Fastfood der letzten zehn Jahre durch, hörte das Originalmaterial der Hörfunkwerbung von MacDonalds ab und sichtete das umfängliche Pressematerial der diversen Fastfood-Hersteller. Anschließend besuchte er Fastfood-Orte (Imbiss-Stuben, Kantinen, Würstchenstände) und befragte Zubereiter, »food«-Verpacker, Verkäufer und Konsumenten, aber auch, als Kontrast, einen als

Gourmetkoch bekannten Küchenkünstler. Hinzu kam schließlich die »Reise durch den Bücherschrank«: Äußerungen verschiedener Dichter und Denker zum Wandel der Essgewohnheiten und zur Nahrungsaufnahme des zivilisierten Menschen. Aus dem Material entstand ein einstündiges, facettenreiches Hörfunkfeature und ein amüsant zu lesendes Erzählstück in einer Wochenendbeilage.

Verfahren: In Bezug auf die Recherchierarbeit unterscheidet sich die literarische Recherche von den sonst üblichen Verfahren durch die ganz andere Zielsetzung: Nicht die möglichst zutreffende Version über ein Geschehen ist zu ermitteln, sondern der empfundene Zusammenhang zwischen Alltagsleben und Kultur soll themenzentriert hergestellt werden. Folglich geht der Journalist nicht analytisch, sondern spekulativ und auf Zusammenhänge blickend mit dem Thema um. Seine Methode sind Arbeitsfragen, wie etwa:

- »Was assoziiere ich, wenn ich mich in das Problem hineindenke? Welche Einfälle, auch Erinnerungen kommen mir, wenn ich mir den Gegenstand, das Thema konkret sinnlich vorstelle?« (Notizblock bereithalten, Einfälle, Gedankenbrücken, Namen und Bilder aufschreiben.)

- »Was denken prominente Leute, was schreiben die Literaten und Intellektuellen darüber, wie verhält sich der typische Konsument, die Schickeria, der Kleinbürger usw. zu diesem Gegenstand?« (Feuilletonistische Betrachtungen in der Tages- und Wochenpresse sowie in den literarischen Blättern werden hierzu ausgewertet.)

- »Wie ist der Gegenstand in der Geistesgeschichte, in der Weltliteratur, in der Kultur fremder Völker behandelt worden?« (Durchsicht der – freilich auf markante Autoren eingeschränkten – in Frage kommenden Literatur.)

Zu dieser Recherchier-»Reise durch den Bücherschrank« hinzu kommen noch die Materialbeschaffungstechniken der Reportage, in erster Linie der Augenschein, um sinnliche Eindrücke zu sammeln, aber auch die Befragung von Leuten, die mit dem Gegenstand direkt befasst oder von ihm betroffen sind. Diese Beobachtungen werden mit der zuvor genannten Textauswertung verknüpft. (Die detaillierte Behandlung dieser Reportage-Beschaffungstechniken würde den Rahmen dieses Buches sprengen. Näheres siehe Handbuch: Die Reportage.)

Die literarische Recherche besitzt im Übrigen eine weit zurückreichende – nun eben: literarische – Tradition (vor allem im angelsächsischen Raum) seit dem 17. Jahrhundert; sie wurde durch die Abenteuer- und Reise-Schriftstellerei der folgenden Jahrhunderte beflügelt und entfaltete ein eigenes Erzähl-Genre (vgl. Haller [3]1995, S. 21ff.). In der Ära des aktuellen News-Reporting verlor sie an Bedeutung. Eine Wiederbelebung der literarischen Recherche bewirkte in den USA der Einfluss des »New Journalism« (Truman Capote, Hunter S. Thompson, Joan Didion, Tom Wolfe). Seit den 60er Jahren blüht diese Romankultur, die sich als »Faction« versteht und fiktionale mit faktischen (= recherchierten) Materialien zu einer Art Sittenbild oder Milieustudie verwebt.

Soweit die literarische Recherche auch konkrete Vorgänge und Ereignisse aufgreift und behandelt, gelten für deren Anwendung sinngemäß die im 2. Buchteil beschriebenen Hauptverfahren sowie die im 6. Teil dargestellten Techniken – mit Ausnahme des Abschnitts über den Recherchenbericht, da die literarische Recherche im Aufbau wohl eher dem Muster des Features oder der Reportage folgt.

3.10 Augenscheinliches: Die Vor-Ort-Recherche

Wie im ersten Teil schon dargelegt, ist die Recherche heute im wesentlichen Second-hand-Journalismus: Vom Schreibtisch aus wird überprüft und rekonstruiert, was sich draußen abgespielt hat.

Nun handelt es sich ja nicht immer um ein Strukturthema oder ein entlegenes Geschehen. Oft muss zu brandaktuellen Vorgängen der derzeitige Hintergrund sichtbar gemacht, sollen die vorherrschenden Verhältnisse aufgedeckt oder Anschaulichkeit hergestellt werden. Vor allem, wenn es um *erlebte Ereignisse* und deren Beurteilung geht, sind zudem die Erzählungen von Informanten wenig zuverlässig: Wie die Beamten der Sozialbehörde mit ihren Klienten umspringen, wie der Umgangston in der Aufnahmestation des Ortskrankenhauses ist, wie das Verhalten von Polizisten, wenn sie auf Streife gehen oder auf dem Polizeiposten eine Anzeige entgegennehmen sollen: Solche Situationen lassen sich oft nur augenscheinlich, also *unvermittelt* beurteilen.

Vor allem im Lokalbereich sollte die Vor-Ort-Recherche im Sinne des Augenscheins als *Erkundungsverfahren* häufiger genutzt werden. Oft helfen gerade miterlebte Situationen, die Bedeutung des Recherchenthemas richtig einzuschätzen und später auch bei der Niederschrift den angemessenen Ton zu finden. Darüber hinaus lassen sich zur *Veranschaulichung* eigene Erlebnisse als Reportagenelemente in den recherchierten Artikel einbauen, der dadurch lebensnaher wird.

Erlebnishungrige Journalisten übersehen allerdings gern, dass der Augenschein meist nicht spontan und beliebig absolviert werden darf, sondern sorgfältig überlegt sein muss: Uhrzeit, Wochentag, Monatsphase, Jahressaison, Wetterverhältnisse und andere Umstände bestimmen mitunter, wen und was der Journalist vor Ort zu sehen bekommt – und was nicht:

Beispiele: An der unfallträchtigen Kreuzung, die es zu inspizieren gilt, kommt es immer bei feuchtem Wetter, überwiegend montags früh und freitags, zu gefährlichen Situationen. Der Augenschein hat zu klären, ob es spezifische bauliche Gründe dafür gibt. Oder: Das Personal der Notfallstation des Kreiskrankenhauses steht vielleicht immer nur in der Nacht vom Samstag auf Sonntag unter Stress und produziert nur dann Fehlleistungen; offenbar sind die Schichtpläne falsch angelegt. Oder: Die Organisationspannen bei der Feuerwehr hängen vielleicht mit urlaubsbedingten Abwesenheiten zusammen. Oder: Die Klagen über den üblen Umgangston auf dem Arbeitsamt kamen vielleicht nur deshalb zum Quartalsende, weil die saisonal bedingten Arbeitslosen anstehen, die sich weniger gefallen lassen – und so weiter.

Die genaue Vorbereitung des Augenscheins setzt demnach ein *hinreichendes Vorwissen* über den Gegenstand/das Thema voraus. Mit anderen Worten: Der Augenschein kann niemals die Informationsbeschaffung ersetzen, sondern immer nur ergänzen und erweitern (mehr hierzu im 5. Teil).

Die schwer entscheidbare Frage ist, wie weit die *Beobachtungen* und Erlebnisse des Rechercheurs als *Beleg für Zustände (Gegebenheiten)* – oder nur als Episode, bestenfalls als Beispiel gelten können. Oftmals handelt es sich ja um eine einmalige, nicht wiederholbare Beobachtung: Der Polizist Meyer schlug tatsächlich den wehrlosen Demonstranten; die vermummten Chaoten demolierten tatsächlich ohne äußeren Anlass die Schaufensterauslage der Boutique; der Behördenbeamte weigerte sich tatsächlich, auf das Anliegen des fragenden Bürgers einzugehen, und so weiter. Dürfen nun solche Beobachtungen objektiviert, als Aussage verallgemeinert werden?

Eine Antwort gibt das Verfahren selbst: Da der Augenschein die Beobachtung mit dem Erlebnis verknüpft, bleibt die Beobachtung an die *singuläre Situation* und die Subjektivität des Beobachters gebunden: sie ist als Erlebnis einmalig und unwiederbringlich. Der Journalist wird darum *schildernd* und sinnlich, also *reportagenhaft* seine Beobachtungen schreiben und damit deren *Besonderheit* herausstellen; soll seine Beobachtung indessen beispielhaft (pars pro toto) sein, dann muss er dies durch Faktenrecherche auch nachweisen.

3.10.1 Probleme der Kamera-Recherche

Für aktuelle Fernsehberichte ist die Am-Ort-Recherche im Grunde unverzichtbar. Besonders wichtig ist dabei die Vorbereitung. Anhand der Ereignis-Informationen werden die Gegebenheiten am Ort des Geschehens telefonisch abgeklärt. Es folgt die Vorbereitung der Interviews durch Materialauswertung und telefonische Befragung von (möglichst) neutralen Fachleuten. Daran schließt sich die Organisation des Augenscheins an:

- *Termine:* Was genau (Situation, Gegebenheiten) treffen wir wann (Zeitpunkt und -raum) an?
- *Personen:* Wen alles brauchen wir in welchen Funktionen?
- *Technik:* Kann ich als Videoreporter die Situation erfassen? Brauche ich einen Kameramann? Wie sind die Raum- und Lichtverhältnisse?

Für den Augenschein am Ort des Geschehens sollte genügend Zeit einkalkuliert werden, um die Situation zu erfassen, charakteristische Merkmale zu erkennen und mit den Personen hinreichend ausführlich sprechen zu können. Hinrennen, Draufhalten, Wegrennen: Solche Verfahrensweisen sind nicht Recherche, sondern führen zu konfektionierten Beiträgen, die in ihrer Oberflächlichkeit nur zeigen, was man ohnehin schon weiß.

Unter Fernsehreportern vor allem des Magazin- und Ballungsraum-Fernsehens grassiert wegen des steigenden Kostendrucks der Kamera-Draufhalte-Journalismus, der die fehlende Recherche durch Bildcollagen ersetzt. Der freie Kameramann Ernst Krell schildert: »Nach einer kurzen morgendlichen Redaktionssitzung unter dem Motto: Was machen wir heute? der schnelle Blick in die Bildzeitung, ein kurzer Anruf: ›Gibt's die Person wirklich?‹, – ›Ist das wirklich passiert?‹. Das Kamerateam ist natürlich schon standby. Und ab die Post. Recherchiert wird auf der Fahrt – nein, es wird telefoniert und geflucht, weil man keine Zeit mehr zum Recherchieren hat (...). Und dann wird im wahrsten Sinne des Wortes mit der Kamera recherchiert. An jeder Haustür, an der man Anwohner zu einem Sachverhalt befragt, läuft die Kamera nach Möglichkeit mit – als Bilddiktafon? Alles wird gedreht, was irgendwie in das Puzzle passen könnte, das man in den nächsten drei bis vier Stunden zusammenträgt, zusammentragen muss. Überhaupt sind es zunehmend die Kameraleute, die die Stücke beim Dreh recherchieren und noch einigermaßen sinnvoll entstehen lassen. Leider sind sich nicht alle Kollegen, vor allem die jungen und frei arbeitenden, der Verantwortung bewusst, die sie tragen. Gesendet werden kann schließlich nur das, was auch gedreht wurde. (...) Und geschnitten werden muss ja auch noch. Wenn dann nicht alles hundertprozentig stimmt, die Bild-/Text-Schere klafft, die Bilder verwackelt, die Schwenks verrissen sind, was macht das schon. Zum Glück hat der Kameramann einen halbwegs frischen Blutfleck – Spermaflecken werden auch immer gern genommen – gedreht, der diese kleinen Mängel überdeckt.« (Krell 1999, S. 196f.).

Mehr zum Problem der Recherche mit der Kamera (verdeckte Aufzeichnungen) siehe Abschnitt 3.11.3.

3.11 Diskussion umstrittener Recherchierverfahren

In den vorausgegangenen Kapiteln wurden einige Recherchierverfahren nur am Rande erwähnt oder ganz übergangen, die bei bestimmten publizistischen Produkten (Boulevardzeitung, Magazine, Illustrierte, Sachbuch) breiten Raum einnehmen. Jede dieser Verfahrensweisen verdiente eine gründliche, durchaus auch kritische Erörterung. Im folgenden begnüge ich mich mit stichwortartigen Hinweisen.

3.11.1 Die so genannte Scheckbuch-Recherche

Mit diesem Schlagwort ist der Kauf von Informationen gemeint: Der Rechercheur (meist ist es die Chefredaktion in Absprache mit der Verlagsleitung) zückt sein Scheckbuch, um den Zuträger für seine Lieferung zu bezahlen.

Diejenigen, die Enthüllungsmaterial zuspielen oder direkt anbieten, handeln selten genug aus einem Verantwortungsgefühl der Öffentlichkeit gegenüber; häufiger tun sie es aus niederen Beweggründen, etwa aus Rache, gekränkter Eitelkeit, Geltungstrieb. Sehr oft tun sie es aber auch, um ihre nächste Südseereise zu finanzieren oder die zweite Hypothek vom Eigenheim abzutragen: Die Enthüllung wird so zur Ware, die an den Meistbietenden verscherbelt wird.

Wir beklagen das alle – und können doch nicht verhindern, dass auch umgekehrt ein regelrechter Informationspreis-Überbietungs-Journalismus praktiziert wird. Das Scheckbuch eher locker tragen die Chefs vor allem der Regenbogenblätter und Magazine, die in hartem Konkurrenzkampf um Auflage und Reichweiten einander als Werbeträger auszustechen trachten – nicht mit allgemein bedeutsamen Enthüllungen, sondern meist mit Schlüssellochgeschichten und

Paparazzi-Klatsch über die »Leute von heute«. Um Authentizität zu vermitteln, werden Bilder der prominenten Personen eingekauft, der Text wird dann am Schreibtisch hinzu fabuliert – sei es mal über die jetzt gerade wieder glückliche Caroline von Monaco, über die Angst der Steffi Graf vor jungen Männern oder die Eifersuchtsszene des Popstars – die Sujets sind austauschbar.

Meist wird das Material von einschlägigen Bildagenturen angeboten. Wie bei einer Auktion jagen sich die großen Blätter wechselseitig die Geschichten ab, den Zuschlag erhält der Meistbietende. Immer wieder kommt es vor, dass zahlungskräftige Illustrierte wie etwa der »Stern« im Anschluss an einen spektakulären Vorfall alles erreichbare Bildmaterial aufkaufen, es aber nicht veröffentlichen – nur damit es sonst niemand publizieren kann.

Die Boulevardpresse, im deutschen Sprachraum allen voran die »Bild«-Zeitung, führt immer wieder den Missbrauch journalistischer Recherche in Form des »Ausschlachtens« von Lebensgeschichten irgendwelcher Mitmenschen vor – ebenfalls eine Form von Scheckbuch-Journalismus. Günter Wallraff hat anhand zahlreicher Beispiele »die Struktur und journalistische Praxis« dieser Leichenfledder-Technik in seinem Buch »Zeugen der Anklage« beschrieben.

Wegweisend für diesen Vermarktungsjournalismus, bei dem der redaktionelle Teil kaum mehr als die bunte Verpackung der Inserate bedeutet, sind die englischen Massenblätter. 1982, als der »Yorkshire Ripper« genannte mutmaßliche Mörder Peter Suthcliff gefasst und unter Anklage gestellt wurde, machten so genannte Reporter der großen Massenblätter Jagd auf die Verwandten des Angeklagten und boten »Blutgeld« für jedes erzählenswerte Detail. Der »Daily Mail« etwa offerierte der Mutter des »Ripper« rund eine Viertelmillion Mark für ein paar Episoden aus dessen Kinder- und Jugendzeit.
Das Konkurrenzblatt »Sun«, mit 4,2 Millionen Auflage derzeit größte englische Zeitung, kaufte Anfang 1983 die angeblichen Enthüllungen des als Küchenjunge im Buckingham-Palast beschäftigten Lagerarbeiters Kieran Kenny und schrieb daraus eine süffige Tratsch-Story. Doch schon nach dem ersten Teil der riesig aufgezogenen Serie über die Sex-Film-Darstellerin und Prinz Andrew-Freundin Koo Stark (»Königin Koo wirbelt durch den Palast«) ließ das Königshaus die Publikation per einstweiliger Verfügung stoppen. Die Respektlosigkeit der Blattmacher, zeigten Leserbriefe, ging selbst den »Sun«-Lesern zu weit.

Äußerst bedenklich ist der Scheckbuch-Journalismus, wenn es um politische Vorgänge, um Wirtschaftsthemen, Zeitgeschichte und Kriminalistik geht – um die Bereiche also, deren Bearbeitung ohnehin zur »öffentlichen Aufgabe« der Massenmedien gehört: Hier darf die enthüllende Recherche nicht zur Geldfrage und/oder zum Konkurrenzspiel unter den Blättern werden.

So kommt es, dass sich auch in der seriös auftretenden deutschen Publizistik eine Art doppelte Moral breit macht: Man tut einerseits, was man andererseits für schädlich, gar für selbstzerstörerisch hält.

Gleichwohl muss meines Erachtens differenziert werden. Eine politisch brisante, für das Grundwertebewusstsein der Öffentlichkeit notwendige Enthüllung nur deshalb zu unterlassen, weil der Materialüberbringer Geld verlangt, wäre töricht. Dies umso mehr, als das bundesdeutsche Presserecht sehr wohl unterscheidet zwischen den Informationen einerseits und den Informanten andererseits: Die Veröffentlichung allgemein bedeutsamer Informationen soll unbesehen der Eigenart des Informanten gewährleistet werden. Deshalb wurde ja in den Landespressegesetzen das Zeugnisverweigerungsrecht verankert.

Es war Ausdruck mangelnden journalistischen Selbstverständnisses, als die Illustrierte »Die Bunte« die Story präsentierte, die Unterlagen über die Geschäftspraktiken der »Neue Heimat«-Geschäftsführer seien von einem Hamburger Journalisten zuerst dem »Stern«, dann dem »Spiegel« für 100.000 Mark angeboten und schließlich *verkauft* worden. Sogleich kursierten Namen und Summen. Rund 80.000 Mark hat der »Spiegel« tatsächlich bezahlt, und dies zweifellos für bedeutsame Inside-Informationen. Dass dann die »Bunte«-Journalisten gegen das der Publizistik zuerkannte Zeugnisverweigerungsrecht indirekt anschrieben, hat mit »Enthüllung« rein nichts zu tun. »Verantwortliche Redakteure des Stern empören sich über den Verfall journalistischer Sitten, wie er in der Veröffentlichung durch das Konkurrenzblatt ›Bunte‹ zum Ausdruck komme«, mokierte sich die »Frankfurter Allgemeine« (18.03.1982).

Zurück zur Scheckbuch-Recherche: Je mehr Renommee ein publizistisches Produkt in der Öffentlichkeit hat, desto häufiger wird ihm vertrauliches Material als Enthüllung *unentgeltlich* angeboten. Je weniger Gewicht und Geltung ein Produkt in der Öffentlichkeit besitzt, je weniger es auch von seinen eigenen Lesern ernst genommen wird, desto eher sind seine Redakteure geneigt, Material einzukaufen. Wie oft dabei gezinktes Material wider besseres Wissen nur deswegen ausgeschlachtet und publiziert wird, weil dafür bezahlt worden ist, führten eher selten der »Spiegel« und »Stern«, häufiger indessen Springers »Bild«-Zeitung und die Yellowpress unter Einschluss der »Bunten« vor Augen.

3.11.2 Verdeckt recherchieren: Die so genannte Wallraff-Methode

Darf – oder soll sogar – der recherchierende Journalist, wenn nötig, seine wahre Identität verdecken und sich per Rollenspiel als jemand anderer ausgeben, um so zu Informationen zu gelangen, die er als deklarierter Pressevertreter wahrscheinlich nicht erhielte?

Dieses verdeckte Verfahren, Bestandteil des investigativen Journalismus, ist so alt wie die Recherche (vgl. hierzu das im ersten Buchteil beschriebene Beispiel des Journalisten Stead). Bekannt und umstritten ist das verdeckte Recherchieren heute vor allem durch die Methoden des Publizisten Günter Wallraff, der das Verfahren zu einem geradezu kunstvoll inszenierten Rollenspiel ausgebaut hat.

Moralisch zulässig? Der Deutsche Presserat stritt sich während mehrerer Jahre darüber, ob Wallraffs Recherchiertechnik – nämlich unter falschem Namen vor Ort die Verhältnisse auszukundschaften – mit Artikel 4 des Pressekodex zu vereinbaren sei, demzufolge »bei der Beschaffung von Nachrichten, Informationsmaterial und Bildern keine unlauteren Methoden angewandt werden (dürfen)«. Was aber heißt »unlauter«?

Zur Diskussion stand Wallraffs Enthüllungsrecherche über die Arbeitsmethoden der »Bild«-Redaktion, in deren Hannoveraner Redaktionsvertretung Wallraff unter dem Pseudonym »Hans Esser« 1977 während drei Monaten gearbeitet hatte. Die Debatte im Presserat, ob Wallraffs Methoden *moralisch* vertretbar seien (W: »Ich entschuldige meine Mittel nicht, ich finde sie notwendig ... um unterschlagene Sachverhalte, die in jedermanns Interesse liegen, damit aufzuzeigen«, 1970), führte am Problem vorbei. Denn: »Wenn nur schon ein Teil der Kernbehauptungen Wallraffs« über die Verhältnisse bei der »Bild«-Zeitung *nicht widerlegt* werden könnte, »dann haben die Verantwortlichen das Grundrecht auf Pressefreiheit moralisch verwirkt«, befand der damalige Presserat-Sprecher Hans Detlev Becker.

Damit machte der Presserat deutlich, dass es um eine Art Güterabwägung geht: Wenn die erschlichenen Informationen einem Sachverhalt von herausragender Bedeutung gelten, dann war das Vorgehen zumindest moralisch gerechtfertigt. So heißt es seither in den Ausführungsbestimmungen zu Artikel 4 des Pressekodex: »Das Mittel der verdeckten Recherche kann im Einzelfall gerechtfertigt sein, wenn damit Informationen von besonderem öffentlichen Interesse beschafft werden, die auf andere Weise nicht zugänglich sind.«

Unzulässig war demnach die verdeckte Recherche eines Journalisten, der in einer Zeitschrift Gespräche im Wortlaut veröffentlichte, die er angeblich mit katholischen Geistlichen im Beichtstuhl geführt haben will. »Unter der Überschrift ›Sündige Beichten – So strafen Pfarrer Handarbeit‹ wird der Beitrag auf der Titelseite angekündigt. Die Veröffentlichung der ›Beichtstuhlgespräche‹ – so der Anwalt des Blattes, zeige einen ›Wandel der Katholischen Kirche zu einer positiven, liberalen und aufgeklärten Beurteilung von Sexualproblemen.‹ Der Deutsche Presserat erteilt der Zeitschrift eine öffentliche Rüge.« (Spruchpraxis des Deutschen Presserats 1990, 252).
Als gerechtfertigt beurteilte der Presserat die verdeckte Recherche einer jungen Journalistin, die sich unter falschem Namen auf ein Chiffre-Inserat meldete. In der Anzeige hatte ein Autoverkäufer kostenlos eine Orgasmusschule angeboten. Die falsche Klientin führte mit dem Mann einen Briefwechsel und traf sich auch mit ihm. Der Presserat schreibt: »Die Ergebnisse ihrer verdeckten Recherche (verwertet) sie in einem Beitrag unter der Überschrift ›Windige Sexgeschäfte: Die schnelle Mark?‹. (...) Unter Namensnennung teilt die Journalistin mit, der junge Mann versuche unter Decknamen, seine autodidaktischen Künste an die Frau zu bringen. (...) Der durch die Veröffentlichung bloßgestellte Mann wendet sich auch an den Deutschen Presserat. Die Zeitschrift habe es zugelassen, dass (...) aus dem geführten Briefwechsel und dem Gespräch in unerlaubter Weise öffentlich berichtet« worden sei. Der Entscheid: »Der Presserat hält die verdeckt geführte Recherche der Autorin für zulässig, denn nur durch diese Methode war es möglich, die erforderlichen Daten für die Veröffentlichung zu erhalten.« Trotzdem wurde die Zeitschrift mit einer »Mißbilligung« bedacht. Grund:

»Die Erwähnung des vollen Namens sowie seines Berufs berührt den Intimbereich der Person.« (Jahrbuch 1994, 163). Die Kritik gilt also nicht der Methode, sondern der Missachtung des Persönlichkeitsrechts wegen der Namensnennung.

Gilt das Prinzip Aufklärung? Tatsächlich rechtfertigt sich die Rollenspiel-Methode vor allem gegenüber Behörden, Institutionen, Gruppen und Einrichtungen, an deren Machenschaften ein *allgemeines* (öffentliches) Interesse besteht, diese aber vor Journalisten abgeschirmt werden.

Solche Zugangsprobleme kennt der Schreibende aber auch aus der Beobachtung von Randgruppen und Zirkeln, von politisch oder konfessionell extrem eingestellten Gruppierungen, Gangs und Sekten: Wenn man sich als Journalist zu erkennen gibt, wird man meistens abgewiesen oder erhält geschminkte Informationen, meist aus Angst vor der Veröffentlichung und ihren Folgen, manchmal aber auch auf Grund schlechter Erfahrungen mit Vermarktungsjournalisten – oder einfach, weil den Betreffenden jede Publizität missfällt. In mehreren solcher Fälle hat sich der Schreibende unter Vorspiegelung unzutreffender Absichten Zugang verschafft und in der Rolle des teilnehmenden Beobachters »mitgemacht«. Es sind dies Situationen, mit denen sich jeder Rechercheur früher oder später konfrontiert sieht und in denen er um eine solide Güterabwägung nicht herumkommt.

Zulässig oder unzulässig? Das verdeckte Recherchieren nach der so genannten Wallraff-Methode hat seine rechtlichen Finessen, die in der Bundesrepublik (anders als in Österreich und der Schweiz) durch eine dezidierte Rechtsprechung inzwischen geklärt sind. Grundsätzlich sei die »rechtswidrige *Beschaffung* von Informationen« weder durch die Meinungsäußerungsfreiheit noch durch die Pressefreiheit geschützt, sondern müsse als »illegales Vorgehen« und »unzulässiges Einschleichen« gewertet werden, urteilte das Bundesverfassungsgericht. Was indessen die *Veröffentlichung* solch »rechtswidrig beschaffter oder erlangter Informationen« betreffe, so müsse der Informationswert der Nachricht deutlich schwerer wiegen als die durch ihre Beschaffung begangene Rechtsverletzung (BVerfG 66, 116/136ff.).

Dies heißt: Wenn die Informationen zutreffen und an ihrer Verbreitung ein gesteigertes öffentliches Interesse besteht, ist es unerheblich, wie diese Informationen beschafft worden sind: »Es wäre wenig folgerichtig, ein Aussageverweigerungsrecht aus der Pressefreiheit abzuleiten, wenn dies nicht auch die Veröffentlichung dessen umfasste, was ein Informant auf rechtswidrige Weise erlangt und der Presse zugetragen hat«, urteilte das Bundesverfassungsgericht. Zudem »könnte die Kontrollaufgabe der Presse leiden, zu deren Funktion es gehört, auf Mißstände von öffentlicher Bedeutung hinzuweisen« (BVerfG 60, 234, 240f.).

Wenn nun aber der »Publizierende« *selber* sich die Informationen »widerrechtlich in der Absicht verschafft hat, sie gegen den Getäuschten zu verwerten«, dann darf dies laut Bundesverfassungsgericht nur geschehen, »wenn die Bedeutung der Informationen für die Unterrichtung der Öffentlichkeit und für die öffentliche Meinungsbildung eindeutig die Nachteile überwiegt, welche der Rechtsbruch für den Betroffenen und für die Rechtsordnung nach sich ziehen« (BVerfG 1 BvR 272/8 1). In diesem Falle »stellt die Rechtswidrigkeit der Informationsbeschaffung kein Verwertungshindernis dar« (Soehring 1990, 264).

Wallraff war sich in Sachen »Bild«-Zeitung sicher, dass es bei seiner illegalen Beschaffung um ein für die öffentliche Meinung wichtiges Thema ging. Nur: Er beschaffte sich seine Informationen aus und über ein Medienunternehmen, das nun seinerseits den Schutz der Pressefreiheit genießt. So kam in dem vom Springer-Konzern gegen Wallraff angestrengten Prozess das Bundesverfassungsgericht zur Überzeugung, »dass der Schutz der Vertraulichkeit der gesamten Redaktionsarbeit notwendige Bedingung einer freien Presse ist«. Tatsächlich ist das Redaktionsgeheimnis seinerseits für den Quellenschutz unabdingbar, der nicht von Fall zu Fall, sondern kategorisch als tragendes Element der Pressefreiheit gelten soll.

Damit standen sich zwei einander beschränkende Grundrechtsbereiche entgegen: die von Wallraff reklamierte Meinungsäußerungsfreiheit und die vom Springer-Konzern beanspruchte Pressefreiheit mitsamt dem Schutz der Redaktionsarbeit. Schließlich wurde Wallraffs Ausplauderei einer Redaktionskonferenz als unzulässiger Eingriff in die Vertraulichkeit der Redaktionsarbeit gewertet und der Journalist (nur) in diesem Punkt verurteilt (1 BvR 272/81 vom 21. Januar 1984). So gesehen war die von der »Frankfurter Rundschau« gewählte Schlagzeile: »Bundesverfassungsgericht entscheidet für Axel Springer« irreführend (FR vom 4. Mai 1984).

Die 1984 mit der Wallraff-Methode inszenierte Recherche über *staatliche* Geldhilfen bei Industrie-Neuansiedlungen hatte aus den genannten Gründen keine prozessrechtlichen Folgen. Der Wissenschaftler Jörg Heimbrecht, assistiert vom Journalisten Otmar Steinbicker, beide DKP-Mitglieder, hatten zum Schein eine Unternehmensberatungsfirma gegründet. Dann wurden sie bei Stadtoberen, Kommunalpolitikern, Staatssekretären und Ministern vorstellig: Angeblich im Auftrag eines amerikanischen Chemie-Konzerns suchten sie nach einem möglichst günstigen Standort. In der Folge erhielten sie Geschenke und Vergünstigungsangebote in Milliardenhöhe, unter anderem Strom und Gas zum halben Preis, einen eigenen Hochseehafen-Terminal oder auch einen Quadratkilometer bestes Bauland. Die in mancher Hinsicht atemberaubenden Ergebnisse ihrer Inszenierung fassten sie in dem im Sommer 1984 publizierten Buch »Das Milliardending – Minister, Multis, Moneten« zusammen.

Im Vorwort heißt es: »Am Anfang ging es lediglich darum nachzuweisen, dass den Großbetrieben und Konzernen Strom, Gas und Wasser mit zum Teil erheblichen Preisnachlässen geliefert werden – auf Kosten der privaten Kleinverbraucher, die diese Praktiken mitbezahlen müssen. Erst im Verlauf der Untersuchung hat sich dem Autor die Möglichkeit geöffnet, in die Zentralen der Entscheidungsträger vorzudringen, die über die Vergabe von Steuergeldern in Milliardenhöhe befinden und Freibriefe zur Vergiftung der Umwelt ausstellen« (Heimbrecht 1984, S. 8).

Eine gleichzeitig offenkundig von Journalisten durchgeführte Befragung der betreffenden Politiker und Staatssekretäre über deren Förderungspolitik bei Industrieansiedlungen erbrachte kaum mehr als schön gestanzte Phrasen über das »Gleichgewicht zwischen Wirtschafts- und Umweltpolitik«. Mit anderen Worten: Wäre die Recherche offen durchgeführt worden, hätte sie niemals enthüllen können, was die verdeckte, per Rollenspiel inszenierte Recherche ans Licht gebracht hat.

»Man wird wieder einmal mit geheuchelter Empörung über die ›verwerflichen‹ Recherchiermethoden herfallen, um von den erschreckenden Tatbeständen abzusehen«, schrieb Wallraff im Vorwort. Zu Auseinandersetzungen führte indessen nicht die Enthüllung in Buchform (die konnte als DKP-Machwerk abgetan werden), sondern ein vom ARD-Magazin »Monitor« produzierter Film über jene Enthüllung, der am

10. August 1984 ausgestrahlt wurde. Bei den Dreharbeiten waren die ministeriellen Heimbrecht-Gesprächspartner über deren Industrieansiedlungspolitik interviewt worden, ohne den Anlass und den Zusammenhang zu kennen, in den die Interviews gestellt würden. Einige der Interviewten sahen sich in der Folge von den Filmemachern getäuscht und protestierten. Flankenschutz bot ihnen Ziffer 5 der »Grundsätze« der ARD, die besagt: »Personen, die um eine Mitwirkung in Sendungen gebeten werden, dürfen über Art und Zweck ihrer Mitwirkung nicht getäuscht werden.«

3.11.3 Versteckte Bildaufzeichnung

Laut Gesetz dürfen Bildnisse nur mit Einwilligung des Abgebildeten verbreitet oder öffentlich gemacht werden. Rechercheure des Rundfunkjournalismus, die Situationen, Objekte und Personen in Ton und/oder Bild zeigen sollen (dass oftmals das Bilddokument nach Nachweis der Gültigkeit der Aussagen funktioniert), haben hier ein Problem. Was die Tonaufzeichnung betrifft, so sind hier die rechtlich bindenden Regelungen eindeutig. Dasselbe gilt auch für Bildaufzeichnungen, soweit sie mit Tonaufzeichnungen gekoppelt sind.

Trotz dieser Generalregel greifen Fernsehjournalisten, sofern sie investigativ recherchieren, nicht selten zur List der versteckten Kamera – und betreten das Grenzland des Bildnisschutzes zwischen »rechtlich zulässig« und »rechtlich unzulässig« (Näheres siehe 7. Buchteil: Medienrecht).

Bericht eines investigativ recherchierenden Fernsehreporters, der illegale Exportgeschäfte mit britischem Rindfleisch aufdecken will: »(...) Ein paar Wochen später stehe ich mit Udo in der Herrentoilette einer Kneipe mitten im Lütticher Rotlichtviertel. Udo klebt mir mit besonderem Isolierband einen Fernsehrecorder auf den Rücken, dann wird die versteckte Kamera eingerichtet. Ständig sind wir so ausgerüstet in Gespräche gegangen: Mini-Kameras, in Kugelschreibern, Aktenkoffern oder Krawatten versteckt, immer in der Hoffnung, endlich einen Beweis aufs Band zu bekommen. Und immer ohne Erfolg, weil niemand reden will. Heute trete ich als Jobvermittler der Firma Flexman Meat Enterprises auf, in der Tasche selbst entworfene Bewerbungsbögen (...)« (Lielischkies/Stuchlik 1999, S. 96).

Man kann argumentieren, dass Recherchen über relevante Themen (wie: Lebensmittel- oder Umweltvergifter; Menschen schädigende, kriminelle Handlungen) stets im öffentlichen Interesse agieren und dass darum die heimlich gefilmten Hauptakteure als Personen der Zeitgeschichte (im Sinne aktuellen Zeitgeschehens) gelten und somit auch ohne Zustimmung öffentlich gezeigt werden dürfen. Gleichwohl ist unter journalismusethischem Blickwinkel die Arbeit mit versteckter Kamera sehr umstritten.

Als die Redaktion des DJV-Verbandsblattes »journalist« unter der Überschrift »Investigierender Journalismus: Pro und Contra« die Kontroverse um jene im vorigen Abschnitt beschriebene »Monitor«-Sendung zur Diskussion stellte (Heft 10/1984, S. 46f.), blieb das Echo geteilt, auch weil die Frage nach der Recherchiermethode ausgerechnet am Fernsehen festgemacht worden war. So wurde vermerkt, dass eine buchstabengetreue Handhabung von Ziffer 5 der ARD-Grundsätze (dies hatte Franz Barsig gefordert) jedwelche Aufklärung schadenstiftender oder gar strafbarer Handlungen verunmögliche. »Eine Redaktion muß eigenverantwortlich entscheiden, ob das Thema wichtig genug ist, um die Regelverletzung in Kauf zu nehmen«, argumentierte Peter Gatter, Leiter von »Panorama«.

Seit damals haben sich die Techniken verfeinert, ist der Wettbewerb um Knaller und Knüller zwischen den Programmanbietern härter geworden. Folgerichtig gehen viele Fernsehmagazinjournalisten auch weiter und setzen die versteckte Kamera für beliebige Effekte, manchmal auch fürs Recherchieren ein – und reklamieren dann das Interesse an Aufklärung.

> *Beispiel:* »Anfang 1992 war ich einer der ersten deutschen Journalisten, die im Fernsehen dieses Mittel angewandt haben (ein Irrtum, M.H.). In Bremen konnte ich so einen Schönheitschirurgen überführen, der Frauen gebrauchte Brustimplantate einsetzte und zudem noch schwarz, vorbei an Kassen und Steuer, abrechnete. Ohne die versteckte Kamera würde der Mediziner vielleicht immer noch so weitermachen. Nach der Sendung diente das Bildmaterial der Bremer Staatsanwaltschaft für ihre weiteren Ermittlungen gegen den Chirurgen.« (Klaus Arth, Redaktionsleiter bei »Akte 99« sat.1, in: Message 1/2000).

Es ist eine Gratwanderung zwischen Voyeurismus und aufdeckender Dokumentation – und nur ausnahmsweise ein Erfordernis der Recherche. Etwas vollmundig, im Kern aber treffend lautet die Arbeitsformel des Redaktionsleiters von »RTL Extra«, Hans Demmel: »Wo die versteckte Kamera die Augen öffnet und dokumentiert, was im Verborgenen Illegales geschieht, ist sie ein legitimes Mittel der Recherche. Wo diese Grenze überschritten wird, bleibt die versteckte Kamera besser ausgeschaltet. Die Würde des Menschen ist unantastbar. Für offene wie für versteckte Kameras.« (in: Message 1/2000).

3.11.4 Das Verallgemeinerungs-Problem

Bereits die Vor-Ort-Recherche, in gestiegenem Maße die verdeckte Recherche, ganz besonders aber das Rollenspiel nach dem Muster der Wallraff-Methode wirft ein tiefgründiges Problem auf: Die Frage nach der *Gültigkeit* und der *Verallgemeinerung von singulären Beobachtungen.*

Wieweit darf (oder soll sogar) eine einmal beobachtete Regelwidrigkeit als Faktum mitgeteilt werden – da wir Journalisten doch davon auszugehen haben, dass solche Mitteilungen nicht als Ausnahme, sondern im Sinne einer Regelfallbeschreibung rezipiert werden?

Gefahr der Inszenierung: Zunächst stellt sich als das Besondere des Wallraff'schen Rollenspiels die Frage nach der Gültigkeit: Inwieweit *produziere* ich als agierender Journalist *selber* die Geschehnisse, die ich dann als Informationen zur Enthüllung nutze? Der Schreibende kennt Beispiele von Reportern aus Illustrierten-Verlagen, die ihre »Opfer« zu regelwidrigem Verhalten animiert, manchmal auch verführt haben, um dann der Redaktion eine bildträchtige Enthüllungsstory liefern zu können.

Dass es sich hierbei um einen Methoden-Missbrauch durch geltungssüchtige Bluff-Schreiber handelt, dürfte unbestritten sein. Also darf das Rollenspiel nur benutzt werden, um zu *evozieren,* also hervorzurufen, was an Einstellungen, Verhaltensweisen und Handlungsmustern an den beobachteten Personen ohnehin angelegt oder vorgegeben ist. Und das heißt: Die Rolle muss trotz der Teilnahme *defensiv,* also abwieglerisch gespielt werden. Und sie darf nicht aus dem Rahmen fallen, sondern soll sich am Mutmaßlichen, Alltäglichen, Gewöhnlichen orientieren. So gesehen waren die von Wallraff jeweils gewählten Rollen adäquat gespielt; das von ihm evozierte Verhalten war (bezogen auf die angetroffenen Verhältnisse) »gewöhnlich«. Aber waren sie auch »typisch« und konnten darum als Nachweis für an sich skandalöse Verhältnisse dienen?

Die vom Rechercheur zu beantwortende Frage lautet daher: Ist der von ihm beobachtete Vorgang einmalig, also doch eher eine Ausnahme – oder wiederholt er sich, vielleicht in verschiedenen Versionen, ist also typisch, mithin ein Indiz? Die vom damaligen Presserat-Sprecher Hans Detlev Becker gegebene Einschätzung sieht hierbei die Beweislast nicht beim beobachtenden Rechercheur, sondern bei der Gegenseite. Die Angaben des Journalisten seien zutreffend, solange sie »nicht widerlegt werden« (Der Spiegel 50/1981, S. 104).

Problem der Geltung (= Reichweite) von Aussagen: Sie ist ein für die Theorie der Recherche interessantes Problem, über das vor allem im Fernseh-Alltag gründlicher nachgedacht werden sollte. Die vom Presserat eingenommene Position entspricht im Grunde derjenigen des kritischen Rationalismus: Thesen sind so lange gültig, so lange sie nicht als widerlegt (»falsifiziert«) gelten; wird eine Aussage auch nur in einem Falle und unter einem Minimalaspekt widerlegt, ist die ganze These hinfällig.

Diese vom österreichisch-englischen Philosophen Karl Popper begründete Auffassung bezog sich freilich auf die Art wissenschaftlichen Erkennens, also auf die Geltung von Hypothesen und Theorien – und nicht auf die Weise der sprachlichen Vermittlung sinnlicher Wahrnehmung wie im Falle eines Zeitungsberichts: Hier konkurrieren vielleicht verschiedene singuläre Beobachtungen im Sinne von Versionen, die nicht deckungsgleich sind, aber sie widerlegen sich nicht, weil sie keine je allgemeine Geltung beanspruchen können. Demnach war Beckers Hinweis unzutreffend, weil es hier keine plausible Begründung für die Verallgemeinerung singulärer Beobachtungen gibt. Aus diesem Grund greift der *vor Ort beobachtende,* auch der rollenspielende Rechercheur zweckmäßigerweise zum *Mittel der Reportage* und schildert das Geschehene als *eine einmalige, aus subjektiver Sicht* erfolgte Beobachtung. Die übrigen von ihm recherchierend beigebrachten Sachverhalte (Aussagen Dritter, Materialien u.a.) dienen zur Relativierung, Verstärkung usw.; sie helfen also *dem Leser* als *Orientierung*, wieweit *er* bei seiner Meinungsbildung verallgemeinern darf.

3.11.5 Der so genannte Recherchierverzicht

Wie im achten Buchteil über die Rechtsmittel noch zu erörtern ist, wird die Recherchierarbeit eingegrenzt einerseits durch übergeordnete Interessen öffentlicher Institutionen und andererseits durch den Schutzanspruch privater Personen. Mit dieser Begrenzung einher gehen eine Reihe von Unterlassungs-Geboten, auch wenn sie in der Praxis oft nicht eingehalten werden:

- keine Namensnennung bei nicht verurteilten Angeklagten (sofern sie keine so genannten Personen der Zeitgeschichte sind) und Rücksichtnahme nach Maßgabe der *Unschuldsvermutung;*

- keine bloßstellenden Details aus dem Privatleben der von einer Recherche betroffenen Person;

- keine die Staatssicherheit *real* (d.h. in Zeiten akuter außenpolitischer Bedrohung) gefährdenden Veröffentlichungen.

Dieses Terrain steckte der Deutsche Presserat folgendermaßen ab: »Recherchen sind das legitime Mittel publizistischer Arbeit. Dabei sind jedoch die durch Verfassung, Gesetz und publizistischen Anstand gezogenen Grenzen zu wahren. Insbesondere sind die Grundrechte des Schutzes der Menschenwürde und der Persönlichkeit zu respektieren ...« (Beschluss vom 16. Oktober 1967).

Was unter »publizistischem Anstand« nun eigentlich zu verstehen sei, blieb freilich vage und interpretationsbedürftig. Hinzu kommt, dass sich solche Begriffsinhalte mit dem Normen- und Wertewandel der Gesellschaft verändern. So standen noch in den 70er Jahren etwa der Ablauf und die Umstände eines Selbstmordes unter Recherchier-Tabu. Vom Recherchierjournalismus übergangen wurden auch andere Formen sozial krass abweichenden Verhaltens, etwa die Umstände und Motive krimineller Handlungen. Heutzutage haben sich die Verhältnisse geradezu umgekehrt. Extreme Randgruppen, abnorme Handlungen, existenziell radikale Taten mitsamt dem Motivhintergrund stoßen auf publizistisches Interesse: Die Gesellschaft versteht derzeit abweichendes Verhalten durchaus reflexiv als Orientierungshilfe beim Versuch, ihren eigenen Zustand zu verstehen.

Wo also »publizistischer Anstand« über die rechtlich definierten Grenzen hinaus ein Recherchier-Tabu statuiert, kann und soll nicht allgemein gültig festgelegt werden. Den Tabu-Bereich im jeweiligen Fall zu erfassen, ist vielmehr Merkmal einer Berufsethik, die letztlich in der journalistischen Kompetenz zum Vorschein kommt, wie sie im Schlussteil dieses Buches skizziert werden wird.

VIERTER TEIL

DIE RECHERCHIERHILFEN

Übersicht

Wo erfahre ich, wie die Mitglieder der Geschäftsleitung der BASF, des Volkswagenwerks oder die Vorstände der Bank für Gemeinwirtschaft heißen? Gibt es einen Informationsdienst für Risikoversicherungen? Lohnt sich bei einer Medikamenten-Nebenwirkungen-Recherche das Abfragen elektronischer Volltext-Datenbanken oder finde ich Daten hierzu im WorldWideWeb des Internets mit Hilfe eines Providers?

Die Verfügbarkeit technischer und informeller Hilfsmittel ist für die Schnelligkeit und Präzision der Recherche entscheidend: Nicht hohes Fachwissen, sondern exzellentes Wissen über die Zugänge zu Wissens-Ressourcen (»Zugangswissen«) ist meistens entscheidend – und wird es von Jahr zu Jahr mehr.

Dieser Buchteil gibt eine kurze Übersicht über die wichtigsten Hilfsmittel: die persönliche Ausstattung mit den technischen Hilfen; dann die Zugänge zu externen Ressourcen sowie die Einsatzmöglichkeiten des Personalcomputers. Für spezielle Fundorte vor allem im WorldWideWeb sollten aktuelle Nachschlagebroschüren zurate gezogen werden.

4.1 Die technische Ausstattung

Strenggenommen genügt es, über einen Bleistift, einen Notizblock, eine Chipkarte für den Telefonautomaten und etwas Hartgeld für das öffentliche Verkehrsmittel zu verfügen, um mit der Recherche beginnen zu können.

Doch mit dieser spartanischen Ausstattung wäre der Zeitaufwand groß – und viele Informationen könnten gar nicht erschlossen werden, weil die Akteure und Informanten nur über Telekommunikationsmittel zu erreichen sind.

Ob in der Redaktion oder als freier Journalist im eigenen Büro: Um effizient arbeiten zu können, ist folgende technisch-apparative Grundausstattung erforderlich (die Beschreibung entspricht dem Stand zur Zeit der Jahrhundertwende):

- Ein Rechner (wie: PC, Apple, Laptop) mit Monitor, Betriebssystem (wie: Windows, Linux, Mac-OS) und einem CD-ROM- bzw. DVD-Laufwerk.

- Software, bestehend aus Textverarbeitungsprogramm, Datenbankprogramm und Internet-Software (= Browser). Diese Software-Komponenten sind in den meisten professionellen Office-Programmen enthalten (wie: Microsoft Office; Corel Perfect-Suite; Star Division Star-Office; Lotus Smartsuite).

- Ein Telefonanschluss (vorzugsweise ein ISDN-Anschluss mit zwei Amtsleitungen) mit Telefonapparat, Anruferkennung und Wahlumleitmöglichkeit sowie ein separates Faxgerät.

- Ein Modem oder ein ISDN-Adapter, der den Rechner mit dem Telefonnetz verbindet und die Online-Nutzung (E-Mail, Datentransfer etc.) erlaubt.

- Ein Drucker, der auch Bestandteil eines All-in-one-Gerätes sein kann (Drucker, Faxgerät, Scanner, Kopierer).

- Ein Telefonanrufbeantworter, der auch zum »Mitschneiden« (Aufzeichnen) von Telefongesprächen genutzt werden kann.

- Ein Kasetten-Tonbandgerät oder ein Disc-Recorder sowie ein akustisch gesteuertes Diktiergerät mit Micro-Kasetten oder digitaler Speicherung.

Die Ausstattung allein nützt nicht viel; man muss damit auch professionell umgehen können. Zunächst sollte man sich ein Abonnement bei einem der Online-Dienste sichern, wenn der Internet-Zugang nicht im Redaktionsbüro bereits eingerichtet ist. T-Online, AOL und CompuServe waren Ende der 90er Jahre die am meisten verbreiteten kommerziellen Online-Dienste. Sie bieten drei verschiedene Services an: einen E-Mail-Dienst (= elektronischer Individual-Postverkehr), eigene Info-Angebote (wie: tagesaktuelle Nachrichten, kommerzielle Informationen, Veranstaltungskalender) sowie einen Internet-Zugang (Browser) mit diversen Suchmaschinen. Mit allen drei Dienstbereichen sollte der Rechercheur vertraut sein.

Dasselbe gilt für die Textverarbeitung und das Datenbankprogramm. Wer damit umzugehen gelernt hat, kann sich in Windeseile Adress-, Zitat- und Bibliografie-Register, Tabellen und Statistiken anlegen, die nach einzelnen Stichwörtern sortiert und abgesucht werden können.

4.2 Die bibliografische Ausstattung

Gute Recherchierarbeit setzt eine *zweckmäßige Ausstattung des Bü-
cherbords, der CD-Box und des Archivschranks voraus.* Die hier
untergebrachten, ständig verfügbaren Hilfsmittel nennen wir die
»Bordmittel«.

Vor allem bei Themenrecherchen ist man auf rasche Zugänge zu folgenden vier Gebieten angewiesen: Allgemeinwissen, aktuelle Strukturdaten (insb. Statistiken), Sacherklärungen und -definitionen sowie
Detailwissen aus dem fraglichen Fachgebiet. Doch wie und wo findet
man dieses Wissen? Nachfolgend ein paar Hinweise (Stand 1999):

Verzeichnisse:

- **Telefonbuch:** Die Internet-Abfrage *(www01.teleauskunft.de/cgi-
  bin)* bietet den aktuellsten Datenbestand, ist aber in aller Regel
  langsamer und störanfälliger als die Offline-Suche.
  Telefonbuch-CDs gestatten komplexe Suchvorgänge (wie: fonetische Namenssuche, die Suche mit unvollständigen Namen per
  Joker, Suche in verschiedenen Ortschaften sowie umgekehrt die
  Suche nach Namen auf Grund einer Nummer). Zudem bieten die
  meisten CD-ROMs die Möglichkeit, eigene Adressverzeichnisse
  anzulegen, die sich automatisch aktualisieren, wenn die Nachfol-
  ge-CD genutzt wird. Die meisten CDs kosten weniger als 50
  Mark und sollten jährlich erneuert werden.
  Das papierne Telefonbuch ist mit der CD-ROM in Sachen Such-
  geschwindigkeit nur konkurrenzfähig, wenn es um das »Örtliche« geht und der Suchende die Schreibweise des Namens genau
  kennt.

Papier, CD-ROM oder Internet?

Wenn es um Adress- und Nachschlagewerke geht, stellt sich oftmals die Frage: Soll ich mir einen schweren, platzfressenden Wälzer oder eine kleine, leichte CD-ROM aufs Bücherbord stellen? Oder kann ich auf all das verzichten, weil ich Anschluss ans Internet habe? Die Antwort ist nicht einfach, denn die Entscheidung hängt von den für die Suche maßgeblichen Kriterien ab. Die wichtigsten fünf lauten:

- Such- und Findegeschwindigkeit
- Archiv- bzw. Speicherplatz
- Aktualität der Daten
- Verknüpfungen (= komplexe Datensuche)
- Anschaffungs- bzw. Nutzerkosten

Wendet man diese Kriterien auf die verschiedenen Nachschlage- und Adresswerke an, ergibt sich folgende Faustregel:

Wissensbestände (wie: Lexika, Archivbestände) ohne Aktualitätsanspruch sind als Offline-Medien (Papier oder CD) ergiebiger und schneller zu nutzen als per Internet. Für große Datenmengen (wie: Bilder und Grafiken) ist das Internet oftmals langsam; zudem gibt es häufig Konvertierungsprobleme, wenn Bilder weiter verarbeitet werden sollen. Sucht man umgekehrt zeitgebundene Daten mit größtmöglicher Aktualität, ist das Internet unschlagbar.

Nachschlagewerke auf CD-ROM bieten gegenüber der Papierform nicht nur Platzersparnis, sondern auch die Möglichkeit, Sachgebiete bei der Datensuche zu verknüpfen sowie Texte als Dateien zu exportieren. So lange aber die Werke noch nicht auf DVD, sondern auf CDs angeboten werden, zwingt der knappe Speicherplatz der CD zu Kompromissen. Dies hat zur Folge, dass Allgemeinwissen-Lexika auf CDs entweder ohne Farbbilder und Animation oder auf mehrere CDs verteilt und daher für die Recherche kaum geeignet sind.

Gemäß der Formel »Suche offline – finde online« werden für einzelne Sachgebiete qualifizierte Internetadressen auf CD-ROM angeboten, die nach Fachgebieten oder Rubriken abgesucht und deren URL-Adressen direkt angeklickt werden können – sozusagen eine Synthese aus CD-ROM und Internetdienste.

- **Daten über Firmen und Verbände:** Eine der am besten doku-
mentierten Datenbanken mit Informationen über Firmen, öffentliche Einrichtungen, Verbände, Behörden und Wirtschaftsorgani-
sationen stellt die vom Verlag Hoppenstedt edierte »Firmenda-
tenbank« auf CD-ROM dar – eine Zusammenstellung aus
verschiedenen Hoppenstedt-Nachschlagewerken, die meist als
Loseblattsammlungen zu abonnieren sind. Die CD bietet rund
130.000 Einträge über Organisationen und rund 350.000 Namen
von Entscheidern der ersten und zweiten Führungsebene. Die
Auskünfte über einzelne Unternehmen umfassen Bilanzzahlen
(bei AGs und GmbHs), Angaben zu Rechtsform, Besitzverhält-
nisse, Management, Niederlassungen usw. Die CD ist indessen
sehr teuer (DM 2.400 Mark zzgl. MwSt). Man kann sich wünschen, dass Wirtschaftsressorts diese Datenbank anschaffen und
auch ihren freien Mitarbeitern zur Nutzung bereithalten.

- **Behördenverzeichnisse:** Je ein Verzeichnis über die kommunalen Behörden in der Stadt, über die Landesbehörden und über
wichtige halbstaatliche, respektive öffentlich-rechtliche Einrichtungen (wie Krankenhäuser, Verkehrsbetriebe, Arbeitsamt) mitsamt den zuständigen Stellen und Stelleninhabern (wenn möglich, direkte Durchwahlnummern) gehört zur Grundausstattung.

- **Öffentliche Einrichtungen:** Eine aktuelle Übersicht bietet das
»Taschenbuch des öffentlichen Lebens«, herausgegeben von
Albert Oeckl im Festland-Verlag, Bonn. Dieses in der Branche
nur kurz »Oeckl« genannte Adress-Jahrbuch bietet Zugänge
(Adresse, Tel.-Nummern, Namen) für alle wichtigen Einrichtungen in Politik, Wirtschaft, Gesundheit, Umwelt, Medien und
Kultur sowohl auf Bundes- wie auch auf Länder- und kommunaler Ebene. Man arbeitet mit ihm auch schneller als mit einer
CD-ROM.
Eine genaue Beschreibung verschiedener Bundesämter und Organisationen bietet die Buchreihe »Ämter und Organisationen der Bundesrepublik Deutschland« des Droste Verlags, Düsseldorf. Erschienen sind unter anderem: Das Presse- und Informationsamt der Bun-
desregierung; Die ärztlichen Organisationen in der Bundesrepublik;
Die deutsche Bibliothek; Die deutschen Volkshochschulen.

- **Fachgebietswissen:** Zugang zu Fachgebietswissen erhält man am einfachsten zweistufig: Auf CD-ROM gespeicherte Adressdatenbanken erlauben es, dass gleich auch die Internet-Anwahl (URL-Adresse) des gefundenen Instituts oder Experten angewählt werden kann. So hat zum Beispiel die Stiftung NeoCortex von der Medizinischen Fakultät der Universität Basel rund 24.000 Medizin-Adressen (überwiegend Kliniken und Forschungseinrichtungen mit Schwerpunkt USA) auf eine CD mit einer kleinen (englisch basierten) Suche-Finde-Software gepackt, die der Verlag Hans Huber Bern/Göttingen für rund 50 Mark vertreibt (Stand: Nov. 1999).

Lexika und Nachschlagewerke:

- **Weltalmanach:** Zur Grundausstattung gehören ein paar Jahrgänge eines Jahrbuchs, das alle relevanten Strukturdaten (Länder, Bevölkerung, Staaten, Gesellschaftsbereiche) bietet. Meist ist es der »Weltalmanach« des Fischer Verlags oder das »Welt-Jahrbuch« des Spiegel-Verlags. Das Jahrbuch liegt auch als CD-ROM vor (knapp 30 Mark). Wer häufig einzelne Daten nachschlagen muss, arbeitet mit der Buchausgabe besser, wer Suchbegriffe verknüpft, kommt mit der CD schneller zurecht, denn sie bietet eine brauchbare Volltextsuchmaschine (Buch und CD zusammen kosten 48 Mark).

- **Universal-Lexikon:** Zur Minimalausstattung eines Rechercheurs gehört ein Allgemeinwissen-Lexikon wie etwa »Meyers Großes Taschenlexikon« in 25 Bänden inkl. einer CD-ROM. Außerdem ist Meyers auch über das Internet kostenlos zugänglich, seitdem sich der Lexikon-Verlag mit dem »Institut für Informationsverarbeitung und Computergestützte Neue Medien« (IICM) zusammengetan hat. Hier erweist sich die Begriffssuche aber als vergleichsweise langsam und störanfällig *(www.iicm.edu/Meyers Lexikon)*. Aber auch die gezielte Sucharbeit mit der CD, so ergab ein Test von Schülern der Deutschen Journalistenschule, ist weniger ergiebig als das Nachschlagen in den Büchern. Der Hauptgrund: Wer Begriffs- und Gegenstandsbeschreibungen sucht, der will meist explorieren und sucht nach Querverbindungen, nach Nachbarbegriffen und verwandten Wörtern, er blättert hin und her und überblickt in einer gedruckten Buchausgabe ein deutlich größeres Begriffsfeld als bei der Suche mit der Such-maske der CD-ROM. Es lohnt sich also, den 25 Taschenbüchern den erforderlichen Stellplatz freizuräumen.

Was die Recherchetauglichkeit des CD-Lexikons »Encarta 2000« von Microsoft betrifft, so blieben die Tester skeptisch: Weil hier auch Bilder und Ton-Animationen geboten werden, benötigt das Lexikon drei CDs und ist in der Handhabung für schnell arbeitende Journalisten unpraktisch. Trotz dieses Um-fangs von rund zwei Gigabytes bietet es nur 42.000 Artikel mit viel Animation, während etwa der Brockhaus auf zwei CDs rund 66.000 Artikel unterbringt (199 Mark). Als unbrauchbar stuften die Tester die CD-ROM »Bertelsmann Universallexikon 2000« ein (in: Sage&Schreibe werkstatt, journalist 12/1999).

- **Jahresberichte:** Die aktuellen Jahres- oder Rechenschaftsbe-richte der Institutionen, mit denen der recherchierende Journalist durch seine Sachgebietszuständigkeit zu tun hat oder bekommen kann, weil in solchen Jahresberichten nicht nur der Geschäfts-verlauf beschrieben, sondern auch die Organisation mitsamt den verantwortlichen Personen genannt werden.

- **Statistiken:** Mehrere Jahrgänge der statistischen Jahrbücher, und zwar bundesweit ebenso wie auch (soweit existent) auf Bundes-länder- und kommunaler Ebene (in der Schweiz: die kantonalen Jahrbücher resp. Bulletins). Der Besitz der letzten drei Jahrgänge gestattet es, Strukturmerkmale (wie: Alter, Geschlecht, Firmen-umsatz, Mediennutzung, Urlaubsziele, Krankheiten) zurückzu-verfolgen, um Trends zu bestimmen. Vielfältige Dokumentati-onshilfen findet man online beim Statistischen Informationssys-tem des Bundes (STATIS-Bund) beim Statistischen Bundesamt *(www.statistik-bund.de)*.

- **Personenarchiv:** Wenn es um Personen der Zeitgeschichte geht (Prominente, Personen des öffentlichen Interesses, aus der Welt der Kultur und des Sports), dann greift man seit je als erstes zum »Munzinger«. In früheren Zeiten war dies eine in kurzen Inter-vallen aktualisierte Loseblatt-Sammlung. Inzwischen kann man dieses Personenarchiv auch als CD-ROM beim Munzinger-Archiv in Ravensburg beziehen. Es umfasst sechs so genannte Infobases: Personen, Sport, Pop, Land, Chronik und Gedenktage. Über Suchmasken kann man Auskünfte über Personen, Länder oder Sachgebiete abrufen. Allerdings sind die Suchoptionen eingeschränkt (keine Synonyme, keine fonetische Suche); zudem können die gefundenen Texte nicht heruntergeladen werden. Ähnlich wie bei der Loseblatt-Sammlung liefert Munzinger eine kontinuierliche Aktualisierung in Form eines monatlich zugesandten CD-Updates. Journalisten bezahlen für das CD-Archiv 1.370 Mark (zzgl. MwSt), für die Aktualisierung nochmals 55 Mark/Monat. Freie Journalisten sind gut beraten, wenn sie sich nach einer Einrichtung umsehen, die den »Munzinger« als Loseblatt-Sammlung oder per CD-ROM abonniert hat.

- **Die für die Niederschrift nützlichen Nachschlagebücher:** Das Synonym- und das Fremdwörterlexikon (insbesondere das Fremdwörterlexikon ist dazu da, komplizierte Begriffe und Fachwörter in einfachem Deutsch auszudrücken und sich dabei auf allgemeingültige Definitionen zu stützen).

Handarchive:

- **Themen:** Ein eigenes Ausschnitt-Archiv über das Zuständigkeitsgebiet wie auch über relevante (oder relevant zu werden versprechende) Themen, mit denen der Journalist in Berührung kommen könnte. Das muss kein systematisches Archiv mit ausgefeiltem Stichwortregister sein; nützlicher ist ein flexibel angelegtes, den raschen Themenänderungen sich anpassendes Archiv ohne aufwendige Register (zum Beispiel 50 bis 60 Themen in Hängemäppchen, die, in Hauptrubriken eingeteilt, im Übrigen aber immer wieder neue Stichworte tragen können).

- **Personalien:** Insbesondere für Lokal- und Fachjournalisten empfiehlt es sich, Daten und Berichte über die im Einzugsgebiet des Journalisten agierenden Personen zu sammeln: Lebensdaten, persönliche Äußerungen (Interviews, Beiträge), Berichte über die Berufslaufbahn. Aus diesen Materialien lassen sich im Zuge einer Recherche aufschlussreiche Aspekte gewinnen.

Aufbau des persönlichen Archivs

- *Exklusivität:* Welche Daten, Texte und Berichte sind in bestehenden Archiven und Datenbanken (wenn möglich rund um die Uhr) verfügbar und brauchen nicht von mir archiviert zu werden? (→ Angebote der externen Datenbanken testen).

- *Bestand:* Welche Materialien (Schriften, Mitteilungen, Publikationen, Pressemedien) sind für mein Gebiet so informativ, dass sich eine regelmäßige Auswertung lohnt? Und: Wie beschaffe ich sie mir? (→ Bezugsmöglichkeiten prüfen: Abonnement, Verteiler, Mailing, Umlauf etc.).

- *Struktur:* Wie lauten die etwa 50 bis 60 Stichworte meines Sachgebiets, die sich (möglichst) eindeutig voneinander abgrenzen lassen und dabei (möglichst) konkret auf Vorgänge und Problemfragen beziehen? (→ Stichwortliste für Hängemappen anlegen und periodisch überarbeiten).

- *Gliederung:* Ablagesystem (keine Aktenordner, sondern Hängemappen mit Reitern) in drei Dossiers gliedern: Themen; Personen; Unternehmen/Organisationen.

- *Zwischenablage einrichten:* Material erst im Zwischenarchiv (Sammelmappe oder Kartonschachtel) sammeln, periodisch auswerten, dann dokumentieren (Fundort, Datum, Stichwort), dann im Archiv ablegen.

Zur Abrundung der Grundausstattung sollte jeder Journalist einen aktuellen Welt-Atlas, die Straßenkarten Europas, aber auch ein Englisch-Deutsch- und ein Französisch-Deutsch-Wörterbuch im Regal stehen haben, ebenso ein Informatik-, Psychologie-, Medizin- und ein Politik-Handbuch, denn oft genug werden in der Alltagssprache Wörter aus dem Fachsprachenjargon verwendet, ohne dass deren eigentliche Wortbedeutung genau bekannt ist. Welcher Leser hat sich vom englischen Journalistik-»Slang« in diesem »Reader« etwa nicht »frustrieren« lassen, obwohl er den »Stress« beim »handling« des »manual« auf sich zu nehmen durchaus »motiviert« war.

Wichtig ist, dass man diese Mittel häufig, auch wenn vielleicht mal vergeblich benutzt: Man muss wissen, was diese Hilfsmittel im Zweifelsfalle leisten und was nicht. Ein statistisches Jahrbuch ist natürlich nur so gut, wie der Journalist damit umzugehen versteht. Kann er es datenkritisch handhaben, wird er immer wieder interessante Entdeckungen machen, die ihm im Fortgang der Recherche bei der Hypothesenbildung, für Erklärungshilfen etc. nützlich sind.

Angesichts der fortschreitenden Durchsetzung unserer Alltagssprache mit fremdsprachigen (vor allem: englischsprachigen) Ausdrücken und mit dem Fachsprachenjargon ist im Übrigen die Benutzung *begriffserklärender Handbücher* erheblich sinnvoller als das permanente Herumblättern im Synonym- und im Rechtschreibe-Duden. Ein Orthografiefehler lässt sich korrigieren, ein falscher oder unverständlicher Begriff bleibt in aller Regel stehen.

Checkliste für Archivpflege

- *Aktualisieren:* Stichworte periodisch den Ereignis- und Problemthemen anpassen, mit denen sich die Redaktion/der Auftraggeber vor allem befasst. Wenn nötig, abgelegte Materialien umgruppieren.

- *Verdichten:* Das in Hängemappen abgelegte Material periodisch auf Redundanz überprüfen und ausdünnen (jede Woche ein bis zwei Stunden für Archivpflege reservieren!).

- *Systematik:* Die Materialien sind in jeder Hängemappe nach derselben Struktur (etwa mit Hilfe von Sichtmappen) geordnet: Zuoberst Übersichten und Zusammenfassungen, darunter Datenblätter, darunter Material über Akteure, darunter alle übrigen Texte in chronologischer Reihenfolge.

- *Untergliederung:* Wenn Themenmappen zu dick werden (Faustregel: mehr als hundert Sammelstücke), dann den Begriff untergliedern. (Muster: Statt »Müll« nun »Müllabfuhr«, »Müllverbrennung«, »Recycling«, »Sondermüll« usw.). Zum Ausgleich andere, kaum noch benutzte Stichworte streichen und entsprechende Themenmappen auflösen.

- *Verwertung:* Materialien, die bereits verwertet wurden, genau kennzeichnen (Titel, Datum, Erscheinungsort des Berichts).

4.3 Das Zugangswissen: Archive, Bibliotheken

Journalisten sind (meist) keine Experten, und sie sollten sich auch nicht für einen halten. Wichtig also ist nicht, dass man möglichst viel und möglichst gute Fachliteratur in seinem Kopf gespeichert hat (auch wenn dies nichts schadet); wichtiger ist, dass man genau weiß, *was* man *wo* im gegebenen Fall findet. Man sollte also die Ressourcen kennen, die einem im Falle einer komplizierten Recherche zur Verfügung stehen. Und dies sind – neben den vielfältigen Internet-Zugängen zu Datenarchiven – nach wie vor auch die traditionellen Ressourcen (Bücher, Dokumentationen, Archive als CDs).

- **Allgemeinwissensbibliotheken:** Die städtische (öffentliche) Bibliothek (wie lauten die Öffnungszeiten, wieviel Zeit nimmt der Ausleihvorgang in Anspruch, kann aus Büchern kopiert werden, gibt es eine Ausleih-Anzahl-Beschränkung? usw.). Gegebenenfalls die Universitäts-Bibliothek bzw. die einzelnen Fachbereichs- oder Institutsbibliotheken (wo sind welche Spezialgebiete untergebracht, wie lauten die Öffnungszeiten, sind es Präsenz- oder Ausleihbibliotheken? Gibt es einen Kopierer? Benötigt man hierzu eine Chipkarte?).

- **Fachbibliotheken:** Wenn man für aufwändige Themenrecherchen nach Fachliteratur in den Hochschulbibliotheken suchen muss, bietet das Internet den umfassendsten und schnellsten Zugriff. So hat das Hochschulbibliothekszentrum von Nordrhein-Westfalen eine Übersicht über alle im Internet zugänglichen Bibliotheken zusammengestellt und vernetzt. Über das WorldWideWeb *(www.hbz-nrw.de)* gelangt man zum Hauptverzeichnis und findet dort Verzweigungen (Links) zu allen deutschen Bibliotheksverbund-Systemen, aber auch zu vielen internationalen Bibliotheken und zu mehreren Internet-Fachzeitschriften-Anbietern (wie: Elseveers, Bertelsmann-Springer). Zudem kann man sich anhand einer gut erklärenden Hilfe-Software mit dem Suche- und Verleihsystem der Online-Bibliotheken vertraut machen.

Elektronische Datenbanken

sind dokumentarisch aufbereitete, indizierte Dateisammlungen, die nach Maßgabe bestimmter Merkmale (Indizes und Deskriptoren) abgesucht und selektiert werden können. Man unterscheidet zwischen so genannten Referenz- und Volltextdatenbanken.

Referenzdatenbanken bieten Literaturverweise an (Bibliografien). Ihr Vorteil liegt darin, dass auch für fachspezifische Fragestellungen Hinweise gefunden werden können. Ihr Nachteil ist die Unzuverlässigkeit durch oftmals schlampige Schlagwortvergabe und mangelnde Aktualität. Dank Webtechnologie und höherer Rechnerkapazitäten lassen sich Datenbanken über Hyperlinks mit Websites verknüpfen: Der Benutzer einer Referenzdatenbank kann »durchklicken« zu einer Volltextdatenbank mit Such- und Schlagwörtern und dort die gesuchten Volltexte abrufen. In Deutschland leisten dies z.B. FORIS und SOLIS, zu denen GESIS auch einen Recherchedienst bietet *(www.gesis.de)*.

Volltextdatenbanken bieten ihre Dokumente in aufbereiteter Form an. Meist handelt es sich um verschiedene, zu Paketen geschnürte Angebote an Datenbasen, so z. B. die Datenbasen mehrerer Tageszeitungen oder Publikationen eines Fachgebiets. Diese Pakete werden von kommerziellen Datenbankbetreibern (»Hosts«) so angeboten, dass über das WorldWideWeb mit dialogischen Abfrageroutinen zugegriffen werden kann. Zur Aufbereitung gehört die Indexierung der Textwörter, die dann über Suchwörter zur fraglichen Textstelle führen. Im Unterschied zu Referenzbanken ist die Fehlerquote geringer. Wir unterscheiden:

Aktuelle nachrichtliche Datenbanken journalistischer Medien. Kostenlosen Volltext-Zugang bieten u.a. Rhein-Zeitung *(www.rhein-zeitung.de)*, Berliner Zeitung und Der Tagesspiegel *(www.tages-spiegel-berlin.de)* sowie der WDR *(www.wdr.de)* und *www.n24.de;*

Faktendatenbanken (per EDV aufbereitete Lexika und sonstige Nachschlagewerke). Sie bieten den Vorteil, besonders aktuell und wegen der Schlagwörterverknüpfung schnell zu sein;

Fachinformationsbanken zu speziellen Sachgebieten, die von Dokumentaristen angelegt und verwaltet werden (wie Wirtschafts-, Gebiets- und Produktinformationen, sowie verschiedene Forschungsdienste).

(Web-Adressen Stand: Januar 2000)

Die wichtigsten Datenbank-Anbieter für Wissenschaftswissen

STN International (The Scientific & Technical Information Network) wird vom Fachinformationszentrum Karlsruhe, der American Chemical Society und dem Japan Information Center of Science and Technology als internationaler Rechnerverbund gemeinsam betrieben und ist einer der größten Datenbankanbieter für Wissenschaft und Technik. Der **Schwerpunkt** im Angebot liegt auf **naturwissenschaftlich-technischen Datenbanken,** es werden aber auch *multidisziplinäre* Datenbanken sowohl mit Forschungs-, als auch mit Literaturinformationen sowie eine Reihe von Datenbanken zu Spezialgebieten angeboten, die sozialwissenschaftlich hochrelevante Informationen enthalten, z.B. die Datenbanken zu *Technology Assessment, Energieforschung, Medizin / Gesundheit, Umwelt, Raumordnung und Städtebau.*

Zugang: *STN-helpdesk; telnet-Zugang* mit der Kommandosprache MESSENGER *(nur mit Zugangsberechtigung!)*

DIMDI (Deutsches Institut für Medizinische Dokumentation und Information) hat den **Angebotsschwerpunkt** bei **medizinischen Datenbanken,** es sind hier aber auch internationale sozialwissenschaftliche Datenbanken wie *Soziological Abstracts, Social Scisearch und PsycInfo* sowie die in der Bundesrepublik produzierte Datenbank *Psyndex* zu deutschsprachiger psychologischer Literatur zu finden.

Zugang: *DIMDI-helpdesk; telnet-Zugang* mit der Kommandosprache GRIPS *(nur mit Zugangsberechtigung!); WWW-Suche mit Kommandosprache GRIPS (nur mit Zugangsberechtigung!); WWW-Suche über Grips-WebSearch (nur mit Zugangsberechtigung!)*

GBI (Gesellschaft für Betriebswirtschaftliche Information mbH) bietet vor allem **Datenbanken für Betriebswirtschaft und Management** mit Informationen zu deutschen und internationalen Unternehmen, Produkten und Marktstudien an. Die Datenbanken zum Management Know-How enthalten *Informationen aus den Wirtschafts- und den Sozialwissenschaften.*

Zugang: e-mail: *infogbi@gbi.de; telnet-Zugang* mit der Kommandosprache AOS *(nur mit Zugangsberechtigung!)*

(Stand: Januar 2000)

- **Datenbank-Zugänge:** Eine »Übersicht über Fachinformations-
  zentren und überregionale Informationseinrichtungen« bietet das
  Bundesministerium für Bildung und Forschung *(www.bmbf.de)*.
  Ein jährlich aktualisiertes »Handbuch der Wirtschaftsdatenban-
  ken« wie auch eines für Naturwissenschaft, Technik, Patente
  bietet das Beratungsunternehmen Scientific Consulting Dr.
  Schulte-Hillen (Infoware, Köln). Näheres siehe Kasten »Datenbankanbieter«.

- **Fachwissen:** Einen direkten Weg zu aktuellem Fachwissen weist
  die renommierte Encyclopaedia Britannica mit ihrer Website
  www.eb.com. Dieser Navigator liefert Verweise auf Internet-Portale
  (Homepages, Verbunde) zu verschiedenen Wissensgebieten. Ein
  noch breiterer Weg geht über die Homepages der Universitäten.
  Denn diese sind mit Partner-Hochschulen vernetzt (Links), so dass
  man in ausgewählten Sachgebieten die Lehr- und Forschungsver-
  zeichnisse, gelegentlich sogar auch Forschungsberichte mit den
  Namen der zuständigen Wissenschaftler flächendeckend absuchen
  kann (als Einstiegsadresse kann man zum Beispiel diejenige der
  Technischen Hochschule in Zürich *(www.ethz.ch)* oder der Freien
  Universität *(www.fu-berlin.de)* oder einer anderen Universität nutzen, die meist nach demselben Schema (wie: *uni-leipzig.de, uni-
  hamburg.de)* aufgebaut sind. Bei internationalen Recherchen sind
  im Zweifelsfalle Katalogdienste und Linklisten hilfreich, die bei
  Hochschulen nachgefragt werden können. Für einzelne Fachgebiete
  gibt es auch leistungsfähige Suchdienste, die vor allem auf US-
  amerikanische Hochschulseiten verweisen. Wenn es zum Beispiel
  um medizinische Sachthemen geht, hilft der Link *www.library.-
  ucla.edu/libraries/biomed/cdd/search.htm* weiter.

- **Gebietswissen:** Vor allem Lokaljournalisten sollten sich die Dokumentationen und Archive ihrer Stadt erschließen, so vor allem
  die öffentlich-rechtlich und privat organisierten Archive, etwa
  über Sozialbewegung, die Geschichte der Industrialisierung, der
  Stadtentwicklung, des Gesundheitswesens, des Stadtarchivs, der
  Kegelvereine, der Forschungsgesellschaften usw. (Abklären: Ist
  eine Bewilligung erforderlich, zu welchen Tageszeiten sind die
  Archive zugänglich, darf kopiert werden? usw.)

Beispielhaft ist die Dokumentation, die ein Team von sechs Studenten der Universität Hamburg unter der Leitung der Didaktikerin Martha Meyer-Althoff am Interdisziplinären Zentrum für Hochschuldidaktik (IZHD) 1990 vorgelegt haben: Im Verlauf aufwendiger Erhebungen und Recherchen sammelte das Team alle relevanten Angaben über sämtliche in der Stadt Hamburg bestehenden Archive und Dokumentationen. Die Arbeitsgruppe verzeichnete in ihrem im Sommer 1990 edierten Führer nicht weniger als 529 verschiedene Dienste. Jeder dieser Dienste wird genau beschrieben, vor allem werden die Zugangs- und Nutzungsmöglichkeiten (soweit gegeben) genannt – ein für Journalisten hervorragendes Kompendium, wie man es gerne für jede größere Universitätsstadt hätte. Da es diese Führer nicht gibt, müssen sich die Journalisten für ihre Städte solche Verzeichnisse selbst anlegen.

- **Pressearchive:** Ein nicht nur chronologisches, sondern auch mit Schlagwort- und Personenregister versehenes Archiv der Lokalpresse unserer Stadt (wenn im Besitz des Verlages der betreffenden Lokalzeitung: Wer darf es zu welchen Konditionen benutzen, sind telefonische Auskünfte möglich? usw.).
  Archive überregionaler Zeitungen sind einfacher über das Internet zu nutzen (zu je unterschiedlichen Nutzergebühren). Beispiele (Stand 2000): Die »Berliner Zeitung« bietet sämtliche Ausgaben und Jahrgänge ab 1994 unentgeltlich zur Volltextrecherche an (unter *www.berlinonline.de/archiv/berliner-zeitung*), die »Süddeutsche Zeitung« nur die letzten 30 Tage (was weiter zurückliegt, kostet Gebühren), die FAZ ist nur über teure kommerzielle Archivdienste oder ihren eigenen kostenpflichtigen Dokumentationsdienst zugänglich.

- **Gesetzessammlungen** (Bund und betreffendes Bundesland bzw. Kanton): Der letzte Jahrgang der Amtsblätter und sonstiger periodischer amtlicher Publikationen (wo sind sie im Notfall auch außerhalb amtlicher Öffnungszeiten zugänglich, was steht überhaupt in einem Amtsblatt, was in einer Verordnung, wie ist eine chronologisch nachgeführte Gesetzestextsammlung zu lesen? usw.). Im Übrigen finden sich alle Gesetze mit aktuellen Kommentaren, Urteilen und Sekundärliteratur in dem über Internet zugänglichen (kostenpflichtigen) »Juristischen Informationssystem JURIS« *(www.juris.de)*.

Fach-Informationsdienste (Auswahl)

Die Fachdienste sammeln Textmaterialien (Archiv), Dokumente (Datenbank) und Adressen von Websites zu einem je bestimmten Sachgebiet.
Diese Anbieter sind für Fachjournalisten wie für Themenrechercheure
von besonderem Wert (wenn auch meist kostenpflichtig). Es empfiehlt
sich, einen Katalog der ergiebigsten Dienste mit Zugangsadressen und
Inhaltsbeschreibung anzulegen. Hier einige Katalogzugänge:

Arbeitsgemeinschaft Deutscher Patentinformationszentren e.V.
Tel.: (0911) 6 55-49 10, Fax: (0911) 6 55-49 12
E-Mail: *idra@gw.lga.de*

Deutsche Gesellschaft für Dokumentation e.V. (DGD)
Vereinigung für Informationswissenschaft und -praxis
Tel.: (069) 43 03 13, Fax: (069) 4 90 90 96
E-Mail: *dgd@darmstadt.gmd.de*
Internet: *http://www.dgd.de*

Fachhochschule Potsdam
Informationszentrum für Informationswissenschaft und -praxis
Tel.: (0331) 5 80-22 10, Fax: (0331) 5 80-22 29
E-Mail: *iz@fh-potsdam.de*
Internet: *http:/www.fh-potsdam.de*

Projektträger Fachinformation (PTF)
GMD-Forschungszentrum Informationstechnik GmbH
Tel.: (06151) 869-726, Fax: (06151) 86 97 40
E-Mail: *Klaus@darmstadt.gmd.de*
Internet: *http://www.darmstadt.gmd.de/PTF/ptfd.html*

Forschung in der EU
CORDIS-Datenbanken (Nachrichten und Dokumentation zu Forschung
in der EU) über:
Internet: *http://cordis.lu*

Institut der deutschen Wirtschaft Köln
Bereich Datenbanken
Tel.: (0221) 3 76 55-22, Fax: (0221) 3 76 55-56
E-Mail: *risch@iwkoeln.de*
Internet: *http://www.insti.de*

4.4 Zugangswissen:
Experten und Informanten

Mindestens ebenso wichtig wie die Archive und Dokumentationen sind die Fachleute, aber auch die Repräsentanten und Interessenvertreter. Bei Themenrecherchen muss meist überregional recherchiert und der Expertenkreis weit gesteckt werden.

Definition: Experten im journalistischen Sinne sind nicht notwendigerweise Berufsfachleute, sondern alle Personen, die a) ein größeres Sachwissen besitzen als der Rechercheur und die b) in den Vorgang, der gerade recherchiert wird, nicht verwickelt sind (wie zum Beispiel der Studienrat, der uns als erfahrener Briefmarkensammler über die aktuellen Markttrends im Hinblick auf die große Briefmarkenauktion in unserer Stadt detaillierte Hinweise geben kann; oder der Versicherungsvertreter, der seit vielen Jahren zu den bekanntesten Hunderasse-Züchtern der Region zählt und mir über neu entdeckte genetische Defekte der Import-Dalmatiner Sachdienliches sagen kann – usw.).
Im Unterschied zu den Experten besitzen die Informanten meist keine Sachkompetenz. Sie geben Wissen (Gehörtes, Gelesenes, Ermitteltes) an den Journalisten weiter – aus welchen Motiven auch immer. Darum lauten die für den Rechercheur zentralen drei Fragen: a) Woher stammt das Wissen? b) Wie steht der Informant zu dem, über das er spricht? c) Welche Interessen verfolgt bzw. welchen dient er? (Da gibt zum Beispiel der Geschäftsführer eines Immobilienmaklers Hinweise über Merkwürdigkeiten beim Planfeststellungsverfahren der neuen Wohnüberbauung. Kontrollfrage: Existieren vielleicht Vorverträge zwischen dem Generalunternehmer der Überbauung und dem Immobilienmakler wegen der Vermarktung? Oder kam dort umgekehrt die Konkurrenz zum Zuge? Usw.).

Wo gibt es zum Beispiel einen Experten des Verwaltungsrechts, einen Betriebsökonomen, einen Strafrechtsspezialisten und einen Experten für zeitgenössische bildende Kunst, die für eine kurze Auskunft oder eine sachdienliche Erklärung angefragt werden können? Hierzu reichen Nachschlageverzeichnisse nicht. Vor allem die Lokal- und Fachjournalisten sollten sich eine eigene Adresskartei zulegen.

Der Aufbau persönlicher Informanten-/Expertenverzeichnisse beginnt damit, dass man während der ersten Berufsjahre sämtliche externe Kontakte auf Karteikarten notiert (egal, ob elektronisch in einer Adressdatenbank oder mit einem Karteikasten). Jeder Wissensträger, mit dem man in Kontakt kam, erhält eine eigene Karte. Auf der Vorderseite stehen die Angaben zur Person (Berufstätigkeit, Funktion, Erreichbarkeit, Publikationen, Hinweise zum Privatleben und Vorlieben der Person), auf der Rückseite werden die Kontakte in chronologischer Abfolge vermerkt (wann, zu was, wie, mit welchem Ertrag).

Nach etwa zwei Jahren – so die Erfahrung – sind minimal rund 200 Einträge beisammen. Nun beginnt die Auswertung: Wer war nur ein Zufallskontakt, wer hat sich als unergiebig herausgestellt – wer alles erwies sich als ergiebig, auf wen war man wiederholt angewiesen? Die Erfahrung lehrt, dass zwischen fünfzig und achtzig brauchbare Adressen übrig bleiben. Dies ist der Grundstock der persönlichen Adressdatei bzw. -kartei, die nun stetig weiter wächst.

Lokaljournalisten: Zum Informanten- und Expertenkreis gehören notwendigerweise mehrere frei praktizierende Ärzte (ein Allgemeinpraktiker, ein HNO-Facharzt, ein Chirurg, ein Internist), dann zwei oder drei Rechtsanwälte (der Spezialist am Ort für Scheidungen, für Vermögens-/Versicherungsrecht, für Strafsachen), zwei Architekten (Wohn- und Industriebau), ein Fachmann für öffentlichen Verkehr, ein oder zwei Fachleute für Straßenbau, mindestens ein Verwaltungs- und ein Vollzugsjurist, der sich mit den Polizeigesetzen auskennt (möglichst an einer Hochschule tätig), im Übrigen mehrere Parteipolitiker (Hinterbänkler sind ergiebiger, weil sie keine Polit-Karriere machen wollen und darum nichts zu verlieren haben).

Anwendungsbeispiele: Seit einer Woche melden die Betriebe hohe Krankheitsausfälle. Frage an den HNO-Arzt: Welcher Grippetyp grassiert? Welche Präventivmaßnahmen empfiehlt er? Hilft Grippe-Schutzimpfung? Oder: Vom Bundesamt für Statistik kommen neue Trenddaten über die Scheidungsrate in Deutschland: Das Alter der Scheidungskandidaten nimmt zu, ebenso der Anteil der Väter, die das Sorgerecht wollen. Frage an den Rechtsanwalt am Ort: Welche Erfahrungen hat er mit seiner Scheidungs-Klientel in den vergangenen Jahren gemacht? Stimmt der Trend auch für unsere Stadt? Wenn ja: Wie erklärt er ihn sich?

- **Das persönliche Informanten-Netz:** Für sein Zuständigkeitsgebiet bzw. für seinen Themenbereich (wie Schule und Bildung, Ver- und Entsorgung, Verkehr) baut der Journalist einen regelmäßigen informellen Kontakt mit Kennern und »Insidern« auf, um sie bei Bedarf als Informanten nutzen zu können.

In Universitätsstädten steht in Gestalt der Hochschullehrer viel Fachwissen zur Verfügung. Oft genügt schon der Blick in das *Vorlesungsverzeichnis,* um die Spezialisten ausfindig zu machen. Am Schluss des Vorlesungsverzeichnisses ist auch ein Namensverzeichnis der Hochschullehrer mitsamt den Telefonnummern zu finden. In der Regel sind Hochschullehrer an einer namentlichen Erwähnung in der Zeitung hinreichend interessiert und stehen als unentgeltliche Auskunftsperson zur Verfügung.

Muster für Expertenkarteiblatt

Gebiet:	Umwelt/Ökologie/Wasser
Fachgebiet:	Gewässerverschmutzung
Name:	Fischer
Vorname:	Fritz
Titel:	Prof. Dr. rer. nat.
Adresse:	Institut für Hydrologie an der Fachhochschule Buxtehude
Tel. Büro:	01234/56 78-9
Fax Büro:	01234/56 78-0
Tel. priv:	0123/98 76 54

Publikationen: Was ist sauberes Wasser? In: Die Hydrologie 4/99, S. 227-234. Die Regeneration des Fischbestandes des Bodensees in den 60er Jahren. Konstanz: UVK 1984.
Langzeitfolgen der Überdüngung. In: Wasserwirtschaft 6/83, S. 107-124.

Privates:	verh., 2 Kinder (Schulalter), Schulbeirat
Merkmale:	Frühaufsteher, Nichtraucher, Rotweintrinker (Bordeaux)
Kontakte:	Tel. (Befrag.) 08.11.97/ Publ. 09.11.97
	Tel. (Interv.) 20.02.99/ Publ. 26.02.99
	Tel. Befrag.) 07.07.99/ Publ. 09.07.99
	Tagung (lt. Gespr.) 26.11.99 / –

- **Expertenkartei:** Es empfiehlt sich, eine eigene *Experten-Adresskartei bzw. Datenbank* anzulegen, in der jeder Experte ein gesondertes Kärtchen bzw. Datenblatt mit Hinweisen auf frühere Auskünfte, auf Stellungnahmen und Publikationen erhält (mehr zum Umgang mit Experten im folgenden Buchteil). Übrigens sollte der recherchierende Journalist sämtliche in seiner Stadt zur Verfügung stehenden Archivdienste, Bibliotheken und öffentliche Sammlungen *per Augenschein* auf ihre Nützlichkeit hin überprüft haben. Auch über diese Einrichtungen und Dienste wird er Karteikarten anlegen, auf denen die Art des Zugangs, der Öffnungszeiten usw. festgehalten sind.

- **Adressenverzeichnisse:** Neben dem erwähnten »Taschenbuch des öffentlichen Lebens«, dem so genannten »Oeckl«, bieten manche Verlage periodisch aktualisierte Hand- und Taschenbücher zu einzelnen Sparten und Fachbereichen an. So produziert der Kroll Verlag in Seefeld »Pressetaschenbücher«, z. B. das »Taschenbuch für die Wirtschaftspresse« als Referenz-Adressbuch für Industrie, Wirtschaft, Transport, Funk- und Fernsehdienste, gewerbliche Informationsdienste, Markt- und Meinungsforschungsinstitute, Wissenschaftsinstitute, Verbände und Organisationen. Allein unter der Rubrik »Spezial-Informationsdienste« werden gegen 500 Agenturen und Dienste mit Adresse und Telefonnummer angeführt (leider sind sie nicht näher nach Branche und Fachgebiet spezifiziert; zudem sind viele Angaben bereits bei Erscheinen des Buches überholt). In der gleichen Reihe erscheinen auch Adress-Taschenbücher für die Motor-Presse, die Energiewirtschaft, Touristik-Presse, Automobil-, Luft- und Raumfahrt-Presse, über Rundfunk und Fernsehen, Mode und Textil, über Ernährung, Kunst und Kultur sowie über Naturwissenschaft und Medizin.

- **Expertenvermittlung:** Als Vermittlungshilfe bei der Suche nach Experten können zunächst die Institute der Hochschulen sowie die Fachverbände eingespannt werden. Darüber hinaus gibt es verschiedene Sachgebietsdienste, die bei der Vermittlung dienlich sind und über das Internet mit einer WWW-Suchmaschine ermittelt werden können (mehr über Suchmaschinen siehe folgender Abschnitt).

Beispiele: Aktuelle Hilfe bei der Suche nach Umwelt-Experten bietet die Pressestelle der bundeseigenen »Gesellschaft für Strahlen- und Umweltforschung gfs« in Neuherberg bei München. In einer Datenbank werden dort zahlreiche Adressen kompetenter und auskunftsbereiter Wissenschaftler gespeichert.
Für das Großthema Medizin/Gesundheit gibt es mehrere Vermittlungshilfen. Bei der individuellen Expertenvermittlung ist insbesondere der Pressereferent der Max-Planck-Gesellschaft in München (mit den Pressestellen der fraglichen Institute) wie auch der Pressereferent der Arbeitsgemeinschaft der Wissenschaftlichen Medizinischen Fachgesellschaften in Düsseldorf dienlich (außerdem sind insbesondere die Deutsche Krebsgesellschaft in Frankfurt und die Deutsche Gesellschaft für Suchtforschung und Suchttherapie in Hamm mit ihren kompetenten Pressestellen nützlich).

- **Experten-Suche im Internet:** Viele, die über Spezialwissen verfügen, bieten sich bzw. ihr Wissensgebiet im Internet an – über Fachdienste, per Homepage oder Textdateien, als (Deck-) Name in einer Newsgroup (mehr über Newsgroups im folgenden Abschnitt) und/oder per E-Mail-Adresse.

Sucht man im *WorldWideWeb*, dann wählt man aus dem Sachgebiet einen möglichst genauen Begriff (oder mehrere Begriffe), gibt diese in die Maske einer Suchmaschine und überprüft dann die Treffer (= Dokumente in Volltext anzeigen), ob sie Namen von Sachkennern enthalten. Hat man den einen oder anderen Namen ermittelt, kann man durch Eingabe dieser Namen in die Suchmaschinen-Masken nach weiteren Aussagen von diesen bzw. über diese Personen fahnden.

Die Suche nach Sachkennern über *Newsgroups, Foren und Mailings* ist zeitaufwendiger. Zunächst sucht man unter den derzeit rund 45.000 Newsgroups (Stand: Januar 2000, Quelle: Dejanews) eine, die mit dem Recherchethema zu tun hat (Finder: *www.deja.com*). Dann sollte man die laufenden Textdialoge längere Zeit mitlesen, ehe man sich mit einer Infofrage einklinkt oder auf eine interessante Äußerung mit einer persönlichen E-Mail-Anfrage reagiert. Ob so oder so: Man kann nicht wissen, wer sich hinter Namen und E-Mail-Adressen verbirgt und ob die Informationen zutreffend sind. Darum sollten Internet-Kontakte, die zu verwertbaren Informationen führen, stets einer peniblen

Quellenkontrolle unterzogen werden (mehr hierzu im folgenden Abschnitt).

Internet-Adressen für Expertenzugänge (Stand: Oktober 1999): Für die einzelnen Fachgebiete halten verschiedene Dienste eine kaum mehr zu überschauende Fülle an Adressen und Verweisen bereit. Doch die Menge steht in keinem Verhältnis zur Qualität, denn oftmals sind es veraltete, sachfremde oder kommerzielle Adressen, die als Antwort auf das gewünschte Sach- oder Themengebiet bzw. den Suchbegriff aufgelistet werden.

Man kann die Vermittlungsqualität am Beispiel der von PITSCO Innovative Education eingerichteten Expertenvermittlung durchtesten. Die Adresse lautet *www.askanexpert.com*. Der Betreiber verspricht etwas vollmundig: »The experts are, however, more than happy to answer any legitimate and sincere questions that might help you with a project or just satisfy your curiosity.« (Pitsco's aae/Etiquette/15-11-99). Mehrere Tests ergaben: Zu verschiedenen Sachgebieten wurden sachfremde Experten angeboten, so zum Beispiel zum Thema »Psychologie« ein Unfallexperte mit seinen Berichten über Schleudertrauma-Forschung.

Im deutschen Teil des WWW gibt es verschiedene Website-Anbieter, aber auch Initiativen, die bevorzugt mit Newsgroups und Mailinglisten arbeiten. Hier einige Hinweise:

Journalisten-Selbsthilfe: Als eine Art Info-Börse bietet die Adresse *www.newsroom.de* die Website *www.journal-pool.de* mit einer Linkliste von/für Medienleute. Die E-Mail-Anmeldung für diese Liste lautet: *jpool-request@pop.de*. Mitunter nützlich ist auch der von I-D-Media AG. betriebene Selbsthilfedienst »Wer-weiss-was«, eine Art virtueller Campus, auf dem viele Laien und Fachleute ihr Wissen austauschen. Der Dienst bietet auch ein Frage- und ein Expertenforum (Chat) mit der Möglichkeit, Experten und Diskussionsteilnehmer per E-Mail anzusprechen. Die Adresse: *www.wer-weiss-was.de*.

Wissenschaftsthemen: Recherche- und Expertenhilfe bietet die von Wissenschaftsjournalisten in Bonn gegründete »Wissenschaft Pressekonferenz« unter der Adresse *www.wpk.org*. Jedem Journalisten, der mit Wissenschaftsthemen zu tun bekommt, sei die Mitgliedschaft bei der wpk anempfohlen (erstens sind solche

Initiativen unterstützenswert, zweitens ist die Vermittlung an die Mitgliedschaft gebunden).

Experten aus deutschen Hochschulen: Die meisten Universitäten und Hochschulen haben sich zum Netzwerk »Informationsdienst Wissenschaft« (idw) zusammengeschlossen und bieten im WorldWideWeb einen »Expertenmakler« an. Die E-Mail-Anfrage des Rechercheurs wird an die Pressereferenten der am Experten-Makler beteiligten Hochschulen und Forschungseinrichtungen weitergeschaltet. Wenn ein (mutmaßlich) kompetenter Gesprächspartner gefunden wurde, wird dessen Adresse dem An-frager per E-Mail mitgeteilt. Die Website des Expertenmaklers erreicht man über eine der Mitglied-Hochschulen, zum Beispiel: *idw.tu-clausthal.de/public/e-makler/.*

Der »Informationsdienst Wissenschaft« bietet Journalisten drei verschiedene Nutzungen: Erstens ein Abonnement des Pressedienstes (E-Mail-Versand von Mitteilungen aus Wissenschaft und Forschung aller am idw angeschlossenen Hochschulen); zweitens eine Datenbank mit allen idw-Texten, die über eine komfortable Retrieval-Software abgesucht werden kann; drittens ein »Adressbuch« genanntes Verzeichnis aller Fachleute, die von den Pressestellen der angeschlossenen Hochschulen ins System eingespeist werden. Auch diese Adressen sind sehr gut nach Sachgebieten strukturiert und können nach Art des Experten-Maklers abgesucht werden. Die Nutzung des idw-Systems ist kostenlos, doch eine Registrierung erforderlich.

Verschiedene einzelne Hochschulen bemühen sich ebenfalls um Expertendienste für Journalisten, doch sind deren Leistungsprofile deutlich eingeschränkt; zum Beispiel der Expertendienst der Universität Gesamthochschule Kassel unter der Adresse *www.uni-kassel.de/dbwww/dbexpert.* Er konnte Ende 1999 etwa zum Stichwort »Transrapid« keinen Experten nennen, obwohl auch die GhK über Verkehrsexperten verfügt.

Experten an englischsprachigen Hochschulen: Was »idw« für den deutschen Bereich, ist das »ProfNet« für den englischsprachigen Raum (mit Schwerpunkt USA, aber Verbindungen zu rund 20 Ländern). Mit der Schlagzeile »The Shortest Distance Between A Journalist And A Source« bietet der Betreiber »NewsDesk – A Service of PR Newswire« einen leistungsfähigen Informations- und Expertendienst. Nach eigenen Angaben ist »ProfNet« mit den Pressestellen von rund 6.000 Instituten, Einrichtungen und Forschungslabors direkt verbunden. Er bietet Journalisten unter der Adresse *www.profnet.com/reporters* ein ähnliches Dienstleistungsprofil wie »idw«: Zugang zu Pressemitteilungen, eine recherchierbare Datenbank und die Expertenvermittlung. Außerdem gibt es eine Übersicht über (wöchentlich neu aufbereitete) Aktualitäten sowie viele Links zu Organisationen und PR-Diensten, die gegebenenfalls Auskunft geben können. Einer dieser Links geht zum »CVCP's ExpertNet Service«, der für Großbritannien etwa dieselben Dienste bietet wie »idw« und »ProfNet«.

»Clearinghouse« im Internet

Was ist wann und wo von wem zu was geschrieben worden? Wer bei einer international angelegten Recherche nach Quellen (meist Datenbanken) sucht, ertrinkt rasch in einer Suada verschiedenster Verzeichnisse und Verweise, die keiner Systematik folgen.

Um dieses Problem zu lösen, machten sich Studierende der Bibliotheks- und Informationswissenschaften an der Universität Michigan daran, eine möglichst vollständige Liste sämtlicher bibliografischer Internetquellen zusammenzustellen.

Aus diesem Clearing-Projekt ging die Network-Firma »Argus Clearinghouse« hervor, die viele Fachleute beschäftigt und die vermutlich umfassendste Liste aller irgendwie relevanten Internetquellen bietet. Unter der URL-Adresse *http://www.Clearinghouse.net* findet der Rechercheur gut dokumentierte, nach Themen und Gebieten sortierte Adresslisten sowie bibliografische Quellenverzeichnisse mit Inhaltsangaben.

Nach mehreren Tests kamen Studierende eines Projektseminars an der Universität Leipzig zu der Einschätzung, dass »Argus Clearinghouse« für Themenrecherchen insbesondere von Wissenschaftsjournalisten eine der besten Such-/Findehilfen darstellt.

4.5 Computergestütztes Recherchieren

Im vorigen Abschnitt war schon wiederholt vom Internet, von On-
und Offline-Datenbanken die Rede, die nur über Computer zu nutzen
sind. Tatsächlich sind bereits kleine Personalcomputer und Laptops
inzwischen so leistungsfähig, dass sie neben der Textverarbeitung
auch für andere Aufgaben eingesetzt werden können. Die Frage ist
nun, wie sich Personalcomputer als Recherche-Werkzeuge zweckmäßig nutzen lassen.

Es kommen, allgemein betrachtet, vier Einsatzmöglichkeiten in
Frage: a) für die Textverarbeitung, b) als Datenbankverwalter, c) als
Kommunikationsmittel für die Nutzung externer (Online-) Informa-
tionsangebote, d) als interpersonales Kommunikationsmittel (E-
Mailer). In dieser Reihenfolge möchten wir die Nützlichkeit des
Computers beim Recherchieren diskutieren (wissend, dass sich die
technischen Möglichkeiten fortlaufend erweitern).

4.5.1 Computer für Textverarbeitung

Die großen Vorzüge des Computers haben längst auch die freien
Mitarbeiter verschiedener Zeitungen kennengelernt: Da kann man
mit Textbausteinen arbeiten und so die Artikel im Umfang variieren;
vielfältige Formatiermöglichkeiten sowie Wort- und Zeichenzähler
gestatten die Anpassung der Texte an die Gegebenheiten jeder Zeitung. Die mit modernen Textprogrammen erstellten Dateien können
aber auch wie Volltext-Datenbanken genutzt werden: Mit den Suche-
Finde-Tools können die eigenen im Speicher abgelegten Dateien
nach Wortstämmen oder Strings abgesucht werden.

> *Suche-Finde-Routinen:* In den Windows-Betriebssystemen kann über
> das Startmenü und im Explorer die »Suche«-Funktion aufgerufen wer-
> den, die sich im Übrigen sehr genau konfigurieren lässt. Bei den Apple

Macs besitzt der »Finder« des OS-Betriebssystems ein ähnliches Profil. Auch die in den Textprogrammen (Word, WordPerfect u.a.) eingebauten Suche-Finde-Funktionen bieten eine ausgefeilte Syntax (wie: Suche mit Wildcards und Boole'schen Operatoren). Zwar sind diese Routinen leistungsfähig, doch arbeiten sie relativ langsam. Abhilfe schafft hier eine spezielle Suche-Finde-Software von Alta-Vista, die kostenlos aus dem WorldWideWeb heruntergeladen werden kann *(www.altavista.com)*. Die Software indiziert sämtliche Texte und legt Indexdateien an, die in Sekundenschnelle durchsucht werden. Die Bedienoberfläche entspricht der Internet-Suchmaschine AltaVista und bietet denselben Komfort (vgl. folgender Abschnitt).

Modulares Arbeiten: Im Rahmen größerer Recherchen lassen sich die Aussagen von befragten Personen, Datenauswertungen oder Analyseergebnisse und Kommentare als eigenständige Textblöcke in den Computer eingeben. Sie können beliebig oft kopiert, abgeändert, verknüpft und dem jeweils neuesten Stand der Nachforschungen angepasst werden. Am Ende der Recherche können die Textblöcke nach Art von Bausteinen zusammengehängt, überarbeitet und als geschlossener Artikeltext ausgedruckt werden.

Freie Journalisten: Das modulare Arbeiten empfiehlt sich insbesondere, wenn für mehrere Auftraggeber ein Recherchebericht verfasst werden soll. Allerdings sollten die zusammenmontierten Textstücke auch inhaltlich durchgearbeitet und sprachlich gestaltet und gefeilt werden. Wer Textblöcke wie Legosteine willkürlich zusammensetzt und nur auf formal-stilistische Übergänge achtet, läuft Gefahr, den Rechercheertrag unter dem Sprachmüll redundanter Textstücke zu ersticken.

Die Bausteintechnik gestattet es, einzelne Elemente der Recherche – so etwa die Aussagen befragter Personen oder Zusammenfassungen von Berichten und Untersuchungen – auch separat zu speichern. Natürlich muss man sie mit den erforderlichen Quellenangaben (Datum der Befragung, Name und genaue Funktion des Befragten, Anlass der Befragung) versehen. Macht man dies im Zusammenhang mit jeder größeren Recherche, bei der zwischen 15 und 30 Personen befragt werden, so wird man bald einmal eine eigene kleine *Datenbank* mit vielen hundert Eintragungen besitzen. Damit sind wir bei der zweiten Nutzungsart.

4.5.2 Computer als Datenbank

Die gängigen Textverarbeitungen können mit Datenbankprogrammen zusammenarbeiten und Texte austauschen. Datenbanksysteme für Personalcomputer – das bekannteste war 1999 »Access« von Microsoft – arbeiten wie sehr große Karteikästen, die sehr viele Karteikarten mit zahlreichen Karteireitern als Stich- und damit auch als Suchwörter verwalten und verknüpfen können. Zur *effizienten* Verwaltung der Karteikarten gehört darum ein ausgefeiltes Such- und Sortiersystem: Mit möglichst einfachen Befehlen sollen die Karteikarten anhand möglichst vielfältig verknüpfbarer Suchwörter abgesucht und die in Frage kommenden Karten (oder auch nur Rubriken auf diesen Karten) aufgelistet oder deren Inhalte ausgedruckt werden.

Man kann sich leicht vorstellen, dass zusätzlich zu den recherchierten Informationen auch Zusammenfassungen von Aufsätzen und Büchern, wichtige Zitate aus anderen Quellen und anderes mehr in solch eine Datenbank eingegeben werden können.

> Hat die Datenbank einen gewissen Umfang erreicht, kann sie bei künftigen Recherchen zu spezifischen Fragestellungen gezielt abgesucht werden: Welche Angaben machte der Experte X vor zwei Jahren anlässlich jener großen Gewässerverschmutzung? Was genau hat der Innenminister damals während der Parlamentsdebatte zur Schleppnetzfahndung gesagt? Wie lautete jene treffende Bemerkung des Schriftstellers zur Kulturpolitik der Sozialdemokraten? usw.

Dieses Vorgehen ist freilich nicht so einfach und effizient, wie es in der Beschreibung klingen mag. Zunächst einmal sind leistungsfähige Programmpakete mit integrierten Datenbankprogrammen relativ teuer und kompliziert in der Handhabung. Zweitens sind Datenbankeintragungen nur dann nützlich, wenn sie eine gewisse »Dichte« aufweisen und zu einzelnen Suchwörtern auch tatsächlich Informationen anbieten können. Solch eine Informationsdichte wird aber nur dort erreicht, wo sich der Journalist spezialisiert und während mehrerer Jahre dieselben Themen bearbeitet. Dies trifft auf Fach- und Wissenschaftsjournalisten zu, doch für den Lokaljournalisten, der innerhalb weniger Jahre vielleicht verschiedene Themenfelder beackert, lohnt sich – den Erfahrungsberichten betroffener Kollegen zufolge – der Aufwand meist nicht; ihm genügt die zuvor erwähnte Suche-Finde-Funktion seines Textprogramms bzw. seiner Windows-Anwendung.

Wissenschaftsbasierte Datenanalysen: Eine besondere Form des computergestützten Arbeitens sind Datenrecherchen auf der Grundlage umfangreicher Rohdaten, die mit Statistikprogrammen (wie: SPSS) analysiert werden, um Strukturaussagen über soziale Verhältnisse, Vorgänge, Trends zu gewinnen – zum Beispiel über die geografische Verteilung der Empfänger von Arbeitslosenunterstützung (gibt es in unserer Stadt eine Tendenz zur Ghettobildung?) oder über Alter und Berufstätigkeit der Betroffenen der letzten Grippe-Epidemie (wie sehen die Risikofaktoren aus?). Der Reiz solcher Verfahren steckt in der Aussicht, nicht nur Fallbeschreibungen, sondern auch Aussagen über Strukturen machen zu können.

Dieses in den USA dem investigativen Recherchieren zugerechnete Verfahren des »Computer Aided Reporting (CAR)« setzt freilich die Verfügbarkeit verlässlicher Strukturdaten voraus. Doch im Unterschied zu den USA ist es in Deutschland – meist aus Gründen des Persönlichkeitsschutzes – nur ausnahmsweise möglich, an Rohdaten über sozial relevante Erhebungen zu kommen (wie: Alkohol am Steuer nach Altersgruppen und Wohnort; Sozialhilfeempfänger nach Alter, Meldeort, Nationalität und Bezugsdauer). Zudem setzt die fachgerechte Analyse solcher Daten die genauere Kenntnis statistischer Methoden voraus, die meist nur von ausgewiesenen Sozialwissenschaftlern oder Wissenschaftsjournalisten erwartet werden können.

4.5.3 Die Datenrecherche im WorldWideWeb

Die Rede war bereits vom Computer als Terminal einer externen elektronischen Datenbank, die man nach Informationen über Experten, zu bestimmten Themen oder Geschehnissen absucht. Die gefundenen Informationen werden dann auf dem Bildschirm sichtbar gemacht, ausgedruckt und/oder als Datei abgespeichert.

Seit Mitte der 90er Jahre dient nun das Internet auch als globales Netzwerk für Datentransport und interaktiven Datenaustausch (Kommunikation) – und dies vor allem dank drei unterschiedlicher Dienste: dem E-Mail-System, den Newsgroups und dem WorldWideWeb. Die übrigen Dienste (die bekanntesten sind das klassische Gopher sowie die Datentransportprotokolle FTP und Telnet) können die meisten Browser ebenfalls bedienen.

4.5.3.1 Die Websites

Das Dienstsystem WorldWideWeb (WWW) bietet eine grafisch gestaltete Oberfläche und eine so genannte Hypertext-Navigation, indem per Mausklick im Internet (theoretisch) unbeschränkt viele Dokumente über deren WWW-Adressen (Websites) angewählt und geöffnet werden können. Die für das WWW entwickelte Programmiersprache »Hyper Text Markup Language« (HTML) sowie leistungsstarke HTML-Anzeige-Programme (Browser) wie Netscape Communicator und Microsoft Explorer machten es zudem möglich, Texte, Bilder und Töne zu verbinden, sie interaktiv zu nutzen und über Verweise (so genannte Links) zu verknüpfen – ein ideales Medium für die globale Datenkommunikation wie auch für die kommerzielle Erschließung. Der ungeheure Erfolg des WWW ist auch der Lösung vieler Schnittstellenprobleme (= Übergänge zwischen verschiedenen Diensten und Programmen im Internet) zu verdanken, indem so genannte Gateways dafür sorgen, dass jeder Nutzer mit seiner Internet-Software (= Browser) sich nicht nur ins WWW einloggen, sondern auch E-Mails versenden und Newsgroups aufsuchen kann.

Inzwischen stehen im WWW viele Millionen Websites (und Milliarden von Webseiten) bereit, um aufgesucht zu werden: Von der schlichten Homepage mit Name und Adresse bis zu riesigen, fortlaufend aktualisierten Datenarchiven, die wiederum Millionen Texte (= Dateien) bereithalten – wie zum Beispiel das Telefonbuch, die kompletten Jahrgänge von Zeitungen und Zeitschriften oder ein Verbund solcher Archive, der von den zuvor erwähnten Hosts verwaltet wird.

Früher hatten diese großen Datenbankbetreiber wie zum Beispiel Genios oder, mit internationaler Klientel, Data-Star, einen festen Kundenstamm: Personen und Firmen, die »online« (also mit einem Modem über das Telefonnetz) in den fraglichen Datenarchiven mit Hilfe einer speziellen Suche-/Finde-Software (Retrieval) nach Informationen suchen konnten. Diese Datenbankanbieter sind darum älter als das WWW. Doch inzwischen nutzen praktisch alle Archiv- und Datenbankbetreiber die Webtechnologie und sind über eine WWW-Adresse im Internet präsent. Dadurch ist praktisch jeder, der einen Internet-Zugang besitzt, in der Lage, in solchen Datenbanken online nach Informationen zu suchen.

Die für WWW-Recherchen geeigneten allgemeinen Suchdienste

Merkmale	AltaVista (Advanced Query) www.altavista.com	Excite www.excite.com	Fireball (Detailsuche) www.fireball.de	HotBot www.hotbot.com	All the Web (Koop.Lycos) alltheweb.com	Lycos www.lycos.com
Sprache(n)	Verschiedene Sprachen wählbar, Spracherkennung	Deutschsprachige und europäische Domains	Spracherkennung	Verschiedene Sprachen	Verschiedene Sprachen	Verschied. Sprachen; web.de für deutsche Sites
Regionen (Datenbasen = Domains)	International	International	Deutschsprachige Seiten	International	International oder Domains .de .at .ch	International oder Domains .de .at .ch
Dokumente im Index (ca.)	100 Mio.	50 Mio.	6 Mio.	110 Mio.	100 Mio. Websites 300 Mio. Webpages	30 Mio. katalog.; sow. Töne&Bilder
Datenbasis	Volltext	Volltext	Volltext	Volltext	Volltext	Volltext
Extras	Life Topics, Personal Search, Übersetzer, Kataloge, Bilder, Multimedia; Suche im Usenet	Katalog mit 60.000 Sites, automat. Vorschlagen verwandter Worte, kann nach Websites sortieren	Livesuche, Suchwortstatistik, Feldsuche nach URLs, Hosts, Links, Titeln, Images etc.	Classif. Katalog, News, Feldsuche nach Titeln, Namen, Domains, Features, Links etc.	Schneller Bilder- und Video-Download; sucht auch über FTP-Protokoll und Website-Namen	Firmensuche, E-Mail-Adressen, Nachrichten, Usenet sowie »top 5% Sites«
Suchsyntax **Trunkierung** (Joker) in der Wortmitte –	ja	nein	ja	nein	ja	Automatisch (Punkt anfügen!)
Jok. am Wortende	ja	nein	ja	nein	ja	ja (auch ohne Joker – Punkt anfügen!)

Unscharfe Suche	ja (Reihenfolge und Sprache spielen keine Rolle)*	ja (Reihenfolge und Sprache sp. keine Rolle)	ja (Reihenfolge und Sprache sp. keine Rolle)*	nein	**Abgestufte Such-Filter**	nein
Boole'sche Anfrage (bzw. Operatoren)	and, or, and not zwischen die Suchbegriffe einfügen, (auch: +; –; oder= ohne Zusatzzeichen), NEAR für enge Suche	and, or, and not zwischen die Suchbegriffe einfügen (auch als +; –; oder= ohne Zusatzzeichen)	wie AltaVista	and, or, and not zwischen die Suchbegriffe einfügen (auch als +; –; oder= ohne Zusatzzeichen)	und; oder; nein (Include-/Exclude-Wort-Syntax)	analog zu AltaVista bzw. Fireball
Vorgabe des Suchwörter-Abstandes	sucht im Abstand von 10 Wörtern	nein	sucht im Abstand von 10 Wörtern	nein	nein	nein
Phrasensuche (Wortfolgen, auch Firmen-, Personennamen)	Phrasen werden mit »« markiert oder Strichpunkte zwischen den Wörtern	Phrasen werden mit »« markiert	Phrasen werden im Formular mit »« markiert	Phrasen werden mit »« markiert	ja	näherungsweise über »match all terms«
Suche mit Zeitrahmen (seit-bis)	ja	nein	ja	nein	nein	nein
Ranking nach Trefferhäufigkeit	ja	ja	ja	ja	ja	nein
Kategorien bzw. Schlüsselwörter	9 (sowie Rubriken)	bietet Katalog	9 (sowie Rubriken)	3 (sowie Rubriken)	Kurzfassungen von 100 Mio.Sites auf FTP-Servern	bietet Katalog

* Detailsuche eingeschränkt

Stand: Dez. 1999 (Angaben der Anbieter sowie Test der Suchmasken)

4.5.3.2 Die Suchdienste

Damit man in der ungeheuren Angebotsfülle des WWW überhaupt etwas gezielt suchen und finden kann, wurden so genannte Suchmaschinen entwickelt. Dies sind Dienste, die automatisch (mit so genannten Robots) das WWW über die Links nach neuen Websites absuchen, die gefundenen Dateien in riesigen Speichern sichern und (möglichst) sämtliche Texte idexieren (= für Suchwörter absuchbar machen) oder zumindest die Textstruktur (Überschriften, Verweise) erfassen und katalogisieren. Jeder Suchdienst ist also auch eine Datenbank mit seiner eigenen Charakteristik, was Suchstrategien und Datenauswertung betrifft. Folglich gibt es mitunter erhebliche Unterschiede zwischen den einzelnen »Maschinen«.

Wenn nun der Rechercheur einer von ihm gewählten Suchmaschine – zum Beispiel der US-amerikanischen »AltaVista« oder dem deutschen »Fireball« – den Auftrag gibt, das WWW nach einem bestimmten Wort oder einer Wortkombination abzusuchen, dann durchkämmt die Maschine nur die aus dem Internet geholten, auf den Server heruntergeladenen und aufbereiteten Dokumente, doch sind es meist viele hunderttausend und sogar mehrere Millionen.

Die Qualität der Suchmaschine hängt davon ab, wie viele Dokumente in welchen zeitlichen Intervallen aus dem Internet geholt und erschlossen werden, im Weiteren, wie sauber ihre Erschließung war, schließlich, wie differenziert die Abfrageroutinen programmiert sind: Kann man nur mit ein oder zwei Wörtern suchen oder auch mit mehrgliedrigen Wortverknüpfungen (so genannte Strings)? Hat der Rechercheur nur die Möglichkeit, buchstabengenau zu suchen oder kann auch »unscharf« (fonetisch, mit Joker, mit verwandten Schreibweisen) gesucht werden? Die Faustregel heißt: Je aufwendiger die Dateien von der Suchmaschine aufbereitet sind, desto komplexer ist die vom Rechercheur zu nutzende Such-Synthax (indem etwa zwischen Grob- und Detailsuche unterschieden wird).

Um die Eignung einer Suchmaschine für differenzierte Aufträge zu prüfen, sollte man sich die Charakteristik des fraglichen Dienstes genauer anschauen. Diese findet man meist in den Hilfedateien (Help-Desk) der einzelnen Anbieter ausführlich dokumentiert.

4.5.3.3 Die WWW-Schleppnetz-Suche

Die offene Internet-Recherche funktioniert nach dem Muster des Schleppnetz-Fischfangs. Wie Art und Größe der Maschen des Fischernetzes, so definieren der Typ der Suchmaschine, die Suchsyntax und die Suchwörter das, was gefunden werden kann.

Es bieten sich drei verschiedene Typen von Suchmaschinen an, wobei jeder seine Vor- und Nachteile besitzt (Stand Ende 1999):

- *Allgemeine Suchmaschinen:* Ihre »Robots« oder »Crawler« genannten Automaten durchsuchen verschiedene Bereiche des WorldWideWeb; dabei schwankt die Häufigkeit des Suchdurchlaufs sehr stark. Manche Bereiche werden täglich, manche aber auch nur in Monatsabständen durchsucht. So erhält man oftmals veraltete Dokumente angezeigt, die der Urheber möglicherweise längst aktualisiert oder gar gelöscht hat. Im Durchschnitt dauert es ein halbes Jahr, ehe die Website eines Anbieters von einer Suchmaschine erkannt und registriert wird. Viele Anbieter melden darum ihre Site selbst an oder bauen viele Links auf andere Sites, um möglichst rasch von möglichst vielen Maschinen identifiziert zu werden. Hinzu kommt, dass die Robots das stetig wachsende Angebot an Websites nicht mehr zu bewältigen vermögen. Tests ergaben, dass selbst die leistungsfähigsten Maschinen (Northern Light, Snap, AltaVista) nur 16 Prozent aller Websites erfassen – und alle drei Maschinen zusammen rund 40 Prozent (vgl. Nature – online vom 7. Juli 1999).
  Zu den Besonderheiten der meisten allgemeinen Suchmaschinen gehört das Ranking der gefundenen Dokumente: Wenn etwa viele hundert Treffer registriert, aber nur die »ersten zwanzig« angezeigt werden sollen, ist ein zweckmäßiges Relevanz-Kriterium nötig. Einige Suchmaschinen berechnen die Relevanz nach Maßgabe verschiedener Kriterien, wie: Anzahl gefundener Suchwörter, deren interner Abstand, Position der Suchwörter im Dokument, Häufigkeit einzelner Suchwörter im Dokument, Anzahl von Links auf anderen Websites (als Indikator für Popularität), Textlänge (Zeichenmenge des Dokuments als Indikator für Ausführlichkeit). Die meisten Programme wählen aber nur manche dieser Kriterien und gewichten diese auch verschieden. Entsprechend unterschiedlich

Qualitätsmerkmale von Suchmaschinen

Die offene Recherche im WorldWideWeb ist vor allem bei Online-Anfängern beliebt, bringt aber meist nur Zufallstreffer, weil die WWW-Suchdienste überschätzt und nicht zweckmäßig bedient werden. Nachfolgend die wichtigsten *Bediener-Merkmale* für die Wahl der Suchmaschine:

Die Suchmaske

- Ermöglicht die Maschine nur eine offene oder auch menüge-stützte Eingabe von Suchanfragen? Qualitätsmerkmal: Der Dienst bietet beides an.

- Kann man das abzusuchende Gebiet nach Länderregionen und/oder nach Sprachen eingrenzen? Qualitätsmerkmal: Mehrere Eingrenzungen sind möglich.

- Wieviel passt in eine Suchmaske (Anzahl suchbarer Wörter)? Qualitätsmerkmal: Lang- oder mehrzeiliges Display für etwa 50 Zeichen, mindestens zwei logische Verknüpfungen.

Dokumentattribute

- Ist eine eingeschränkte Suche nach Servernamen, Dateitypen (wie: Audio- und Bilddateien), Hyperlinks und URL möglich? Qualitätsmerkmal: Explizite Unterscheidung solcher Attribute.

- Ist eine Suche nach datierten Dokumenttiteln (Datum oder Zeitspanne) möglich? Qualitätsmerkmal: Angabe von Zeitspannen oder Erstellungsdatum in der Suchmaske.

Die Syntax (= Suchalgorithmus)

- Welche logischen Verknüpfungen von Suchwörtern sind möglich? (Boole'sche Operatoren »und«, »oder«, »nicht« sowie Verschachtelung mit logischen Klammern). Qualitätsmerkmal: Mindestens diese Verknüpfungsmöglichkeiten müssen gegeben sein.

- Können mehrere Wörter (wie: »Institut für Kommunikations- und Medienwissenschaft«) als Ausdruck definiert werden? Qualitätsmerkmal: Diese Phrasensuche muss auch innerhalb logischer Verknüpfungen möglich sein und zeichengenau stimmen (Berücksichtigung von Satzzeichen in der Phrase).

- Wird Groß- und Kleinschreibung berücksichtigt? (in der deutschen Sprache bedeutsam für Treffergenauigkeit). Qualitätsmerkmal: Suchmaschine erkennt Variierung von Groß- und Kleinbuchstaben.

- Kann man mit Wortteilen suchen und gegebenenfalls mit einem »Joker« trunkieren? (Unterscheidung zwischen Ganzwortsuche, Trunkierung und Suche mit Joker). Beispiele: »Auto$« findet auch Automobil, »Aut$s« findet auch Autismus, »Auto« nur das Wort Auto. Qualitätsmerkmal: An- und abschaltbare Suche mit Wortteilen und Joker (abgeschaltet: Ganzwortsuche).

- Ist auch eine unscharfe (»schmutzige«) Suche möglich, etwa anhand eines Bündels von Wörtern, deren Stimmigkeit (Trefferhäufigkeit) von der Suchmaschine ermittelt wird? Qualitätsmerkmal: Ranking der Treffer mit detailliertem Trefferprotokoll (Häufigkeiten oder Prozentangaben für jeden der eingegebenen Begriffe).

- Kann auch der Abstand zwischen zwei Suchwörtern (=Abstandsoperatoren) berücksichtigt werden, nach dem Muster: Hamburg$ NEAR Freihafen, um Sach- und Sinnzusammenhänge genauer erfassen zu können? Qualitätsmerkmal: Einschaltbarer Wortabstand von maximal 20 Wörtern.

Die Trefferanzeige

- Ist die Reihenfolge der Treffer zufällig oder ein Ranking (wie: nach Datum, Häufigkeit der Suchwörter im Dokument, Nähe der Suchwörter – oder eine Kombination solcher Kriterien)? Qualitätsmerkmal: Die Ranking-Kriterien kann der Nutzer festlegen und als zusätzlichen Filter einsetzen.

- Was wird je Dokument angezeigt (Dokument-Informationen in den Trefferlisten)? Qualitätsmerkmal: Titel und Vorspann oder Titel und mindestens 10 Stichworte; gegebenenfalls Verfassername; Primärquelle; Erstellungsdatum; Datum der Speicherung durch die Suchmaschine.

fallen die Ergebnisse aus. Es empfiehlt sich darum, die Charakteristik jeder Suchmaschine genau zu prüfen und die Maschinen dementsprechend zu kombinieren (was den Nachteil mit sich bringt, mehrere Suchsyntax zu lernen und anzuwenden).

Mehrere Suchmaschinen bieten eine zweistufige Syntax: Für Allerweltssurfer eine einfache Worteingabe – und für professionelle Rechercheure eine spezielle, ausgefeilte Syntax (Beispiel AltaVista: »Simple query« und »Advanced query«; sinngleich bei der deutschen Suchmaschine Fireball mit Express- und Detailsuche).

- *Katalog-Suchmaschinen:* Im Unterschied zu den über Roboter generierten Datenbanken der allgemeinen Suchmaschinen sind die Bestände der Katalogmaschinen meist redaktionell betreut: Es werden Millionen Websites taxiert, dann katalogisiert und verschlagwortet. Ihre Datenbanken bieten also keine Volltexte, sondern Referenzen, freilich mit entsprechenden Links zu den Volltexten.

Der US-amerikanische Katalogdienst »Looksmart« registriert nach eigenen Angaben rund 1,5 Millionen Websites über mehr als 100.000 Kategorien. 180 Redaktionsmitglieder checken und codieren Websites aus dem ganzen englischsprachigen Raum. Er gehört zu den zuverlässigsten unter den großen Katalog-Internetdiensten (s. Kasten »Katalogisierte Websites«).

Der Vorteil dieser Webkataloge (der größte war 1999 Yahoo) steckt in der Systematik: Die Fundstellen werden nach Themengebieten und Rubriken, bei einigen auch nach Verfassernamen und Erstelldatum des Dokuments sortiert. Folglich kann der Rechercheur etwa durch Angabe des Sachgebiets und des Zeitrahmens die zu durchsuchende Datenbasis wie bei einer Datenbankrecherche eingrenzen. So sucht zum Beispiel Yahoo auf der vom Rechercheur gewählten Hierarchie-Ebene die dort von der Yahoo-Redaktion abgelegten Seitenbeschreibungen durch.

Der für die Recherche größte Vorteil besteht in der Überprüfung der Urheber-Adresse der Websites durch die Redaktion des Katalogdienstes. Der Nachteil dieses Systems ist darin zu sehen, dass nur grob nach dem Hauptinhalt der Dokumente gesucht werden kann, nicht aber nach nebensächlichen Aspekten, weil diese nicht katalogisiert wurden. Entsprechend undifferenziert fällt die

Katalogisierte Websites

Je mehr Websites zur allgemeinen Nutzung angeboten werden, um so wichtiger wird die Frage: Welche Dokumente haben überhaupt einen verwertbaren Inhalt?

Mehrere Anbieter prüfen die gefundenen Websites nach Branche, Thema, Informationsbreite und Aktualität, um sie dann nach Maßgabe entsprechender Kategorienprofile zu indexieren. Im Unterschied zu den allgemeinen Suchdiensten (wie: AltaVista) handelt es sich also um hierarchisch strukturierte Katalogsysteme, deren Bestände aus Kurzfassungen registrierter Websites bestehen. Die Ende 1999 ergiebigsten Katalogdienste waren:

»Yahoo« (http://www.yahoo.com und *~.de):* Ein weit verzweigtes Rubrikverzeichnis und eine leistungsfähige Suchwort-Syntax ermöglichen zielgenaues Filtern; Zugriff auch aufs Usenet und E-Mail-Adressenverzeichnis. Der deutsche Yahoo-Katalog ist wie der amerikanische aufgebaut.

»WEB.DE« (http://web.de): Der deutsche Dienst aus Karlsruhe ist in seiner Kategorienstruktur dem Yahoo-Vorbild nachempfunden. Er umfasst rund 27.000 Themengebiete sowie nützliche Rubriken (wie zum Beispiel *Info* mit aktuellen Nachrichten), nach denen die knapp 250.000 registrierten Websites verschlagwortet sind.

»DINO« (http://www.dino-online.de): Dieser älteste deutsche Web-Katalogdienst gliedert die registrierten Websites in 20 Hauptrubriken nach 13.200 verschiedenen Themenseiten. Zudem bietet DINO verschiedene Regionaldienste und ein Branchenbuch.

Die Stärke der Katalogdienste – die manuelle Taxierung – ist zugleich deren Schwäche: Die Suchfragen greifen nicht auf den Volltext; alles hängt von der Qualität der Kategorienprofile ab. Als Abhilfe kombinieren verschiedene Anbieter ihre Kataloge mit offenen Suchdiensten. Der derzeit größte Anbieter eines solchen Mix ist *»Looksmart«* (gleiche Web-Adresse) aus Kalifornien, der neben der offenen Web-Suche auch 60 Suchkategorien für registrierte Websites bietet. In dieselbe Richtung gehen auch die beiden deutschen Anbieter Web.de und Dino.

(Stand: Januar 2000)

Ausbeute aus. Zudem werden Rubrik- und Ordnungskriterien gelegentlich auch nach Marketing-Gesichtspunkten definiert, um den Freizeit- und Unterhaltungsbedürfnissen der Internet-Surfer entgegenzukommen.

Zum Typ der Katalogmaschine gehören auch die Spezialmaschinen, die nur bestimmte Felder erfassen (Themen, Branchen, Fachgebiete) sowie jene, die mit zusätzlichen Relevanz-Filtern arbeiten und nur eine Auswahl bewerteter Qualitätsseiten bieten (bei denen wegen fragwürdiger Kriterien Vorsicht am Platze ist).

- *Meta-Suchmaschinen:* Vor allem wegen der sehr unterschiedlichen Charakteristik der verschiedenen Suchmaschinen kam man auf die Idee, eine Makro-Suchsoftware zu entwickeln, die in der Lage ist, jede Suchanfrage in die unterschiedlichen Suchlogiken verschiedener Suchmaschinen umzuwandeln. Diese Meta-Maschinen besitzen keine eigene Datenbank, sondern greifen parasitär auf die Banken der jeweiligen Suchmaschinen zu. Die Anfragen werden zeitgleich an die verschiedenen Suchmaschinen gesandt und die nach und nach eintreffenden Antworten zwischengespeichert und aufgelistet.

  Der Vorteil dieser Form der WWW-Recherche liegt in der einheitlichen Syntax der Anfrage, in der Vielfalt der Fundorte und in der Geschwindigkeit des Suche-Finde-Ablaufs. Allerdings sind bei diesen Maschinen wegen ihrer hohen Trefferzahlen die Ranking-Profile besonders wichtig. Gute Meta-Maschinen übernehmen die Relevanzkriterien der einzelnen Suchmaschinen, bieten ein Meta-Ranking und gleichen zudem die Treffer ab, um Doubletten auszuschalten.

  Allerdings ist die Suche-Syntax der Meta-Maschinen zwangsläufig abstrakt. Folglich produzieren Meta-Maschinen viele Fehltreffer: Texte, die aus irrelevanten Gründen identifiziert wurden. Hinzu kommt, dass die Meta-Helfer unterschiedliche Suchmaschinentypen – die allgemeinen wie auch die katalogisierenden – mit derselben Routine durchsuchen. So kommt es, dass Volltexte und Verweise, Abstracts und Homepages unstrukturiert untereinander stehen können. Und für die Recherche bedeutsam ist der Umstand, dass die Urheber und Quellen oftmals nicht (mehr) rekonstruiert werden können.

Meta-Suchmaschinen

Meta Crawler

(http://metacrawler.cs.washington.edu) nutzt die Maschinen Lycos, WebCrawler, Excite, AltaVista, Yahoo, HotBot und Galaxy *(http://www.galaxy.tradewave. com/)* und erzielt viele Treffer; sie bietet Boole'sche Funktionen und Phrasensuche, sortiert eingesammelte Treffer nach Relevanz; übersichtliche Darstellung.

Dogpile

(http://www.dogpile.com/) durchsucht gleichzeitig Yahoo!, Excite Guide, Go2.com, PlanetSearch, Thunderstone, What U Seek, Magellan, Lycos, WebCrawler, InfoSeek, AltaVista, Excite & HotBot; sucht zudem im Usenet HotBot, Reference, Dejanews, AltaVista und Dejanews' Archiv. Außerdem im FTP: FileZ and FTP Search. Schließlich in den News Wires: Yahoo News Headlines, Excite News und Infoseek NewsWires.

Diese Dienste werden in Stufen abgefragt und müssen mittels Dropdown-Menü ausgewählt werden. Manche Maschinen melden keine Treffer, obwohl sie bei Einzelabfragen Einträge finden. Unter Custom Search *(http://www.dogpile.com/custom/index. html)* können die abzufragenden Maschinen spezifiziert werden.

Savvy Search

(http://guaraldi.cs.colostate.edu) sucht in 20 Suchmaschinen und listet deren Suchergebnisse auf eine Seite. Eingabeseite auch auf Deutsch abrufbar. Die Datenbanken werden in sinnvollen Gruppen zusammengefasst, die auch getrennt angewählt werden können. AND-(all query terms-) und OR-(any query term-) Verknüpfungen sowie Phrasensuche möglich. Die Ergebnisse werden nach Relevanz sortiert und mit Quellenangabe präsentiert.

Deutsche Meta

(http://meta.rrzn.uni-hannover.de/) durchsucht deutsche Suchmaschinen, Verzeichnisse und Newsgruppen. Die zu durchsuchenden Verzeichnisse können einzeln ausgewählt werden. Hilfreich: Treffer können auf deren Existenz geprüft werden, so dass keine »toten« Links stehen bleiben.

(Stand: Oktober 1999; Quelle: Selbstauskünfte)

Als Trend lässt sich beobachten, dass die *qualifizierenden* Katalogdienste mit verschiedenen kommerziellen Anbietern kooperieren und
so genannte Portale bilden. Von dort aus hat man Zugriff auf Websites, Daten aus Fachgebieten, News, PR-Service und Kataloge (Beispiele im Jahr 1999: Der als Portal neu strukturierte Katalogdienst
Web.de; oder die Zusammenarbeit des DINO mit zahlreichen Bran-
chendiensten sowie kommunalen Web-Adressen).

Ein weiterer Trend zeichnet sich mit der Entwicklung neuer, ver-
lässlicherer *Relevanz-Merkmale* für die Bewertung von Websites ab.
Das von »GoogleWebSearch« umgesetzte Verfahren – Messung der
Links von und zu einer Webseite – hat sich bewährt und galt 1999 als
Prototyp der nächsten Generation Suchmaschinen *(www.google.com)*.

4.5.3.4 Suchstrategien

Für wilde Recherchen mit Suchmaschinen im WorldWideWeb soll-
ten einige Regeln beachtet werden, um (schneller) zu verwertbaren
Ergebnissen zu gelangen. Dabei ist zu berücksichtigen, dass die
Suchdienste wie in einer Hierarchie funktionieren: Zuunterst arbeiten
die auf Sachgebiete begrenzte oder themenspezifischen (disziplinäre)
Katalogmaschinen (= sehr begrenzte Reichweite), zuoberst die Meta-
Sucher und Meta-Metasucher (letztere bündeln mehrere Metas und
erfassen bis maximal 40 Prozent des gesamten WWW).

* **Erste Regel:** Je größer die Reichweite der Maschine, desto mehr
  »Schrott« (Redundanz) liefert sie. Darum: Je allgemeiner die
  Suchmaschine (höher in der Hierarchie), um so detaillierter sollten die Suchwörter sein – oder umgekehrt: Je begrenzter (tiefer)
  die Maschine angelegt ist, um so allgemeiner (abstrakter) dürfen
  die Suchwörter sein (Wortstammsuche).

* **Zweite Regel:** Dieselben Durchläufe (Begriffe und Verknüpfungen) mit mehreren Suchmaschinen durchführen. Art und Rang-
  ordnungen der Treffer (Relevanz-Ranking) kritisch vergleichen.
  Je nach Befund Zahl der zu öffnenden Dokumente einschätzen.

* **Dritte Regel:** Faktizierbare Merkmale des Recherchethemas als
  Suchwörter formulieren (Orte, Namen, Begriffe, definierte Ob-
  jektbezeichnungen – nach dem Muster: Hannover AND »Berta
  Meyer«).

- **Vierte Regel:** Eine aufsteigende Hierarchie der Suchwörter anlegen: Von der konkreten Bezeichnung zum Abstrakt-Begrifflichen, nicht umgekehrt! Suchdurchläufe mit den konkreten faktischen Wörtern beginnen.

- **Fünfte Regel:** Auf Syntax-Sprache(n) achten. Eventuell internationale und URL-Maschinen kombinieren, wenn möglich mit derselben Suchsyntax (wie: AltaVista und Fireball.de). An abweichende Schreibweisen denken: Wortstamm identifizieren und Joker bzw. Wildcards einsetzen.

- **Sechste Regel:** Die Anfragesyntax der Suchmaschinen für Begriffskombinationen nutzen: Definierte Gegenstands-, Rubrik- oder Sachbezeichnungen als Konstanten wählen, verschiedene zusätzliche Wörter zur Spezifizierung (mit AND-Verknüpfungen) als Variable durchspielen.

- **Die letzte und wichtigste Regel:** Nur Dokumente in der Recherche verwerten, deren Urheber identifizierbar und überprüfbar sind (Name, E-Mail-Adresse sowie Fax- oder Telefonnummer via WHOIS prüfen. Den Domain-Namen erfährt man auch unter: *www.rs.internic.net/whois?*).

Im Übrigen gilt: Sich Zeit nehmen, Erfahrungen sammeln, die Suchsyntax austesten, die Ergebnisse abgleichen – und immer wieder die Quellen und Urheber überprüfen.

4.5.4 Interpersonale Internet-Dienste

Obwohl es sich beim E-Mail um einen eigenständigen Internetdienst handelt, verfügen die Browser von Netscape (»Communicator«) und Microsoft (»Explorer«) auch über die Software für die Individualkommunikation: das E-Mail-System mit seinen Mailinglisten. Hinzu kommt das Usenet mit seinen Newsgroups, das wie eine Art »Schwarzes Brett« funktioniert. Beide Kommunikationssysteme sind für Recherchen sehr nützlich, weil sie die persönliche (interpersonale) Kommunikation und die Identifikation der Aliasnamen der Teilnehmer erlauben.

Internet: Trau, schau, wem?

Im Frühsommer 1999 – neun Monate nach dem Wahlsieg der SPD und der Kür von Gerhard Schröder zum Bundeskanzler – stand plötzlich auf der Nachrichten-Website von AOL Deutschland die Schlagzeile: »Gerhard Schröder zurückgetreten!« Nach der ersten Schrecksekunde beruhigten sich die WWW-Surfer bei dem Gedanken, dass wohl wieder so ein Hacker sein Können zeigen wollte.

Die Rücktrittsmeldung hätte schnell überprüft werden können: Pressestelle des Bundeskanzleramts. Doch wenn die Newsseite von AOL in der Urlaubszeit ein schweres Autobahnunglück in Südfrankreich oder während der Weihnachtsfeiertage eine Sexaffäre des Kölner Kardinals gemeldet hätte: Welcher Journalist hätte da sogleich auf ein Fake getippt? Dabei ist die Zahl an erfundenen Meldungen, gefälschten Homepages und Websites, die im Gewand seriöser Nachrichten präsentiert werden, längst unüberschaubar geworden.

Das Online-Medium Internet bietet dem Rechercheur hervorragende Informationsmöglichkeiten – doch es besitzt wegen seiner Offenheit auch besonders viele Risiken. Hier eine knappe Übersicht der größten Gefahren – und wie man sie mindern kann:

- **Identitätsproblem im WWW:** Bei vielen Dokumenten (Webseiten und Homepages) ist die wahre Urheberschaft unklar. Darum: Wer steht hinter der URL oder dem Logo als Verfasser bzw. Urheber? Bei Suchmaschinen: Sind die angezeigten Treffer so verlinkt, dass man zum Urheber/Verfasser des Ursprungsdokuments findet?
  Als Erstes hilft die genaue Überprüfung der URL. Wird keine namentliche (überprüfbare) Urheberschaft angegeben: Vorsicht! Wird zusätzlich eine E-Mail-Adresse genannt: Diese nutzen und nach einer Telefon- und/oder

Faxnummer fragen. Diese überprüfen und gegebenenfalls mit dem Urheber direkt in Kontakt treten.

- **Aktualitätsproblem mit Suchmaschinen im WWW:** Viele Dokumente in den Speichern der Suchmaschinen sind keineswegs aktuell, sondern mitunter Monate alt. Manchmal hat der Urheber sein Dokument längst gelöscht, während es die Suchmaschine noch in ihrem Speicher verwaltet (»broken link«). Darum: Zeigt die Suchmaschine neben dem Publikationsdatum auch an, wann *sie* das Dokument abgelegt hat? Kann (gegebenenfalls auf Rückfrage) festgestellt werden, in welchen Zeitintervallen die Suchmaschine dieselbe URL besucht?

- **Vollständigkeitsproblem bei Suchmaschinen im WWW:** Die meisten Suchmaschinen grasen nur kleine Ausschnitte des WWW ab. Weite, auch wichtige nicht-kommerzielle Bereiche bleiben unerschlossen. Darum: Suchmaschinen anhand entsprechender Suchwörter in solchen Bereichen testen, die der Rechercheur bereits kennt. So lässt sich herausfinden, was die Maschine hierzu in ihrem Speicher hat – und was nicht. Und: Meta-Sucher sowie Katalogdienste zur Kontrolle einsetzen.

- **Nachweise der abgelegten Dateien** (Datenbank-Bestände): Wird die Datenbank von einem Betreiber (Host), bei dem man nachfragen kann, gewartet? Die Erstveröffentlichung des fraglichen Dokuments und der Fundort sollten so genau dokumentiert sein, dass sie als Erstquelle identifiziert werden könn(t)en.

- **Spionage in Newsgroups und E-Mail:** Das Internet ist durchsichtig wie ein Glashaus. Unter Hackern sind auch Newsgroups und E-Mail-Korrespondenzen beliebt: Interessante Fachgruppen werden ausspioniert und E-Mail-Wege rekonstruiert. Darum: Topvertrauliche Informationen gut verschlüsseln – oder, wenn es um Quellenschutz geht, die klassischen Transportwege (Fax, Brief, Telefon) einbeziehen.

4.5.4.1 E-Mail und Mailinglisten

Die Vorteile der Online-Korrespondenz per E-Mail brauchen nicht mehr herausgestellt zu werden, sie sind heute allgemein bekannt. Etwas schwieriger zu beantworten ist die Frage, wie man zu sachdienlichen, möglichst zuverlässigen E-Mail-Adressen gelangt. Das Problem: Das Netz ist offen und jeder kann sich einen E-Mail-Account einrichten; darum existiert kein Amt und kein Verwalter. Und darum auch kein verbindliches Mitgliederverzeichnis.

Nun gibt es – analog zu den zuvor genannten Website-Suchmaschinen – auch E-Mail-Adressenfinder: Suchsoftware, die auf den speziellen Code der E-Mail-Adresse (etwa das @-Zeichen im Mittelfeld einer Zeichenfolge) programmiert wurde. Und wie die Robots, so crawlen auch diese E-Mail-Sucher gelegentlich durchs Internet – mit mäßigem Erfolg.

Viele der rund hundert Millionen E-Mail-Teilnehmer (Stand: 1999) scheuen auch die Registrierung, weil sie sich über die Kommerzialisierung ärgern. Denn die Betreiber der E-Mail-Adressenfinder bekommen auch Geld von PR- und Marketingfirmen, mit der Folge, dass die gefundenen E-Mail-Accounts sogleich mit Werbe-Mails zugemüllt werden. Die Folge der Folge: Viele Inhaber von E-Mail-Adressen schalten Werbeabwehr-Software (Spam-Filter) dazwischen oder verschleiern ihre Anschrift, wenn sie sich an Newsgroups oder Mailinglisten beteiligen, damit sie von den Robotern nicht erkannt werden können. Und was die Robots nicht finden, steht auch in keinem E-Mail-Verzeichnis.

Darum muss, wer für seine Recherche eine E-Mail-Adresse benötigt, unter Umständen auf zwei Ebenen suchen:

- *Suche in den Verzeichnisdiensten:* Für die weltweite Suche bieten »WhoWhere« *(www.whowhere.com)* »WHOIS« *(http://rs.internic.net/whois)* und der »Internet Adress Finder« *(andromeda/ www.iaf.net)* umfassende Verzeichnisse (Stand: 1999). Für die Suche in Deutschland (Domain: ~.de) bietet sich »Suchen. de« (gleiche URL) an. Besonders nützlich ist »MESA« *(mesa.rrzn.uni-hannover.de),* ein »Meta-Mail-Search-Agend«, also eine Metamaschine für E-Mail-Verzeichnisse, die vom Regionalen Rechenzentrum Niedersachsens (RRZN) betrieben wird. Oftmals muss mit

Wildcards, Joker usw. experimentiert werden, weil der E-Mail-Name oft vom urkundlichen abweicht – eine mühsame Prozedur. Darum geht es manchmal schneller mit folgendem Verfahren:

- *Suche in den Online-Telefonbüchern*, um die E-Mail über einen ersten telefonischen oder Fax-Kontakt zu erfragen. Der Informationsaustausch geht dann per E-Mail los (weil präziser, billiger und schneller). In Deutschland bietet »Tele Info« die Suchsoftware *(www.etv.de)*, weltweit findet man E-Mail-Adressen *(www. people.yahoo.com)* und Telefonnummern in Meta-Verzeichnissen *(www.phone numbers.net)*.

Zu den Stärken der E-Mail-Korrespondenz gehört das Weiterleiten und Rundversenden: Dieselbe Mail kann an einen Empfängerkreis versandt, kann weitergeleitet, direkt oder indirekt (via Dritte als Kettenbrief) beantwortet, gespeichert und als Textdatei verarbeitet werden – ein hervorragendes Instrument für Rechercheure, wenn im Team und an verschiedenen Orten zeitgleich recherchiert wird und man auf einen effizienten Informationsfluss angewiesen ist.

Diese mit dem E-Mail-System verbundenen Möglichkeiten führten zum Aufbau sogenannter Mailinglisten. Damit ist der Rundversand von E-Mails (Protokolle, Newsletters, Briefe, Pressemitteilungen) an einen definierten Empfängerkreis gemeint.

In der öffentlichen Internet-Kommunikation gibt es derzeit drei Arten von Mailinglisten, die sich für Recherche-Korrespondenz eignen:

- *Die One-Way-Listen* entsprechen dem aus den Zeiten der Post vertrauten Abo-Versand: Ein Absender versendet dieselben Informationen an einen namentlich bekannten Empfängerkreis. So ist es zum Beispiel für den Rechercheur wichtig, auf die Mailingliste (zu deutsch: in den Verteiler) von Presseinformationen oder Newsletter der Firmen und Einrichtungen zu gelangen, deren Gebiet er bearbeitet. Dies geschieht meist über automatisierte Einschreibe- und Rückmeldeformulare, die auf den Homepages der Anbieter angeklickt werden können.

- *Die moderierten Listen* werden von einem Host (einem Büro, einer Redaktion, einer Pressestelle usw.) verwaltet. Das heißt: Die Zusendungen werden gesichtet, eventuell redigiert, unter

Umständen auch aussortiert – einer traditionellen Leserbriefre-
daktion vergleichbar. Wer sich beteiligen will, muss sich anmel-
den (»subscribe«) und erhält ein Verzeichnis der Themen und
Zugang zu allen bereits archivierten Mailings, die in der Datenbank abgelegt und über eine Retrieval-Software auffindbar sind.
Die meisten Listen sind in englischer Sprache abgefasst und behandeln vor allem Themen aus dem angelsächsischen Raum –
weltweit sind es etwa hunderttausend Listen (Stand: Sommer
1999). Um diese Listen nach geeigneten Themen abzusuchen,
gibt es entsprechende Suchmöglichkeiten. Für die internationale
Suche bietet sich die Suchmaschine *www.liszt.com* an (sie soll
Zugriff auf rund 66.000 Listen haben); für den Zugriff auf die
rund 500 deutschen Listen bietet sich *www.lisde.de* an.

- *Die offenen Listen* werden zwar auch zentral verwaltet, aber
  nicht redaktionell betreut. Jede Zusendung wird automatisch an
  alle Subskribenten verteilt. Offene Listen sind schriftliche De-
  battierklubs mit meist akademischer Ausrichtung. Gelegentlich
  aber findet man in einer themenzentrierten Liste gut informierte
  Gesprächspartner – vorausgesetzt, es handelt sich um ein (meist
  technisch geprägtes) klar umrissenes Sachthema. Im Übrigen
  gibt es eine wachsende Zahl an Mailinglisten, die auf wissen-
  schaftlichem Niveau Informationen austauschen (zahlreich in
  den Fachgebieten Biologie, Medizin, Chemie und Pharmakologie) und zu denen praktisch nur Fachjournalisten Zugang finden.

4.5.4.2 Newsgroups

Newsgroups funktionieren (im Unterschied zu den Mailings) wie
eine Pinwand oder das »schwarze Brett«: Jede Information, die ver-
sendet wird, kann von allen Teilnehmern der Gruppe gelesen und mit
Äußerungen – Pinzetteln (»postings«) vergleichbar – ergänzt werden.
Eine Software sortiert die eingehenden Postings nach deren Betreff
und verknüpft sie chronologisch zu einem roten Faden (»Thread«).
So kann jeder sehen, wer sich wann zu was geäußert hat. Mit einer
speziellen Software, dem so genannten Offline-Reader (wie zum
Beispiel »Agent« oder »Gravity«), kann die Einwahl in die gesuchte
Newsgroup, der Versand der eigenen und das Herunterladen fremder
Dateien zeitsparend abgewickelt werden.

Ende 1999 wurden weltweit rund 35.000 Newsgroups registriert. Es gibt inzwischen praktisch kein Thema, zu dem nicht eine Newsgroup existierte – meist sind es Schwatzbuden, gelegentlich aber auch hochkarätige Fachzirkel unter Wissenschaftlern. Und wie schon in der Welt der Mailings, so wurden Ende der 90er Jahre auch die Newsgroups zunehmend von kommerziellen Anbietern und Dienstleistern unterwandert, die statt gehaltvoller Postings vor allem Marketing-Geblubbere in die Gruppen geben.

Um eine in Frage kommende Gruppe überhaupt finden zu können, muss man sich die international weitgehend normierte Kürzelsprache aneignen, mit der die Sachgebiete untergliedert wurden.

Newsgroup-Namen sind so aufgebaut, dass zuerst die Domain (zum Beispiel *de* für deutschsprachig), die Disziplin (die Wissenschaftsthemen beginnen mit dem Kürzel *sci* für science), dann das Fachgebiet (für Medizin zum Beispiel steht das Kürzel *med*), dann das Sachthema (zum Beispiel Cholesterin) und das Unterthema (zum Beispiel Prävention). Die fragliche englischsprachige Newsgroup hätte demnach die Adresse *sci.med.cholesterine.prevention,* die fragliche deutschsprachige *de.sci. med.cholesterin.praevention).*

Der Zugang zu den verschiedenen Gruppen ist davon abhängig, ob der fragliche WWW-Provider die Gruppenindizes des Usenet listet und die Zugänge auf seinem Server bereithält. Um zu erfahren, ob es eine für das Thema oder Problem hinreichend interessante Newsgroup überhaupt gibt, empfiehlt sich der Einsatz eines Suchdienstes.

Themenbezogene Newsgroups: Brauchbare Suchhilfen bieten die Adressen *http://sunsite.unc.edu/usenet-i* und *http://www.best.com/-ii/internet/messaging/newsgroups/.* Über Suchmasken kann das gesuchte Thema mit Kriterien immer weiter eingegrenzt werden. Zusätzliche Optionen (wie: Anzahl der in den vergangenen vier Wochen umgesetzten Nachrichten) signalisieren die Intensität und Aktualität des Dialogs (Stand: Ende 1999). Im Übrigen existieren auch allgemein anwählbare Newsserver, deren Adressen meist über Universitäts-Homepages angesteuert werden können.

Suche in archivierten Newsgroup-Beiträgen: Eines der bekanntesten Datenarchive ist »DejaNews«. Dieser Dienst bietet eine gut absuchbare Datenbank, die alle Texte von mehreren Tausend Newsgroups, getrennt nach englisch- und deutschsprachigen Adressen, enthält *(www.dejanews.com/toplevel).* Die Retrieval-Software »PowerSearch« ist recht komfortabel. Der Suchdienst »Reference« schließlich kann nicht nur die Newsgruppen (*http://www.reference.com*) absuchen, sondern auch die Mailings (*email-queries@reference.com*). So können mit denselben Suchbegriffen beide Welten abgegrast werden.

Wie bei den Mailings, so gibt es *moderierte* und *offene Newsgroups;* die letzteren sind für Recherchen die interessanteren, dabei aber auch problematischeren. Denn in den offenen Newsgroups identifizieren sich die Diskussionspartner im Unterschied zu Mailinglisten meist nur mit einem Code oder Alias, sind also anonym. Entsprechend unzuverlässig sind viele Angaben und Ausführungen der Beteiligten.

Die meisten Newsgroups bieten allerdings die Möglichkeit, auf einen Diskussionsbeitrag mit einer persönlich adressierten E-Mail-Anfrage zu reagieren und so von der öffentlichen Diskussion in eine persönlich-private Korrespondenz umzusteigen.

Die Newsgroup-Kommunikation folgt bestimmten Regeln und Gepflogenheiten (»Netiquette«), die erst eingeübt werden sollten, ehe man in den Dialog einsteigt. Eine zweckmäßige Einführung in deutsche Newsgroups-Dialogformen bietet die Orientierungshilfe unter *de.neuusers.questions.*

»How-to-do«-Hilfen für das Internet

Um die Finessen der Online-Recherche voll nutzen zu können, sollte man sich systematisch die Handhabung der Suchinstrumente aneignen. Ende der 90er Jahre gab es hierzu zahlreiche Handbücher. Ein Journalistik-Projektseminar an der Universität Leipzig hat sie getestet. Folgende drei erwiesen sich 1999 für die professionelle Recherche als besonders geeignet:

Stefan Karzauninkat: Die Suchfibel. Leipzig: Klett Verlag 1999, 240 Seiten (vor allem für Einsteiger; die offene WWW-Recherche wird sehr anschaulich erläutert; Verfahren der Quellenprüfung fehlen allerdings).

David Rosenthal: Infopool Internet. Zürich: Orell Füssli Verlag 1998, 251 Seiten (Werkzeuge und Strategien werden verständlich dargestellt; Diskussion der Quellenprobleme; Datenbanken fehlen).

Jochen Wegner: Recherche online. Ein Handbuch für Journalisten. Bonn: ZV Zeitungs-Verlag 1998, 345 Seiten (sehr genaue Beschreibung der Suchinstrumente und -verfahren, viele Recherchier-Beispiele; nützliche Hinweise auf Fallen).

FÜNFTER TEIL

ÜBER DEN UMGANG MIT QUELLEN UND INFORMANTEN

Verhaltensregeln beim Beschaffen und Auswerten von Informationen

Übersicht

Wie findet man einen auskunftswilligen Informanten und wie führt man eine telefonische Befragung durch? Was soll man machen, wenn derjenige, den man befragen will, sich verleugnen lässt oder unerreichbar scheint? Wie überhaupt geht man bei einem persönlichen Interview vor, darf man auch mal frech werden? Droht nicht die Gefahr, das Thema kaputt zu recherchieren – oder eher, zu früh abzubrechen? Wie kann man am besten seine Informanten schützen? Und auf was soll man dann bei der Auswertung des Materials achten? Muss man Folgerungen belegen? Für was stehen Zitate, wann ist bunter Erzählstoff erforderlich?

Solche und viele weitere Fragen aus dem Recherchieralltag soll dieser Buchteil beantworten: in Anleitungen, Hinweisen und Tipps – und mit ein bisschen Theorie. Dabei folgen die Abschnitte der Reihenfolge, in der auch recherchiert wird: Zuerst erschließt man sich die Quellen, dann beschafft man sich Informationen und erst ganz am Schluss kommt die Auswertung, dann die Umsetzung der Ergebnisse als Beitrag für Presse oder Rundfunk.

5.1 Wie man mit Informanten umgeht

Internet hin oder her: Wer wirklich Neues herausfinden und den Dingen auf den Grund gehen will, darf sich nicht mit dem Absuchen von Wissensbeständen zufrieden geben. Die Online-Informationssuche ist als Basisrecherche oftmals sehr nützlich; doch die Hauptrecherche bringt das Noch-nicht-Gewusste ans Licht, sie gilt den Akteuren und ihren Mitwissern. Der Erfolg einer um Enthüllung bemühten Recherche hängt darum wesentlich davon ab, mit wem der Rechercheur Kontakte herstellen und von wem er neue, sachdienliche Informationen bekommen kann.

5.1.1 Informantennetze

Beides – kompetente Informanten und sachdienliche Informationen – fallen nicht vom Himmel und sie sind nur ausnahmsweise Glückssache. Als Regel gilt vielmehr: Gute Informationen setzen den Aufbau eines Informantennetzes voraus. Und dieses ist meist die Frucht mehrjähriger Informantenpflege.

> *Definition Informant:* Für einen Journalisten ist jeder ein Informant, der a) ein höheres Sachwissen besitzt als der Rechercheur zum Zeitpunkt der Kontaktaufnahme und der b) in den aufzuklärenden Sachverhalt nicht involviert ist (Beispiele: ein Mitwisser, ehemaliges Mitglied, Fachmann, Augen-/Ohrenzeuge, aber auch ein Konkurrent). Wenn der Informant in das Geschehen aktiv verwickelt ist, nennen wir ihn Akteur (wie zum Beispiel: ein Mitarbeiter, Auftraggeber bzw. -nehmer, Vorstandsmitglied, Berater).
> Informanten sind auch *Quellen*. Doch nicht jede Quelle ist ein Informant. Vielmehr ist jeder beliebige Urheber eine Quelle, egal ob als Person, als Zeugnis oder als ein Text aus dem Archiv.

Informanten sind nicht immer eindeutig und nicht immer richtig einzuschätzen. Sie verfolgen oftmals eigene Interessen und suchen den Rechercheur einzubinden oder sein Medium zu instrumentalisieren.

Insbesondere im Politikfeld benutzen sogenannte Informanten die Medien, um Themen und Thesen zu lancieren, um Personen und Kandidaten hochzuloben oder abzuschießen. Der Rechercheur sollte wissen, auf wen er sich einlässt. Nachfolgend eine kurze Klassifikation der im Alltagsgeschäft häufigsten Informantengruppen:

Pressestellen

Die scheinbar neutrale, den Medien als Dienstleistung dienende Einrichtung »Öffentlichkeitsarbeiter/Pressestelle« verfolgt nur ausnahmsweise dieselben Ziele wie der Rechercheur. Tatsächlich handelt es sich um Informanten, die sich gleichsam im Niemandsland zwischen »neutral« und »involviert« bewegen: Einerseits dienen sie der Informationsvermittlung und sind insofern unbeteiligt; andererseits sind sie Interessensvertreter und insofern an der Vermittlung *ganz bestimmter* Informationen (bzw. an der Unterdrückung anderer Informationen) direkt interessiert und darum keineswegs neutral.

Zu unterscheiden ist zwischen den behördlichen Pressestellen einerseits und den Informationsgebern der Wirtschaft, Dienstleistungsunternehmen und Prominenten andererseits. Letztere sind PR-Stellen, Agenturen und Agenten, die im Auftrag handeln.

Da die Behörden einer Auskunftspflicht (siehe Presserecht) und deren Vertreter einer Wahrheitspflicht unterstehen, sind behördliche Pressestellen-Sprecher verlässliche, dabei aber oftmals »zugeknöpfte« Informanten: Sie sagen so viel wie nötig, kaum je so viel wie möglich. Die PR-Stellen der Wirtschaft unterstehen keiner Auskunftspflicht; sie dienen meist kommerziellen Interessen und sehen in den journalistischen Medien meist ein Marketing-Instrument, mit dem sich Unternehmensziele besser durchsetzen lassen. Ihr Informationsverhalten ist darum eher komplementär zu demjenigen der Behörden: Sie geben meist viel Auskunft, doch ist der Informationswert oftmals zweifelhaft. Folglich wird der Rechercheur einen PR-Informanten stets wie einen Interessensvertreter behandeln und dessen Auskünfte relativieren bzw. (über-)prüfen.

Fachleute

Wie man sich einen breiten Kreis an fachlichen Informanten aufbaut, wurde im Abschnitt 4.4 skizziert. Ergänzend ist hier anzufügen, dass es mit dem Sammeln von Adressen potenzieller Ansprechpartner nicht sein Bewenden haben darf. Denn die Adresse eines Fach-Informanten ist nur so gut, so weit dessen Sachkompetenz und dessen Auskunftsbereitschaft reichen. Beides sollte der Rechercheur zu klären suchen.

> *Qualifizierung der Informanten:* Der Rechercheur hält nach jedem Informantenkontakt die Sachkompetenz und Auskunftsbereitschaft des Gesprächspartners in seiner Informantenkartei fest. Empfehlenswert: Jeden Kontakt mit Datum, Uhrzeit und Thema sowie mit einem Kommentar über die Ergiebigkeit festhalten!
> *Multiplizierung der Kontakte:* Fachleute haben in aller Regel für ihr Fachgebiet einen sehr guten Expertenüberblick. Dies macht sich der Rechercheur zunutze, indem er am Ende des Gesprächs mit dem Fachmann die sogenannte *Schneeballfrage* stellt. Sie lautet etwa so: »Vielen Dank für diese wertvollen Hinweise. Sie sind wirklich hervorragend informiert. Gibt es eigentlich noch andere, die sich ähnlich intensiv wie Sie mit dem Fall/dem Problem/dem Gebiet beschäftigt haben?« Wenn dann weitere Fachleute genannt werden, bittet ihn der Rechercheur um eine kurze Qualifizierung von deren Fachkompetenz. Später, wenn er die anderen Fachleute anruft, stellt er am Ende jedes Gesprächs erneut die Schneeballfrage. Bald wird er wissen, wer in der fraglichen »Scientific Community« eher als strittig und wer als unstrittig gilt – und dies in seiner Informantenkartei festhalten.

Kontakte zu Fachleuten (Experten) sind um so ergiebiger, je mehr sich der Rechercheur mit der Person befasst hat. Bevor er mit dem Fachmann in Kontakt tritt, sollte er also dessen Spezialgebiet und Tätigkeitsfelder sowie dessen wichtigste Publikationen (den Titeln nach) kennen. Merke: Nicht mit vermeintlichem Fachwissen aufspielen, sondern mit Personenkenntnis! (Schließlich fragen wir ihn ja, weil *wir* etwas wissen wollen.)

Im Unterschied zu Politikern und Medienleuten sind viele Fachleute eher verschlossen und öffentlichkeitsscheu, dabei aber gleichwohl eitel. Es schmeichelt ihnen, wenn sie vom Rechercheur als besonders kompetente Informanten angesprochen werden. Dies berücksichtigt der Rechercheur, wenn er einen Fachmann anspricht. Der ist nämlich ein um so besserer Informant, je mehr er sich als fachlich renommierte Persönlichkeit ernst genommen fühlt. Darum: Zuerst das Personenarchiv auswerten, dann erst zum Telefonhörer greifen; und nach der Begrüßung den Fachmann auf den Thron setzen (d.h. seine Bedeutung als ausgewiesener Fachmann für die Recherche herausstellen).

Die »gut informierten Kreise«

In der Politik wie in der Wirtschaft tummeln sich Leute, denen es Spaß bereitet, Journalisten Hinweise, Einschätzungen und so genannte Tipps zu geben, dabei aber selber im Hintergrund zu bleiben. Sie wenden sich vorzugsweise an solche Journalisten, zu denen sie ein Vertrauensverhältnis haben (möchten). Dasselbe umgekehrt: Weitsichtig operierende Rechercheure bauen zu »Insidern« – meist Leute, die in der zweiten Reihe operieren – ein Vertrauensverhältnis auf, indem sie diesen Informanten bei Gelegenheit selbst mal eine Info, einen Hinweis geben.

Manchmal helfen solche Informanten tatsächlich bei der Einschätzung/Gewichtung eines Vorgangs oder geben eine wertvolle Information. Manchmal aber bauen sie eine Sphäre des Geheimnisvollen nur deshalb auf, damit der fragliche Journalist beeindruckt ist und den vermeintlichen Tipp ins Blatt hebt – als dummer Laternenträger für andere, verborgene Ziele. Darum sollte jeder Rechercheur die Gründe genau prüfen, warum der Informant ungenannt sein will. (Weil Informantenschutz so wichtig ist, haben wir ihm einen speziellen Abschnitt gewidmet – Näheres siehe 5.7, insbesondere 5.7.1. »Hintergrund-Information«.)

Wenn der Informant ungenannt bleiben will, müssen seine Aussagen nach Maßgabe der zwei Ebenen – Sachebene und Deutungsebene – doppelt genau geprüft werden:

- Handelt es sich um Sachinformationen, dann geht es allein um die Frage, ob sie zutreffen. Wenn sie nach allen Regeln der Überprüfungsrecherche »hart« gemacht werden konnten, spielt der Informant als Quelle keine Rolle mehr, der Sachverhalt kann im Indikativ vermeldet werden. Konnte der Sachverhalt (etwa mangels Zeugen) nicht überprüft werden, dann steht die Glaubwürdigkeit des Informanten und die Tragweite seiner Aussage im Zentrum. Jedenfalls sollte der Rechercheur den Status der Information (dass es eine ungesicherte Information ist) in seinem Bericht kenntlich machen. Oder er sollte sie tatsächlich nur als »Hintergrundinformation« behandeln, d.h. sie im Bericht verschweigen (mehr hierzu im folgenden Abschnitt).

- Handelt es sich um deutende Aussagen über einen Vorgang (wie: Einschätzung, Mutmaßung, Unterstellung, Beurteilung), dann sollte diese Aussage ohnehin nicht zitiert, sondern als Rollen- und Zusammenhangswissen benutzt werden.
- Handelt es sich um eine persönliche Meinung, dann dient die Aussage dem Rechercheur lediglich als Hintergrund zur besseren Einschätzung des Informanten, Motto: »Aha, so denkt der/die also über X«.

Augen- und Ohrenzeugen

Ereignisbezogene Rekonstruktionsrecherchen müssen sich meist auf die Erzählungen von Beobachtern stützen. Doch man weiß es aus der Rechtspflege: Nichts ist so unzuverlässig wie Zeugenberichte. Selbst eindeutig scheinende Tatsachen (Geschlecht der Person, Farbe des Autos, Tageszeit des Vorgangs) werden widersprüchlich erzählt, zumal, wenn der Vorgang mehr als ein paar Tage zurückliegt – und dies meist ohne böse Absicht, die Zeugen täuschen sich einfach. Und darin liegt das Hauptproblem: Sie erzählen mit größter Überzeugung und sind tief gekränkt, wenn der Rechercheur skeptisch bleibt und mit seinen Fragen das Erzählte überprüfen möchte.

Es empfiehlt sich darum, Zeugen zweimal zu befragen: Beim ersten Mal sollen sie möglichst detailliert und genau erzählen, der Rechercheur fragt explorativ. Beim zweiten Mal werden allfällige Ungereimtheiten und Widersprüche zu Aussagen anderer Zeugen bzw. zu vorliegenden Dokumenten zur Sprache gebracht.

Seine Zeugenaussage ist um so besser, je sicherer sich der Informant fühlt. Darum ist es wichtig, für eine möglichst entspannte Gesprächssituation zu sorgen und dem Zeugen allfällige Ängste zu nehmen, etwa durch vertrauensbildende Maßnahmen und Angebote. Das wirksamste lautet, dass der Zeuge seine Aussagen, so weit sie zitiert werden, gegenlesen darf.

5.1.2 Informantenpflege

Zu den Untugenden vieler Journalisten gehört der so genannte *Dra-kula-Effekt*. Er funktioniert etwa folgendermaßen: Eines Nachmittags um halb drei Uhr braucht man ganz dringend (noch zwei Stunden bis Redaktionsschluss) ein Statement des Chefarztes der Unfallchirurgie zur dpa-Meldung, dass die Zahl der Motorradunfälle mit Schwerverletzten in den vergangenen sechs Monaten gegenüber dem Vorjahr dramatisch angestiegen sei (Frage: Gilt dies auch für den Einzugsbereich Ihrer Klinik? Art der Verletzungen?). Der Fachmann ruft tatsächlich noch vor 17 Uhr zurück und gibt bereitwillig auf alle Fragen Auskunft. Der Recherchenbericht erscheint rechtzeitig und wird stark beachtet. Ein halbes Jahr später, als wieder ein Unfallthema anliegt, erinnert sich der Journalist an den guten Kontakt und ruft wieder in der Klinik an. Doch diesmal hat der Chefarzt »leider keine Zeit« (so seine Sekretärin), man möge die Fragen doch schriftlich einreichen. Mit anderen Worten: Der Informant (hier in der Rolle des Experten) zeigt keine Auskunftsbereitschaft mehr, weil er nach dem *Drakula-Muster* behandelt wurde: anbeißen, absaugen, fallenlassen.

Statt sich wie Drakula zu verhalten, hätte der Rechercheur seinen Artikel, kaum erschienen, zusammen mit einem Dreizeiler (»Vielen Dank für Ihre Auskunftsbereitschaft – ich hoffe, ich habe Ihre Ausführungen richtig verstanden, jedenfalls waren Sie mir eine große Hilfe – Mit freundlichen Grüßen, Ihr Fritz Müller«) dem Informanten zuschicken sollen – als ein Zeichen der Wertschätzung.

Das wirksamste Gegenrezept zum Drakula-Verhalten lautet: *Kommunikation.* Vor allem im Lokalen pflegt der Journalist zu seinen Informanten eine dialogische Beziehung, indem er auch außerhalb des Recherchekontakts Anlässe schafft, um mit ihnen im Kontakt zu bleiben.

> *Beispiele für den Fach- und den Lokaljournalismus:* Bei Gelegenheit eine für den Informanten verwertbare Information – einen Artikel, einen Fachzeitschriftenaufsatz oder Ähnliches – zusenden mit der Begleitnotiz: »Dachte bei der Lektüre, es könnte Sie interessieren«. Oder mal zur Redaktionssitzung einladen – oder eine Art »hearing« zu einem Fachthema veranstalten. Der Kommunikation dienlich sind auch Hinweise auf Veranstaltungen, auf neue Publikationen zum Fachgebiet usw.

Checkliste Informanten-Kontakt

Kontaktnahme durch den Informanten: Wenn der Erstkontakt vom Informanten ausgeht, prüft der Rechercheur in erster Linie dessen Motivation:

- Warum gelangt er/sie an unser Medium? Und warum ausgerechnet an mich? (Vielleicht habe ich das Image, gutgläubig, bestechlich, naiv oder überengagiert zu sein!).
- Sind seine/ihre Beweggründe plausibel? Idealistische Motive (»ich will für Aufklärung sorgen«) sind schön, aber oft unaufrichtig. Eigeninteressen (wie: geschäftlicher Vorteil, Honorarwünsche) sind nicht schön, aber glaubwürdig, ebenso niedere Beweggründe (Rache aus gekränkter Eitelkeit, Geltungswünsche). Die Art, wie der Informant über seine Motive spricht, kann als Kriterium für seine Glaubwürdigkeit dienen.

Kontaktnahme durch den Rechercheur: Wenn der Rechercheur den ersten Kontakt herstellt, sollte er genau prüfen, ob der Informant überhaupt *auskunftsfähig und -willig* ist. Geht es um Konfliktstoff, sollte zu Beginn der Kontaktaufnahme geklärt werden,

- ob der Informant der für den fraglichen Sachverhalt richtige (zuständige, informierte usw.) Gesprächspartner ist;
- ob der Zeitpunkt, der Ort (Büro, Café oder privat) und die Form (per Telefon oder persönlich) für den Informanten günstig sind;
- ob der Informant, wenn er sich zu den Fragen äußert, in einen Loyalitätskonflikt geraten könnte – und wie er damit umgeht;
- ob der Informant mit dem Fragenkomplex (mit dem Thema, dem Problem, dem Konflikt) direkt und aktiv zu tun hat, also involviert und darum eher ein Akteur ist.

Feedback: Wenn ein ergiebiges Gespräch zustande kam, bedankt sich der Rechercheur nachträglich, indem er dem Informanten seinen *publizierten* Bericht mit einem »Dankeschön!« und der Bitte um Hinweise auf allfällige Ungenauigkeiten usw. zusendet.

Zwei Fehlhaltungen sollten indessen vermieden werden: erstens die Anbiederei und zweitens die Wichtigtuerei. Also keine Bier-Abende und keine inhaltsleeren (themenlose) Kontaktnahmen. Denn beides weckt bei den meisten Informanten das Gefühl, dass man ihre Zeit vergeude. Und vor allem keine Gefälligkeiten, die als Bestechlichkeit ausgelegt werden könnten. Denn die Glaubwürdigkeit des Rechercheurs hängt wesentlich davon ab, ob er bei seinen Informanten als unabhängig und unvoreingenommen gilt.

Geschenke und Gefälligkeiten: Kleine Gesten erhalten die Freundschaft – aber bitte keine Geschenke geben oder nehmen, die als Beeinflussungsversuch (Vorteilnahme) missverstanden werden könnten. Ebenso, wie seriöse Journalisten nur kleine Symbolgeschenke etwa zum Jahreswechsel akzeptieren, ebenso verhalten sie sich gegenüber ihren Informanten: Kurz vor dem ersten Advent die neue Agenda mit dem Signet des Verlagshauses, zum Jahreswechsel das Jahrbuch oder den Kalender des Hauses (oder auch nicht, weil der Informant bereits -zig andere Kalender bekommt. Darum zuerst anfragen, denn das Aufnötigen eines überflüssigen Geschenks erreicht das Gegenteil der beabsichtigten Wirkung.). Doch als Dankeschön für eine umfängliche Informationshilfe oder auch zur Feier des Tages (des Geburtstags) schickt man eine gute Flasche Wein von der Sorte, die der Informant auch wirklich mag (siehe Informantenkartei). Übrigens: *Eine* wirklich gute Flasche macht mehr Eindruck als drei Flaschen eines mediokeren Tropfens.

5.2 Wie man mit Informationen umgeht

Dauernd ist die Rede von Informationen. Doch was eigentlich ist –
im Zusammenhang mit Medienkommunikation – eine Information?
Unter informationstheoretischem Blickwinkel handelt es sich um ein
Signal, das eine Zustandsänderung signalisiert. Sein Informations-
wert besteht darin, dass es die Veränderung anzeigt und so beim
Empfänger zugleich Ungewissheit abbaut.

Für den Recherchierjournalismus benutzen wir diese Definition in
einem sprachpragmatischen Sinn. Wir sprechen nicht von Signalen,
sondern von Aussagen; und mit Zustandsänderungen meinen wir
Veränderungen in der Lebenswelt. Jedes Ereignis, jeder Vorgang
bedeutet eine Veränderung. Auch jede Neuigkeit wird, weil neu, als
Zustandsänderung zur Kenntnis genommen. Manchmal bezieht sich
die Neuigkeit auf ein schon länger zurückliegendes Ereignis, sie
muss also nicht aktuell sein. Auch Wissenszuwachs (etwa aus einem
Archiv) wird unter Umständen als Neuigkeit, mithin als Information
wahrgenommen. Jedenfalls beziehen sich Informationen nicht etwa
auf die Befindlichkeit eines Informanten, sondern auf reale Vorgänge, die sich außerhalb des Kopfes (und Herzens) des Informanten zugetragen haben (sollen).

Beispiele: Die Aussage eines Stadtbewohners namens Fritz Müller »Ich
mag Ausländer nicht« hat keinen Informationswert, weil sie eine beliebige Selbstäußerung darstellt. Die Aussage »zahlreiche Bewohner unserer Stadt äußern sich ausländerfeindlich« hat einen Informationswert,
weil sie einen Sachverhalt als Neuigkeit zur Sprache bringt. Die Aussage des Parteivorsitzenden »Ich mag Ausländer nicht«, hat einen Informationswert, weil der Parteivorsitzende ein Rollenträger ist und die
Rollenbesetzung allgemein bedeutsam (= politisch folgenreich) ist. Die
Aussage des Gegenkandidaten, der Parteivorsitzende sei ausländerfeindlich, hat einen doppelten Informationswert: erstens als Primäraus-
sage eines Rollenträgers, zweitens als Aussage 2. Ordnung über die
Einstellung des Parteivorsitzenden. Jeder dieser Aussagetypen verlangt eine spezifische Überprüfungsrecherche.

Informationen im journalistischen Sinne sind ...

■ **...Aussagen über reale Vorgänge in der Lebenswelt, die als Sachverhalte beschrieben werden können** (wie: vorigen Dienstag um 17.15 Uhr; das rote Auto; an der Heinestraße 17; die Vorstandssitzung fand statt; in den ersten drei Monaten gab es in unserem Bundesland 20 Verkehrstote);

■ **...Aussagen über Aussagen (= Aussagen 2. Grades), die sich auf reale Vorgänge beziehen** (wie: »Gestern stellte der Finanzminister das neue Steuergesetz vor«; oder: »›Der Spitzenkandidat der SPD/der CDU ist völlig unglaubwürdig‹, rief der Parteivorsitzende Müller an der Wahlveranstaltung in Buxtehude«);

■ **...Aussagen über den Vergleich unterschiedlicher Aussagen, die sich auf denselben Sachverhalt beziehen (Aussagen 3. Ordnung), also über Unvereinbarkeiten** (wie: »Herr B. war gar nicht dabei, als der Beschluss gefasst wurde«, sagt Herr A., und: »Ich war dabei, als der Beschluss gefasst wurde«, sagt Herr B. Informationshaltige Folgerung: Herr A. oder Herr B. sagt die Unwahrheit);

■ **...Aussagen über Daten oder Datenketten, die sich auf reale, miteinander vergleichbare Vorgänge beziehen** (wie: »Im ersten Halbjahr dieses Jahres ereigneten sich 20 Prozent mehr Motorradunfälle als im gleichen Zeitraum des Vorjahres«, oder: »Der Anteil der Jugendlichen unter 15 Jahren, der Zigaretten raucht, nimmt seit drei Jahren zu«);

■ **...Aussagen von Rollen- und Funktionsträgern, die für das Zusammenleben der Menschen folgenreich sind und darum als relevante Äußerungen gelten** (wie: »Auf der Kundgebung sagte der Bundeskanzler: ›Ich bin der Auffassung, dass wir in Europa mehr für den Frieden als für die freie Marktwirtschaft tun sollten‹«. Oder: »›Ich bin erst glücklich, wenn wir alle anderen Autofirmen geschluckt haben‹, bekannte Daimler-Chrysler-Vorstandsmitglied Schrempp gestern auf einem Empfang der Familie Flick in Berlin«).

5.2.1 Status von Informationen

Die Definition (siehe Kasten) zeigt, dass Informationen ganz unterschiedliche Bezüge zur Realität besitzen können. Diese zu erkennen und zu qualifizieren, ist eine der wichtigsten Aufgaben des Rechercheurs. Nachfolgend eine kurze Typisierung des Status von Informationen (vgl. Schaubild Seite 220):

Empirische Aussagen (= Sachinformationen): Hierzu gehören alle Aussagen über irgendein singuläres Geschehen, das mit Hilfe der Sinnesorgane wahrgenommen und anhand von Konventionen (wie: Zeitmessung) mit Worten beschrieben wird. Ihr Merkmal ist die faktische Überprüfbarkeit. Prüfkriterien sind die W-Fragen wer, was, wann, wo.

> *Muster:* Die Kollision zwischen dem roten VW Golf und dem schwarzen BMW 323 ereignete sich am vorigen Dienstag um 16.15 Uhr MEZ auf der Kreuzung Heine-/Goethestraße. Beide Lenker wurden in die Notfallstation des Krankenhauses eingeliefert.

Interpretative Aussagen (= Zusammenhangsinformationen): Damit sind Sachaussagen gemeint, die nach einem logischen Muster (wie: chronologisch, situativ, kontextuell) miteinander verknüpft sind. Prüfkriterium sind syntaktische Satz- und Satzteilverknüpfungen. Die häufigsten: nachdem, indem, als, während, bevor, zugleich. Prüfkriterium: Gültigkeit der empirischen Aussagen (s.o.) und Plausibilität des Sachzusammenhangs (Wie-Fragen).

> *Muster:* Während der Lenker des schwarzen BMW mit seiner Beifahrerin sprach, rollte sein Fahrzeug auf die Kreuzung Heine-/Goethestraße. Die Beifahrerin deutete plötzlich mit der Hand zum rechten hinteren Fenster und der Fahrer drehte den Kopf. Zeitgleich fuhr der rote VW Golf mit etwa 60 km/Stunde von links kommend aus der Heinestraße auf die Kreuzung. Lautes Quietschen der Reifen war zu hören, dann ein sehr heftiger Knall.

Wissensaussagen (= Gespeicherte Informationen als Wissensbestand): Dies sind Aussagen, die keinen Ereignisbezug besitzen, die primär (empirisch) oder abgeleitet (2. oder 3. Ordnung) sein können oder Konventionen und Normen zum Inhalt haben. Prüfkriterium ist die Gültigkeit des Wissens in zeitlicher, sozialer und geografischer Hinsicht (stimmt es tatsächlich, stimmt es noch heute, stimmt es in diesem Zusammenhang?).

Muster: Innerorts ist die Geschwindigkeit generell auf 50 km/Stunde beschränkt. Die Heinestraße ist vorfahrtsberechtigt. Der Bremsweg beträgt bei 60 km/Stunde bei diesem Straßenzustand 25 bis 28 Meter. Ein Autofahrer soll sich, während er steuert, nicht ablenken lassen.

Aggregierte Aussagen (= Daten-Informationen): Darunter fallen Aussagen, die nicht empirische Sachverhalte (Situationen, Ereignisse), sondern Strukturen beschreiben. Sie verallgemeinern, indem sie sich nicht auf empirische Situationen, sondern auf Merkmale beziehen. Prüfkriterien: Zuverlässigkeit der Basisdaten (Gültigkeit bzw. Geltung der Definitionen und Vergleichbarkeit der Situationen, die der Datenaufnahme zugrunde liegen) sowie Gültigkeit der Erhebungsmethoden.

Muster: Seitdem vor vier Jahren die Heinestraße verbreitert wurde, ereignen sich auf der Kreuzung Heine-/Goethestraße pro Jahr 8% mehr Unfälle. Oder: Autofahrer mit Beifahrerinnen zeigen bei Verkehrskontrollen höhere Promillewerte als Autofahrer ohne Beifahrerinnen. Oder: Schwarze Autos sind häufiger an Unfällen beteiligt als rote. Oder: Ältere Autolenker fahren langsamer als jüngere.

Trendaussagen (= logisches Konstrukt als Prozessinformation): Aggregierte Datenreihen werden in einen logischen Zusammenhang gestellt (wie: statistische Korrelation, Wahrscheinlichkeit). Prüfkriterium: Zuverlässigkeit und Vergleichbarkeit der Datenbasen (s.o.), wissenschaftliche Richtigkeit der statistischen Methoden.

Muster: Obwohl die Zahl der Geschwindigkeitsübertretungen innerorts seit zehn Jahren stetig steigt (umgerechnet auf die Zahl und die Dauer der Radarkontrollen), sinkt ebenfalls seit zehn Jahren die Zahl der Unfälle je tausend zugelassener PKW (bzw. je tausend gefahrene Kilometer, je tausend Führerscheinbesitzer). Oder: Je älter die Autofahrer *werden*, desto langsamer fahren sie.

Hypothetische Aussagen (= hypothetische Sachverhalte): Dies sind eigentlich keine Informationen, sondern nicht überprüfte bzw. nicht belegte *Behauptungen* über Sachverhalte, die erst als Sachverhalt erwiesen oder als Spekulationen, Annahmen, Mutmaßungen entlarvt werden müssen (und die oftmals als Sachinformation ausgegeben werden). Prüfkriterium: Gegeninformationen.

> *Muster:* »In dem Dämmerlicht sind schwarze und graufarbige Autos praktisch nicht zu erkennen«. Oder: »Wahrscheinlich hat er sie geküsst, während sie auf die Kreuzung zufuhren«. Oder: »Er hat wohl auf die Frau statt auf die Kreuzung geschaut.«

Erklärende, begründende Aussagen (Zusammenhangsdeutungen): Solche Aussagen sind zunächst keine Informationen. Sie entstehen, indem verschiedene Sachaussagen mit Deutungen verknüpft werden. Sie unterstellen einen Wirkungszusammenhang. Indem begründende Aussagen Sinn erzeugen, sind sie aufschlussreich (Aha-Erlebnis); es sind Erkenntnisse (Kognitionen), die wie Informationen behandelt werden. Prüfkriterium: Logische Plausibilität (Evidenz – Antworten auf Wie-Fragen) nach Maßgabe von Sinnmodellen, wie zum Beispiel das der Kausalität (Antworten auf Warum-Fragen).

> *Muster:* »Wenn der BMW rot oder gelb gewesen wäre, hätte ihn der Golf-Fahrer eher gesehen«. Oder: »Weil er in die Frau verliebt war, ließ er sich von ihr ablenken.« Oder: »Das Straßenbauamt ist schuld, dass es wieder zum Unfall kam, weil es die Kreuzung unübersichtlich umgebaut hat.«

Meinungen (= Beurteilungen, Einstellungen): Solche Aussagen geben die Auffassung des Sprechers als dessen Ansicht (meist als dessen Vorurteil) wieder und sind nur auf der Meta-Ebene (Aussagen 2. Grades) eine Information, etwa, *dass* die fragliche Person, die sich hier äußert, diese Meinung hat. Prüfkriterien: keine.

> *Muster:* Der Satz eines beliebigen Bürgers oder des Journalisten: »Man sollte ein Gesetz schaffen, dass alle Autos in grellen Farben lackiert sein müssen«, hat keinen Informationswert. Ebenso der Satz: »Schürzenjäger lassen sich schnell von einer Frau neben sich ablenken«. Oder der Ausruf: »Das Straßenbauamt muss zur Rechenschaft gezogen werden!« Es sind kommentierende Sätze.

5.2.2 Verwertung von Informationen

Eine schon mehrmals erwähnte Grundregel journalistischer Fairness
lautet: Die Art der Informationsverwertung sollte mit dem Informanten abgestimmt werden. Eine zweite Grundregel gilt der Bedeutung der Aussage: Für wen hat die Veröffentlichung der Information
welche mutmaßlichen Folgen? Nachfolgend die wichtigsten Punkte,
die der Rechercheur klären sollte, ehe er publiziert.

Abstimmung mit dem Informanten: Weiß er (ist er einverstanden),
dass er namentlich (und wörtlich) zitiert wird? Wenn ja: Ist das Zitat
mit ihm abgestimmt? Wenn nein: Gab er eine Blanko-Vollmacht fürs
Zitieren? Gibt es andere vertretbare Gründe, trotzdem zu publizieren? Ein vertretbarer Grund wäre, dass der Informant an seine Mit-
teilung keine Bedingungen knüpfte (wie: kein Diskretionsgebot) und
sich nicht mehr gemeldet hat. Da kann der Rechercheur davon ausgehen, dass der Informant eine Nennung seines Namens als Quelle
in Kauf nahm.

> *Beispiel:* Der Schauspiel-Intendant spricht kurz vor seiner Abreise mit
> dem Lokalredakteur und erzählt, dass die Kulturbehörde dem kaufmänni-
> schen Direktor des Opernhauses »auf informellem Wege« eine Budget-
> Kürzung in Höhe von zehn Prozent des gesamten Etats angekündigt ha-
> be. Der Gegen-Check bei der Pressestelle der Kulturbehörde führt zur
> Auskunft: »keine Stellungnahme, weil schwebendes Verfahren«. Dassel-
> be sagt der kaufmännische Leiter der Oper. Der Redakteur bespricht sich
> mit dem Feuilletonchef und kontaktiert ein Mitglied des Finanzausschus-
> ses, ebenfalls ein Informant. Nun publiziert er die Information unter der
> Schlagzeile: »Zurück zum Provinztheater«; Unterzeile: »Die Kulturbehör-
> de will ihren Sparkurs auf Kosten des Opernhauses durchziehen«. Der
> Bericht der Zeitung führt zu einer Diskussion im Stadtrat, prominente
> Kulturträger sammeln Unterschriften, nun wiegelt die Behörde ab, nach
> weiteren drei Tagen wird die Höhe der Budgetkürzung von 10 Prozent
> dementiert, drei Wochen später meldet die Zeitung, dass die Behörde
> den Opernhaus-Etat um nur mehr 3,8 Prozent kürzen werde. Versteht
> sich, dass der Intendant des Schauspielhauses (der in diesem Beispiel
> eine Doppelrolle innehatte: Informant und Akteur) keine Einwände gegen
> die Veröffentlichung seiner Information gehabt hätte.

Die Publikationsfolgen: Sind mit der Veröffentlichung der Information Nachteile für Dritte verbunden? Wenn ja: für wen genau und

welcher Art Nachteile? Sind sie rechtsrelevant und/oder sozialer und/oder wirtschaftlicher Art? Kann der Rechercheur (bzw. der publizierende Redakteur) diese Folgen billigend in Kauf nehmen?

Ein Prüfkriterium ist das *Prinzip Verantwortung:* Hat die fragliche Person oder Einrichtung an dem, was geschehen ist, eine (Mit-) Verantwortung zu tragen – oder ist sie eher ein Betroffener oder gar ein Opfer? Der Respekt vor den Persönlichkeitsrechten gehört zu den Grundnormen einer Zivilgesellschaft. Darum sollte das öffentliche Interesse an der Bekanntgabe der Information gegenüber den Schutzinteressen deutlich überwiegen, damit die Veröffentlichung legitimiert ist.

> *Beispiel:* Der Journalist, der den schlecht organisierten Einsatz der Berufsfeuerwehren bei der großen Flutkatastrophe nachrecherchiert, erfährt von mehreren Betroffenen, dass sich zwei Familien um ein vom Helikopter abgeworfenes Schlauchboot stritten und am Ende beide Familien, fünf Erwachsene und vier Kinder, ertrunken seien. In seinem Bericht schildert der Journalist diesen Fall, nennt aber nicht den Ort und schon gar nicht das fragliche Haus, um die überlebende Verwandtschaft zu schonen.

Sensationalismus: Weil der Boulevard-Journalismus zu erheblichen Teilen vom Tabubruch lebt und zu diesem Zweck die Privatsphäre auch der Betroffenen und der Opfer bloßlegt, sind hier die Fairness-Regeln außer Kraft gesetzt. Vor allem das sogenannte *Witwenschütteln* setzt alles in den Dienst der Informationsbeschaffung und -verwertung, unbesehen der Folgen für die Betroffenen.

> *Beispiel für Witwenschütteln:* Der Magazin-Reporter hört am Unglücksort, wie der Notfallarzt den Tod des Schulbus-Chauffeurs feststellt und der Polizeibeamte Name und Anschrift notiert. Eine halbe Stunde später klingelt er bei der hinterbliebenen Ehefrau, um ihr mit tragischer Miene die Todesnachricht zu überbringen und ihr seelischen und finanziellen Beistand anzubieten. Er nutzt den Schock der Betroffenen aus, um sie als Informantin über die Chauffeur-Einsätze ihres Mannes, seine Fahrten und Einsätze auszuquetschen und ihr auch Fotos aus dem Familienalbum abzuschwatzen. Beim Weggang hinterlässt er auf dem Couchtisch 300 Mark (im Streitfall kann er später sagen, die Frau habe der Veröffentlichung zugestimmt, schließlich nahm sie Geld). In der folgenden Magazinsendung sehen wir das Hochzeitsfoto des Unfallopfers, dazu aus dem Off den Kommentar: »Sie wären noch heute glücklich zusammen, wenn er rechtzeitig den Fuß vom Gas genommen hätte«.

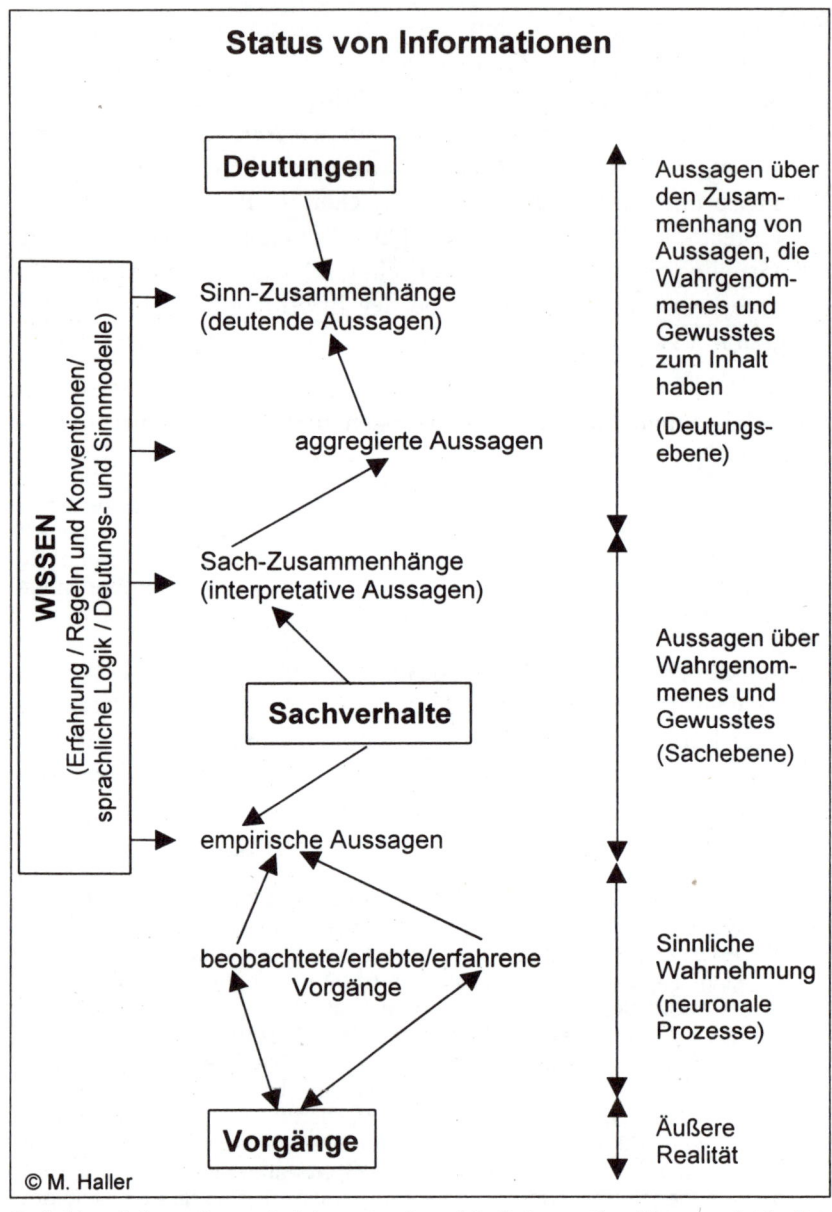

Definition: Informationen sind Aussagen 1. und 2. Ordnung über Vorgänge in der Lebenswelt (hier: nur zutreffende, keine hypothetischen oder spekulativen Aussagen).

5.3 Wie man sich Quellen erschließt

Manchmal ist das Informantennetz nicht ergiebig genug. Zudem ist bei überraschenden Ereignissen oder top-aktuellen Themen das Zugangswissen oft allzu karg. Man hat das Gefühl, bei Null beginnen zu müssen. Doch wie und wo? Nachfolgend einige Hinweise, wie man sich anhand der aus Datenbanken und Archiven beschafften Ausgangsinformationen neue Quellen erschließt.

5.3.1 Das Umfeld

Zum Umfeld gehören die *Vorgeschichte und Umgebung* des zu erforschenden Sachverhalts. Die Erschließung läuft nun über folgende Stationen:

- Zuerst: Mit Hilfe des Zeitungsarchivs, der Datenbanken, dem eigenen Handarchiv, dem Internet (Suchmaschinen im WorldWideWeb) sowie dem eigenen Vor- und Zugangswissen (Auskunftsstellen) und ggf. Fachliteratur wird die Vorgeschichte summarisch rekonstruiert;
- Dann: Kollegen der *Lokalredaktion* des Ortes, an dem sich das Ereignis zugetragen hat, um Hinweise und um Angabe wichtiger Kontaktpersonen bitten;
- Im Weiteren: Fachleute, die zu ausgewählten Sachfragen kompetent Auskunft geben können, auflisten;
- Außerdem: Personen, die das Ereignis oder Einzelheiten des Geschehens aus eigener Anschauung erzählen können, sollen *ihre Versionen* schildern, also Farbe und Details liefern (nicht dezidiert befragen, sondern möglichst frei erzählen lassen!);
- Zudem: eine Liste der zuständigen Behörden mit den Sachbearbeitern und, vor allem, der Verbands- und/oder Firmenvertretern

mit genauer Angabe der Zuständigkeiten (wer ist für was, wann und wo zuständig?) anlegen.

Zum Beispiel die Recherche über jugendliche Arbeitslose und wachsenden Alkoholkonsum: Dank des Zugangswissens werden Berichte über Alkoholikergewohnheiten mit Statistiken und Daten über den aktuellen Trend der Jugendarbeitslosigkeit beschafft; ein Kollege, der ein Jahr zuvor über Alkoholismus recherchiert hatte, wird befragt; arbeitslose Jugendliche werden in ihrer Stammkneipe aufgesucht; zwei Fachbücher über Suchtverhalten der unter Dreißigjährigen aus der Bibliothek beschafft; zwei im Arbeitsamt zuständige Beamte, ein Sachbearbeiter im Sozialamt, ein Sprecher der Anonymen Alkoholiker, zwei alternativ arbeitende Sozialarbeiter werden mit Anschrift und Telefonnummern aufgelistet.

5.3.2 Auswertung des Materials

Jede der Personen, die in den vorliegenden Berichten und Artikeln auftaucht und etwas mit dem aktuellen Geschehen zu tun hat oder hatte, wird in das für diese Recherche speziell angelegte Personenverzeichnis aufgenommen (Adressbuch, Karteikarten oder Datenbank-File). Man sollte sich notieren: Angaben zur Person, Erreichbarkeit (Anschrift, Telefon-Durchwahl, Fax, E-Mail-Adresse u.a.) mit günstigen Uhrzeiten, wichtige Zitate, weitere Quellenhinweise. Daneben (oder auf die Rückseite) notiert man seine Einschätzung (mit Datum): Wie zuverlässig sind die Angaben der betreffenden Person, welche Einstellung hat sie zur Recherchierthese (ist sie befangen?).

Außerdem notiert sich der Rechercheur alle für ihn *offen gebliebenen Fragen* zum Hergang (Sachebene) und vor allem die Punkte, in denen die Aussagen der betreffenden Personen von anderen Quellen abweichen.

Schließlich bewertet/gewichtet er die Rolle der Personen für seinen *Befragungsplan* (siehe folgenden Buchteil), um die *Reihenfolge* der Befragung festzulegen. Dabei folgt er den zwei nun längst bekannten Grundsätzen:

- von außen nach innen recherchieren;
- den dem Thema innewohnenden Konfliktstoff in Form von (wenigstens) zwei Lagern abbilden.

5.4 Das telefonische Befragen

Neun von zehn Befragungen werden heutzutage telefonisch durchgeführt. Das ist praktisch, weil schnell, unkompliziert und situationsneutral. Aber es ist auch von Nachteil, weil man den Gesprächspartner nicht beobachten und keine Vertraulichkeit herstellen kann. Gleichwohl ist sich der Rechercheur bewusst, dass er auch beim Telefonieren eine kommunikative Beziehung knüpft. Die Art, wie er diese Beziehung ad hoc gestaltet, steuert wesentlich das Antwortverhalten des Gesprächspartners.

> **Grundregel:** Der Rechercheur eröffnet das Telefongespräch, indem er seinen Namen, seine Funktion (plus Name des Mediums, für das er arbeitet) und den Zweck des Anrufs nennt. Er spricht in betont sachlichem Ton; er bleibt freundlich und gibt sich neutral bis distanziert.
> Sinn und Zweck der ersten Telefonbefragungen ist es, die Gesprächspartner möglichst unverkrampft erzählen zu lassen, sie nicht etwa zu überrumpeln, gar zu verhören. In seiner Redeweise ist der Rechercheur weder inquisitorisch noch anbiedernd, sondern explorativ.

Spricht er mit Akteuren, dann bezieht sich der Rechercheur am besten auf die *publizierte* Darstellung des Sachverhalts, also zum Beispiel auf die Agentur- oder Zeitungsmeldung, die für ihn Ausgangspunkt der Recherche war. Er eröffnet das Gespräch etwa so: Die Meldung, die vorliege, sei dürftig, sie lasse diese und jene Fragen offen und müsse vervollständigt werden. Der Angefragte möge bitte den Hergang *schildern* und den Sachverhalt aus *seiner Sicht* erläutern. Wichtig also ist, dass der Gesprächspartner möglichst ungebremst frei reden kann.

Erst nachdem der Befragte alles Wichtige gesagt zu haben meint, werden Zusatzfragen gestellt, um Präzision zu gewinnen, etwa: »Wann genau am Nachmittag?« – »Aus welcher Richtung kam er?« – »... und *was* antwortete sie dann?« – »Welche Farbe hatte *sein* Auto?« – »Welchen Eindruck hatten *Sie* von dieser Frau?« usw.

> **Zweite Regel:** Wenn die Aussagen des Befragten von den Angaben im vorliegenden Material abweichen, sollten diese Unstimmigkeiten erst gegen Ende der Befragung angesprochen werden.

Wird nämlich der Gesprächspartner zu früh auf Ungereimtheiten oder Widersprüche hingewiesen, so verschließt er sich, weil er sich attackiert fühlt: Er wird abweisend, sieht sich in eine rechtfertigende Position gedrängt oder verstummt. Erwähnt aber der Rechercheur die Widersprüche erst gegen Schluss des Gesprächs, dann hatte sich der Gesprächspartner ja bereits auf den Fragenden eingelassen und eine Atmosphäre des Vertrauens mit geschaffen. Will nun der Anrufer abschließend auf Widersprüche eingehen, so tut er dies möglichst zurückhaltend, etwa: »Der Sprecher der Firma Glücksmann erklärt dem gegenüber, die Entlassung sei aus anderen Gründen erfolgt, nämlich wegen mangelnder Qualifikation. Was sagen Sie dazu?«

> **Dritte Regel:** Erst wenn offensichtlich ist, dass der Befragte ausweicht, sollte insistiert, konfrontiert und Widersprüchliches vorgehalten werden.

Bei der *nächsten telefonischen Befragung* geht der Anrufer genauso vor wie bei seinem ersten Partner, nur: Er kontrolliert nun, ob die Darstellungen des zweiten Gesprächspartners von denjenigen des ersten abweichen. Ganz am Schluss des Gesprächs spricht er beiläufig allfällige Widersprüche an. Bestehen Abweichungen zwischen den Aussagen des Befragten und dem eigenen Wissen des Rechercheurs, wird, wie am Schluss des ersten Telefongesprächs, nachgefragt. Wenn Abweichungen bestehen zwischen den Aussagen des zweiten Telefonpartners und denjenigen des ersten, mündet das Gespräch *erst gegen den Schluss* in ein konfrontierendes Nachfassen durch Gegenüberstellung der Versionen.

Vierte Regel: Erst, wenn der Rechercheur den Sachverhalt/den Ablauf/die Kontroverse in Umrissen kennt, befragt er die Akteure. Er stellt seine Fragen so, dass die Kernaussagen der Befragten zitierfähig sind.

Reihenfolge der Befragungen: Zuerst sucht sich der Rechercheur Gesprächspartner, die als Betroffene *gesprächsoffen* sind. Wenn er deren Sicht der Dinge kennt, wechselt er die Fronten und befragt die Gegenseite. Es versteht sich, dass die telefonischen Befragungen, je mehr sich der Rechercheur dem Zentrum seiner Recherchierthese (und damit den Hauptakteuren) nähert, zunehmend konfrontativ werden.

Der Journalist sollte sich dabei vergegenwärtigen, dass jede telefonische Befragung in ihrer Art *unwiederholbar* ist. Auch wenn derselbe Gesprächspartner ein zweites Mal befragt werden kann, so wird er bei diesem zweiten Anruf vielleicht befangen sein, zurückhaltender, vielleicht auch misstrauischer, wer weiß. Der Anrufer sollte deshalb das Telefongespräch als unwiederbringliche Chance nutzen: Er schreibt die zitierbaren Aussageteile *wörtlich* mit – und er notiert sich auch immer den Bezugspunkt, auf den die betreffende Aussage gemünzt ist (per Stichwort), damit später ohne Gedächtnisanstrengungen der Zitat-Zusammenhang klar ist. Oft wird nämlich übersehen, dass eine in den falschen Zusammenhang gestellte Aussage trotz richtigen Zitierens unter Umständen als unzutreffende Unterstellung eingeklagt werden kann.

Fünfte Regel: Jede Befragung ist in ihrer Art (Situation) unwiederholbar, auch die telefonische. Darum bereitet sich der Rechercheur optimal vor: über die Person und die Rolle des Gesprächspartners. Und natürlich über den aktuellen Wissensstand zum Thema.

Manchmal ist es zweckmäßig, während der telefonischen Befragung ein Tonbandgerät mitlaufen zu lassen, wobei allerdings dem Gesprächspartner die Tatsache, dass ein Band läuft, von Rechts wegen mitzuteilen ist. Verweigert jener den Mitschnitt, sollte man über die Lauthören-Funktion für Ohrenzeugen und/oder Protokollanten sorgen. Diese Art der Dokumentation ist nicht zustimmungspflichtig.

> **Sechste Regel:** Mitschnitte nichtöffentlicher Gespräche auf Tonträgern sind ohne Zustimmung des Gesprächspartners unzulässig. Wenn der Befragte den Mitschnitt ablehnt, sollte der Rechercheur die zitierfähigen Antworten wörtlich mitschreiben.

Es empfiehlt sich auch bei laufendem Tape, einzelne Aussagen mit dem Gesprächspartner als Zitate festzulegen, zumindest durch Nebensätze mitzuteilen, dass Aussagen unter Umständen als Zitate publiziert werden. Etwa: »Sie sagten also, dass ...« oder: »Ich habe mir notiert ...« oder: »... habe ich Sie hier richtig verstanden« und Ähnliches.

5.5 Das Interview

Das Besondere des Interviews gegenüber der telefonischen Befragung macht die *Gesprächssituation* aus: Das körperliche Vis-à-vis, die zum Gespräch parallel verlaufende *nonverbale Kommunikation*, also die Mimik mitsamt der Körpersprache, die *Dauer* des Gesprächs und der damit verbundene *Zuwachs an Vertrautheit* – und so auch die vielfältigen Möglichkeiten des Insistierens, ohne sogleich einen Gesprächsabbruch riskieren zu müssen.

Im praktischen Journalismus gibt es allerdings zwei grundlegend unterschiedliche Interviewformen. Bei der einen handelt es sich um eine eigenständige Darstellungsform und wird als »geformtes Interview«, als »Gespräch« oder als »Porträt« (erzähltes Interview) publiziert. Die andere Form ist ein Instrument der Informationsbeschaffung im Rahmen der Recherche.

Hier interessiert das Interview nur als Recherchier-Instrument: als Befragung, als so genanntes Hintergrundgespräch und auch als Aussagen- bzw. Zitat-Beschaffung (Statements).

Dies ist natürlich keine eherne Regel: Unter Umständen kann ein Rechercheninterview auszugsweise zum eigenständigen Interview aufbereitet und als Supplement zum Recherchenbericht – etwa als Kasten – gedruckt werden (Näheres hierzu in: Haller, Das Interview, Konstanz [2]1997).

5.5.1 Wann und mit wem?

Dank seiner besonderen Gesprächssituation eignet sich das Interview für die Befragung

- der Personen aus dem *Kernbereich* der Recherche, der Hauptbeteiligten und Hauptverantwortlichen;

- der Personen, die aufgrund ihrer Funktion oder ihrer Persönlichkeit als besonders *»schwierig«* gelten; etwa, dass sie dazu neigen, ihre Aussagen nachträglich zu dementieren;

- bei Vertretern sogenannter Randgruppen, die besonders ängstlich, misstrauisch oder deprimiert sind.

Bei Personen dieser Gruppen geht es natürlich zuerst einmal darum, die Bereitschaft zu einem Interview zu wecken und einen Gesprächstermin zu finden. Der versierte Rechercheur wird darum seine Ausgangslage – er geht zu dem Gesprächspartner hin, er ist mithin der Bittsteller – psychologisch zu nutzen wissen: Er wird dem potenziellen Interviewpartner zu verstehen geben, dass dieser wegen seiner beruflichen Stellung oder seiner Bedeutung im Geschehenen um ein Interview gebeten werde; dass man *seine* Erfahrung oder Meinung möglichst genau in Erfahrung bringen wolle; dass die Interviewform die dabei fairste Methode sei u.ä.

Seine Interviews macht der Rechercheur am besten erst nach Abschluss seiner Materialbeschaffung, wenn er soviel wie möglich über den Interviewpartner und das Geschehene bzw. das Recherchierthema weiß.

Wichtig ist, dass der Rechercheur seine Recherchierthese so stichfest wie eben möglich mit Argumenten und Tatsachenbehauptungen untermauern kann. Und dass er die abweichenden oder gar widersprüchlichen Ansichten anderer Gesprächspartner schon kennt, die er seinem Interviewpartner gegebenenfalls als Gegeninformation unter die Nase halten kann.

Gerade das Wissen von der *Einmaligkeit der Interviewsituation* kann nun den Rechercheur dazu verleiten, über alles und jedes reden zu wollen, aus Angst, den einen oder anderen Aspekt zu vergessen. Solche Interviews führen indessen nur selten zu prägnanten Zitaten oder präzisen Sachverhaltsdarstellungen. Darum sollte er bei der Interviewvorbereitung das Thema so weit wie möglich *zentrieren*.

Checkliste Befragen und Interviewen

Vorbereitung:

- Zu klärenden Sachverhalt in einer Frageliste (Fragenkatalog) notieren und untergliedern.

- Zwei Listen erstellen: a) eine detaillierte, mit Stichworten zur Interviewstrategie versehene Liste sowie b) einen Katalog, der die Fragen in Themenblöcke zusammenfasst (für den Fall, dass der Gesprächspartner die Frageliste haben möchte oder einzelne Aspekte schriftlich nachreichen oder dokumentieren will).

Verabredung:

- Bei der ersten Kontaktnahme Name, Beruf, Medium, Grund des Anrufs und Thema nennen. Gesprächsort (vorzugsweise dort, wo der Gesprächspartner sich wohl fühlt), Termin und Zeitrahmen (möglichst mit Zeitreserve) vereinbaren, Zahl der Teilnehmer auf beiden Seiten klären bzw. festlegen.

Durchführung:

- Sitzordnung beeinflussen (genügend Abstand, besser schräge Anordnung als Vis-à-vis), Einsatz eines Aufzeichnungsgeräts klären, Aufwärmgespräch (small-talk) in zeitlich eng begrenztem Rahmen führen. Unmittelbar nach Interviewende allfällige Autorisierung von Zitaten sowie ergänzende Informations- und Dokumentationswünsche klären.

- Keine Geschichten erzählen und nicht mit Wissen prahlen, sondern Interviewziel verfolgen und für Eindeutigkeit der Aussagen sorgen (allfälliges Missverstehen mit Kontrollfragen ausräumen).

- Jeweils nur *eine Frage* stellen (also keine Doppelfragen), und zwar ohne Relativkonstruktion oder selbstentschuldigende Begleitfloskeln (wie: »sozusagen«, »dürfte man vielleicht ...«).

- Auf der Sachebene »von oben nach unten« (ins Konkrete) fragen. Dabei zwischen halboffenen und geschlossenen Fragen wechseln. Unterstellende und suggestive Fragen meiden.

- Auf der Deutungsebene »in den Hintergrund« fragen (Begründungen für Abläufe, Entscheidungen und Einschätzungen sowie Gründe für die Begründungen, also nach Normen, Grundhaltungen usw. suchen). Offene Fragen verwenden, auch rhetorische, unterstellende und suggestive Fragen sind hier erlaubt.

Mit folgenden zwei Vorfragen lässt sich das Thema eingrenzen und die Rolle des Gesprächspartners festlegen:

- Was genau interessiert mich am Interviewpartner (seine Eigenschaft, seine Rolle etwa als Augenzeuge, Akteur oder Experte, seine Funktion)?
- Für was brauche ich ihn in meiner Recherche (als Lückenfüller, Beleg, Kommentator, Deutungshilfe, Illustrator und/oder zur Kontrolle usw.)?

5.5.2 Wie aufbauen?

Für die *Vorbereitung des Interviews* scheut der Rechercheur nicht die Mühe, eine Frageliste aufzustellen. Er listet sachbezogene Detailfragen auf, durchsetzt mit summarischen Einschätzungsfragen (»Wie beurteilen Sie eigentlich ...«), um dem Gesprächspartner immer wieder Freiflächen und Erholungsräume zu bieten.

In den ersten Teil der Frageliste baut der Rechercheur *Kontrollfragen* ein: Über das eine oder andere Detail macht er sich so sachkundig wie irgend möglich, vielleicht sogar sachkundiger als es sein Gesprächspartner in diesem Punkte ist. Trotzdem notiert er sich eine vergleichsweise banale Frage, die ihn als ahnungslos erscheinen lässt. Aufgrund der Antworten, die der Gesprächspartner auf diese arglos scheinenden Fragen gibt, wird der Interviewer unbemerkt die Zuverlässigkeit seines Interviewpartners einschätzen können.

Wichtig: Das Recherchierinterview sollte *nicht* kommentierend geführt werden. Und: Der Rechercheur sollte sich wenn möglich nicht emotional erregen lassen. Darum formuliert er seine Fragen betont sachlich und unpolemisch, auch wenn ihm vor Empörung der Kragen zu platzen droht.

5.5.3 Wie durchführen?

Die Frageliste hat der Journalist als eine Art roten Faden bei sich, als Skizze und Gedankenstütze – und nicht als Kanon. Er darf also auch von der Liste abweichen und im Verlauf des Interviews aus der Situation heraus weitere Fragen stellen.

Interview-Verhalten

Wenn Menschen miteinander sprechen, tauschen sie nicht nur Informationen aus, sondern stellen sich selbst dar und reagieren auf die Selbstdarstellung ihres Gesprächspartners (vgl. Schulz von Thun 1993). Auch bei einer Recherchenbefragung laufen neben dem Sachthema (Aussageebene) Informationen auf der Bedeutungsebene hintergründig mit (wie: Absichten, Motive, Vorurteile, Erwartungen). Der zu befragende Informant oder Akteur reagiert sozusagen mit vier Ohren, die Unterschiedliches (und unterschiedlich gut) hören:

- **Die Sachebene:** »Auf was zielt die gestellte Frage?«
- **Beziehungsdimension:** »Was will dieser Journalist eigentlich von mir, was hat er für Erwartungen an mich?«
- **Selbstoffenbarung:** »Ist er glaubwürdig oder nur clever?«
- **Appell:** »Mit welchem Bild, welchem Eindruck von mir soll der Journalist nachher wieder gehen?«

Die drei »Ohren« der *Bedeutungsebene* (Beziehung, Selbstoffenbarung, Appell) lassen sich für das Interviewziel nutzen, indem folgende Regeln beachtet werden:

- Der Befrager trennt die Sachebene von der Beziehungsebene. Er ist in der Sache klar und hart, auf der Beziehungsebene indessen stets höflich und freundlich (unverständliche Antworten des Gesprächspartners führt er auf seine offenbar unklare Frage zurück, usw.).
- Der Befrager enthält sich eigener Meinungen und Werturteile, lässt aber Urteilsäußerungen des andern gelten.
- Dialoge, die nicht zum Sachthema gehören (warming up, Persönliches, Gegenfragen) werden nicht unterbunden, sondern aus dem eigentlichen Interview ausgegrenzt (wie: »Das kann ich Ihnen nach dem Interview erzählen«).
- Wenn der Befragte unsachlich wird (emotional, appellierend usw.), geht der Rechercheur nicht darauf ein (äußert keine Meinung dazu), sondern hört nur aktiv zu.
- Der Befrager stellt sich auf den Charakter/den Verhaltenstyp des Gesprächspartners ein (Besserwisser sollen es besser wissen dürfen, Ängstliche brauchen keine Angst zu haben, Vielschwätzer dürfen sich leerquasseln – soweit möglich).
- Der Befrager hält an seiner Rolle als Gesprächsleiter und an der Rollenverteilung – er ist der Fragende, jener der Antwortende – konsequent fest.

Für das »*Setting*« (die Gesprächsanordnung) des Interviews sind folgende Faustregeln zu beachten:

- **Outfit:** Auch der Journalist ist in seiner Berufsrolle nun eben ein Rollenträger. Er sollte daher seine Kleidung der Situation (dem Interviewpartner) anpassen und nicht seinem Selbstbild. Jacke und Krawatte sind mitunter sachdienlicher als Jeans und Pullover; mit sorgfältig geschnittenen Fingernägeln erreicht man oft mehr als mit löchrigen Jeans (und manchmal ist es umgekehrt).

- **Situation:** Je konfrontativer das Interview zu werden verspricht, desto mehr Freiraum benötigen beide Gesprächspartner – und eine entsprechend größere *räumliche Distanz* sollte zwischen den Gesprächspartnern vorhanden sein (also: auf die Stuhlanordnung noch *vor* Beginn des Interviews achten!).

- **Kommunikationsstil:** Wegen ihrer Unwiederholbarkeit bedeuten Interview-Situationen für viele Journalisten Stress, Verkrampfung, auch Angst. Deshalb sollte sehr darauf geachtet werden, dass diese Situation nicht in Fehlverhalten mündet, wie: übertrieben anbiedernd, ungewollt arrogant, übermäßig geschwätzig, anerkennungs- und bestätigungsbedürftig usw. So gehört es zur Untugend vieler Interviewer, das *eigene* Wissen vorführen und die Darlegungen des Interviewpartners mit Selbsterzähltem gleichsam überbieten zu wollen. Solche Interviews sind peinlich und führen zu nichts.

- **Ambiente:** Oftmals sind die Interviewpartner ihrerseits ängstlich, verschlossen und in der Defensive. Darum sollte der Interviewer »Aufweichtechniken« anwenden können: vor Beginn des Interviews (sachlich gerechtfertigtes) Lob spenden, und sei es nur über die besonders geschmackvolle Schreibtischuhr. Falls der Gesprächspartner selbst schon publiziert hat, sollte der Interviewer zumindest die Titel einiger Schriften kennen und sie auch erwähnen (nicht aber behaupten, er habe sie gelesen!).

- **Frageweise:** Der Interviewer sollte aller Aufweich- und Anwärmbemühungen zum Trotz stets das Heft in der Hand behalten: Er stellt die Fragen, der andere soll antworten. Bleibt der

Gesprächspartner auch während des Interviews zugeknöpft, empfiehlt es sich, den Gesprächspartner unter Stress zu setzen (etwa Äußerungen einer Person aufzugreifen, die der Gesprächspartner nicht ausstehen kann; der Interviewer erwähnt diese missliebige Person, um seinen Gesprächspartner zu verdrießen), um dann plötzlich das Thema zu wechseln und auf die eigentliche Hauptsache zu kommen. Der Interviewpartner wird den Themenwechsel mit Erleichterung quittieren, innerlich vielleicht in gewisser Weise dankbar sein und gesprächiger werden.

- **Frageziel**: Der Befragte muss das Frageziel nicht mitgeteilt erhalten. Es kann der Sache dienlich sein, dass der Interviewer sein *Hauptthema* dem Gesprächspartner zuvor *nicht* bekannt gibt, sondern ein Nebenthema als Hauptsache deklariert.

- **Doppelte Gesprächsführung:** *Allein oder zu zweit?* Interviews, die länger als rund 20 Minuten dauern und kontrovers werden könnten, sollten wenn möglich von *zwei Journalisten* geführt werden: Der oder die eine amtet sozusagen als Spielmacher, indem er oder sie für den Fortgang des Interviews (roter Faden) verantwortlich ist. Der andere fungiert gleichsam als Ausputzer, indem er Zusatz- und Ergänzungsfragen stellt. Diese Rollenverteilung entlastet den Rechercheur. Sie setzt aber die Fähigkeit zum *partnerschaftlichen Zusammenspiel* zwischen den beiden Journalisten voraus.

5.5.4 Wie absichern?

Noch bevor das Interview formell beendet wird, unbedingt die *Frageliste durchgehen und kontrollieren*, ob auch tatsächlich nichts vergessen wurde (keine falsche Eitelkeit walten lassen!).

- **Mit oder ohne Aufzeichnungsgerät?** Allgemeiner Erfahrung nach sind heute die Interviewpartner in der Regel den Umgang mit Aufzeichnungsgeräten gewöhnt. Auch sind selbst leistungsfähige Digital- und Kassettenrecorder derart klein, dass sie op-

tisch nicht störend wirken. Zudem entlastet ein Aufzeichnungsgerät das Gedächtnis der Interviewer, sie können sich unge-
schmälert dem Partner zuwenden. Darum: In der Regel ein Aufzeichnungsgerät einschalten, für alle Fälle ...
Nur wenn der Gesprächspartner ein äußerst schwieriger Mensch,
wenn er besonders gehemmt, misstrauisch oder ängstlich ist,
sollte das Gerät in der Aktentasche bleiben.

- **Gesprächs-Ohrenzeugen:** Wenn zu erwarten ist, dass der Gesprächspartner kein Aufzeichnungsgerät duldet, empfiehlt es
sich, eine Kollegin/einen Kollegen mitzunehmen als Ohrenzeugen – oder gleich als Fragepartner (siehe oben).

5.6 Verschlossene Quellen öffnen

Im journalistischen Alltag handelt es sich bei den abzuklärenden Vorfällen nur selten um derart heiße Geschichten, dass der Journalist ringsum auf eine Mauer des Schweigens prallt.

Gleichwohl erleben wir es oft, dass gerade die dem *Kernbereich der Recherchierthese* zuzuordnenden Leute Auskünfte und Interviews verweigern – aus schlechter Medienerfahrung oder aus Angst, an den Pranger gestellt zu werden. Es kann nun Situationen geben, in denen die Erschließung solch verschlossener Quellen zwingend erforderlich ist, etwa weil anders zwei kontroverse Darstellungen nicht überprüft werden können.

Es gibt in solchen Fällen zwei – aber nur mit Bedacht und notfallmäßig einzusetzende – *Behelfstechniken,* die manchmal zum Ziel führen.

5.6.1 Das Provozieren und Unterstellen

Der Rechercheur kennt den äußeren Ablauf des fraglichen Hergangs bereits; er möchte aber noch das *Maß der Verantwortung,* der Mitschuld der *Hauptbeteiligten* wissen. Doch jene sind nicht bereit, Auskünfte und Erklärungen zu geben. Der Rechercheur wählt nun aus dem Kreis der Akteure den – seiner Einschätzung nach – am wenigsten »Schuldigen« (Harmlosesten) aus und erzählt dieser Person den Hergang insgesamt so, als sei sie die Hauptfigur – mit dem Hinweis, er habe die Geschichte so in Erfahrung gebracht, wolle aber vom »Beschuldigten« selbst erfahren, wie es wirklich war. In der Regel taut nun der Angefragte auf: Er möchte den Sachverhalt »klarstellen«, d. h. auf seine nur marginale Rolle hinweisen und anderen die Hauptverantwortung zuschieben. Mit den so gewonnenen Erkenntnissen lässt sich nun der nächste der Hauptbeteiligten zu Einlassungen provozieren. Achtung: Trotz allem sachlich und fair bleiben! Holzhammer-Provokationen helfen auch hier nicht weiter.

Diese *Fragetechnik der Unterstellung* empfiehlt sich im Übrigen manchmal auch bei *Interviews,* wenn der Befragte zu einem *»harten« Statement* provoziert werden soll, etwa durch ein Pauschalurteil oder eine Verallgemeinerung (Muster: »Herr Meier, als Chef der Wasserschutzpolizei waren Sie im Mai vorigen Jahres weg, diesen Mai im Urlaub: Hauen Sie *eigentlich immer* ab, kurz bevor die Hochwasserzeit mit ihren Gefahren und Nöten kommt?« usw.).

Die gleiche *Behelfstechnik* ist manchmal auch unvermeidlich bei der *Vor-Ort-Recherche,* wenn Aussagen bzw. Beobachtungen auf ihre Zuverlässigkeit hin *überprüft* oder Augenzeugen zu weiteren Einlassungen provoziert werden sollen (Muster: »Haben Sie als Augenzeuge da den Ablauf nicht durcheinandergebracht? Ich habe *nämlich gehört,* der Mann habe zuerst das Messer gezogen, ehe der Wirt ...« usw.). Achtung: Nicht ins Fabulieren verfallen! Die unterstellende Behauptung muss realistisch bleiben.

5.6.2 Mit der »Drohgebärde« unter Druck setzen

Wir nehmen eine ähnliche Ausgangssituation an wie bei der Schilderung der Unterstellungstechnik. Um die Auskunftsverweigerung des Hauptbeteiligten zu durchbrechen, teilt der Journalist der Person mit, die Recherche müsse nun leider zwangsläufig einseitig, zu *Lasten dieser Person* veröffentlicht werden. Zusätzlich kann der Rechercheur (nach Absprache mit seinem Ressortleiter oder der Chefredaktion) behaupten, man wolle dann noch einen redaktionellen Kommentar beistellen, der die Auskunftsverweigerung beleuchte (dies ist vor allem gegenüber Behördenvertretern manchmal wirksam, weil sie zur Auskunft presserechtlich verpflichtet sind – aber auch bei Geschäftsleitungen von Unternehmen, deren Tätigkeit ja auch öffentlich relevante Aspekte – wie Umweltschutz – umfasst und das Firmen-Image beeinflusst).

In besonderen Fällen kann ausnahmsweise diese Drohhaltung weiter gesteigert werden, indem gegenüber der fraglichen Person die Veröffentlichung eines betont einseitig abgefassten Rechercheartikels vorbehalten wird (da darf auch mal ein für diesen Zweck fabulierter Absatz am Telefon vorgelesen werden, mit dem Hinweis: »Wenn Sie nicht Stellung nehmen, könnte das so in die Zeitung kommen«).

Es versteht sich, dass solche Droh-Eskalationen viel Fingerspitzengefühl verlangen, weil man jede strafrechtlich fassbare Nötigung (= Versuch der Erzwingung eines Handelns durch Androhung eines ernsthaften Nachteils) unterlassen sollte – aber auch deshalb, weil besonders hartnäckige Gegner mit einer einstweiligen Verfügung zurückschlagen könnten, wenn sie den tatsächlich zur Publikation anstehenden Text kennen. Deshalb nie den »echten« Text als Drohmittel verwenden.

Man mag einwenden, dass die hier als »notfallmäßige Behelfstechniken« apostrophierten Methoden unlauter seien. Ich glaube dies nicht, vorausgesetzt allerdings, sie werden nicht einfach zur Einschüchterung irgendwelcher Privatpersonen, sondern zur seriösen Aufklärung öffentlich relevanter Vorgänge, mithin *verhältnismäßig* eingesetzt – und zwar stets nur als *ultima ratio.*

Das einzige der Publizistik immanente, ihr angemessene Druckmittel ist ja das »Offenlegen«. Und solange Fairness, Privat- und Intimbereich voll respektiert sind, soll für das Recht des Veröffentlichens auch täglich neu gekämpft werden: Nur so behält die Pressefreiheit ihren Geltungsraum.

5.7 Der Quellenschutz

Ebenso wichtig wie das Erschließen verschlossener Quellen ist auch die Fähigkeit des Rechercheurs, seinen Informanten Schutz zu geben. Damit ist nicht nur die Verschwiegenheit mit ihrer rechtlichen Sicherung (in der Bundesrepublik Deutschland und Österreich das Zeugnisverweigerungsrecht) gemeint, vielmehr das *Verdecken der Urheberschaft* bei heiklen Informationen und Kolportagen: Wenn es nur einen Zeugen eines Vorfalls gab und dieser Vorfall in der Zeitung berichtet wird, kommt dieser Zeuge unter Umständen *»an die Kasse«:* Er erleidet Repressalien, verliert das Vertrauen des Chefs, vielleicht den Arbeitsplatz usw.

Im Interesse der *Auskunftsbereitschaft des Informanten* sollte jeder Rechercheur seine Quellen schützen, sie unter Umständen *zudecken* oder *einnebeln.*

5.7.1 Hintergrund-Informationen

So mancher Informant hat den (nicht immer ehrenhaften) Wunsch, als Quelle nicht in Erscheinung zu treten: »... aber benutzen Sie diese Information nur als Hintergrund«, oder: »Das sollten Sie wissen, aber schreiben dürfen Sie es nicht!«

Gründe gibt es viele. Manchmal ist die Information nur eine Spekulation, für die der Informant den Kopf nicht hinhalten möchte. Machmal befürchtet er einen Schaden für sich oder die von ihm vertretenen Interessen, wenn er als Informant in Erscheinung tritt. Gelegentlich dient die Geheimniskrämerei aber auch dem Zweck, den Rechercheur zu »impfen« (ihn auf eine bestimmte Fährte zu setzen), eine Kampagne loszutreten oder eine Information zu blockieren.

Umgang mit Quellen

Die Regel lautet: Der begründete Wunsch eines Informanten, unerkannt (inkognito) zu bleiben, hat für den Rechercheur erste Priorität: Er »anonymisiert« seine Quelle.

Und die Ausnahme von der Regel heißt: Wenn der Rechercheur gute Gründe hat, die Vertraulichkeit zu durchbrechen, dann sollte er dies vor der Veröffentlichung seinem Informanten mitteilen – und ihm auch sagen, warum er sich ausnahmsweise an das Prinzip des Quellenschutzes nicht hält (zum Beispiel, weil es sich hier um einen Hauptbeteiligten oder einen Mandatsträger handelt, der zu den Vorwürfen öffentlich Stellung zu nehmen hat).

Darum sollte der Journalist als Erstes die Beweggründe des Informanten für seinen Inkognito-Wunsch in Erfahrung bringen, vor allem folgende zwei:

- Warum überhaupt will er es sagen? (Wenn er Selbstlosigkeit oder übergeordnete Interessen nennt, ist Misstrauen angezeigt).

- Warum fürchtet er sich vor der Öffentlichkeit? (Wenn er Bescheidenheit oder Sorge um das Wohl Dritter anführt, ist Skepsis angesagt; wenn Schüchternheit der Grund ist, sollte das Motiv ernst genommen werden).

Um die Beweggründe für das Inkognito einzuschätzen, sollte man die Rolle des Informanten prüfen: Ist er ein neutraler Experte, der aus nachvollziehbaren Gründen (wie: Kollisionsgefahr mit einem anderen Auftrag) nicht genannt sein will? Ist es ein von Vorgesetzten, von Reglementen und Zuständigkeiten abhängiger Zeuge? Oder ist es ein Akteur, der die »Flucht nach vorn« antritt, um mit dem Hinweis auf Vertraulichkeit einer investigativen Befragung zuvorzukommen? Zwischen diesen Extremen bewegt sich die breite Palette mehr oder weniger plausibler Motive.

Gelegentlich ist es pure Angst: Angst vor Repressalien, Angst vor dem Gerede, Angst vor Reaktionen Dritter, die den Informanten quälen. Hier hilft mitunter ein klärendes Gespräch. Denn oftmals ist die Information gar nicht so »heiß« oder aktuell oder exklusiv, wie der Informant glaubt. Der Hinweis des Journalisten: »Das habe ich auch schon von X gehört« kann da helfen. Oder aber man bespricht mit dem Informanten, wie sich seine Darlegungen in verschiedene Portionen zerlegen und untergliedern lassen. Dann kann der Rechercheur vielleicht doch zwei Drittel der Aussagen explizit benutzen – und braucht nur ein Drittel als vertrauliche Hintergrundinformationen geheim zu halten.

5.7.2 Die Technik des Zudeckens

Unterstellt, die Vertraulichkeit ist bindend: Dann benutzt der Rechercheur die Information *nur als Hintergrundwissen,* d. h. er gebraucht sie nie explizit. Seine Kenntnis der Information gestattet es ihm aber, den gleichen Sachverhalt mit Hilfe provozierender, mit Unterstellungen operierender Befragungstechniken von einem der Hauptbeteiligten nochmals erzählt zu bekommen, nun vielleicht mit neuen, interessanten Details. Er wiederholt dies, bis die Zahl der Einlassungen groß genug ist.

Es ist tatsächlich in vier von fünf Fällen falsch, die Information explizit zu gebrauchen und sie dabei einer anderen, fiktiven Quelle zuzuschreiben: Lügen haben allzu oft sehr kurze Beine – und wenn's herauskommt, sitzt der Informant doppelt in der Patsche.

5.7.3 Die Technik des Einnebelns

Der Rechercheur verabredet mit seinem Informanten, den *Kreis der Informierten* gezielt zu *erweitern:* Dieser erzählt kurz vor der Veröffentlichung seine Information unter dem Siegel der Verschwiegenheit an vielleicht drei Personen verschiedener Beziehungsebenen weiter (zum Beispiel in der Firma: einem Kollegen am Arbeitsplatz, einem vom Betriebssport, einem von der andern Abteilung in der Kantine – alle drei sind als geschwätzig bekannt) – das genügt: Später kann der Informant immer glaubhaft behaupten, er habe die Sache ja selber *erzählt* bekommen.

Je nach Situation empfiehlt es sich auch, seinem Informanten die Information *vor Zeugen* als Neuigkeit zurückzuerzählen, so, als erfahre der andere dies hiermit zum ersten Mal. (Der Rechercheur muss sich aber gut vorbereiten und auf allfällige Rückfragen der Zuhörer – etwa: »Woher wissen Sie denn das?« – eine plausible Antwort wissen.)

Beide Verschleierungsformen sind aber erst angebracht, wenn die Recherche abgeschlossen und die Veröffentlichung kurz bevorsteht.

Die vier Kommunikationsfelder

Was weiß man von den anderen Menschen, mit denen man spricht? Was wissen die, die mit uns sprechen? Und: Was darf, was soll zur Sprache kommen, was besser nicht? Welche Bereiche der Persönlichkeit im Gespräch thematisiert werden können, zeigten Josef Luft und Harry Ingham, zwei Spezialisten der Gruppenpsychologie, 1955 modellhaft anhand folgender Vier-Felder-Matrix auf (»Johari-Fenster«):

	dem Informanten bekannt	ihm nicht bekannt	
auch anderen bekannt	1	4	aber anderen bekannt
anderen nicht bekannt	2	3	anderen auch nicht bekannt
	dem Informanten bekannt	ihm nicht bekannt	

Bei Befragungen achtet der Rechercheur auf diese vier Felder, denn im Fortgang des Interviews offenbart der Gesprächspartner meist unterschiedliche Fenstergrößen. So steigt der Wert des Informanten oder Akteurs, je umfassender das Feld 2 und je kleiner das Feld 4 sind. Die Befragung beginnt meist im ersten Feld (Testfragen), legt den Schwerpunkt auf Feld 2 (neue Informationen), exploriert im Feld 3 (abtasten) und provoziert im Feld 4, weil sich hier der Informant als Ignorant zu erkennen geben müsste und darum vielleicht blufft (vgl. hierzu auch Baumert 1999, S. 13f.).

5.8 Die Auswertung der Befragungen – Drei Grundsätze

Bei der Auswertung von Befragungen und Interviews stellen sich keine besonderen Probleme, wenn folgende Grundsätze berücksichtigt werden:

> **Der erste Grundsatz** ist der trivialste und der am meisten missachtete: Der Rechercheur sollte sich, wenn möglich, nie allein auf sein Gedächtnis verlassen. Darum: notieren, notieren, notieren.

Oft genug kommt es vor, dass nach drei oder vier Telefonaten wichtige Aussagen nicht mehr wortwörtlich erinnert oder nicht mehr genau zugeordnet werden können. Auch gehen oftmals wichtige Details und Eindrücke wieder verloren. Dann bleibt oft nur das vage Gefühl zurück: »Da war doch noch was …« Solchen Flops entgeht letztlich nur derjenige, der *hinreichend diszipliniert* mit sich umgeht. Das heißt praktisch, dass er nach jeder Befragung, also nach jedem Arbeitsgang, seine Rapportblätter (Rechercheprotokoll) nachführt. Jede neue Erkenntnis, jedes bemerkenswerte Detail sollte der Rechercheur sofort eintragen, zumindest sollte er sich sofort eine Notiz machen.

> **Der zweite Grundsatz** lautet: Man darf sein Thema nicht kaputtrecherchieren (= die Übersicht verlieren). Also nicht in die Breite, sondern in die Tiefe fragen.

Immer wieder gehen hervorragende Recherchierthemen ins Leere, weil der betreffende Journalist *ins Uferlose* recherchiert, weil er vom Hundertsten zum Tausendsten kommt, weil er jedes Detail getreulich nacherzählen möchte, nur weil er es in Erfahrung gebracht hat. Darum gilt: Die anfänglich vorgenommene Themenbegrenzung muss durchgehalten werden. Und dies heißt: Der Rechercheur muss immer wieder *ausklammern*. Er soll weglassen, was unwichtig geworden ist, er soll die Aussagen, Belege und Zitate von Arbeitsgang zu Arbeitsgang immer wieder auf das Wichtigste filtern und eindampfen.

Manchmal zeigt es sich im Verlauf einer Recherche, dass die Einstiegsthese umformuliert oder überhaupt zugunsten einer anderen fallen gelassen werden muss. Gerade die Unsicherheit, ob die anfangs aufgestellten Thesen gültig sind, verleitet manchen Rechercheur, immer weiter in die Breite zu recherchieren – statt gezielt in die Tiefe. Deshalb ist es wichtig, eine unhaltbar gewordene These *sogleich* neu zu formulieren, um zielstrebig fortfahren zu können.

> **Der dritte Grundsatz** lautet: Die Recherchierarbeit dauert so lange, bis der Rechercheur das Geschehene genau erzählen und erklären und alle *nahe liegenden* Fragen beantworten kann. Sein Ziel ist die Herstellung eines plausiblen, gut belegten *Sinnzusammenhangs*.

Es gibt Journalisten, die wissen immer erst hinterher, was sie eigentlich recherchiert haben. Solche Zeitungsartikel lesen sich dann wie der Erlebnisbericht eines Touristik-Mitarbeiters über die Südsee: Alles erscheint irgendwie aufregend und ungewöhnlich, doch rückblickend auch mysteriös. Aufklärend wirkt ein solcher Bericht jedenfalls nicht.

Und es gibt Journalisten, die erklären ihre Recherche dann für beendet, wenn sie die Beteiligten oder Betroffenen abgefragt haben. Dann setzen sie sich an den Schreibtisch und beginnen zu schreiben – ohne genau zu wissen, welche Quintessenz sie ihren Lesern als Antwort auf die Recherchierfragen nach dem »Wie« und dem »Warum« auftischen sollen. Solche Stories bleiben meist auch in der Darlegung der Sachverhalte diffus, in den Begründungen gekünstelt oder unglaubwürdig.

Der Rechercheur sollte sich darum an die Regel halten, dass seine Nachforschungen dann beendet sind, wenn er sein Thema – den

Hergang, den Sachzusammenhang und die Rolle der Hauptbeteiligten – *folgerichtig* rekonstruieren und erzählen kann.

»Folgerichtig« meint nicht: lückenlos, sondern: *plausibel.* Erst
wenn der Journalist sich *sein eigenes* Urteil über die Ursachen und
die Auswirkungen bzw. über den Strukturzusammenhang gebildet
hat, wenn er glaubhaft erklären kann, *warum* und *wie* es dazu kam,
wenn *ihm* der Wirkungszusammenhang einsichtig ist, dann erst ist
eine Vollrecherche mit ihrer umfassenden Materialbeschaffung und
-auswertung beendet: Er kann mit dem Schreiben beginnen.

Neben diesen drei Grundsätzen gibt es noch ein paar Faustregeln,
die zu beachten zweckmäßig sind:

- **O-Ton:** Im Unterschied zu Kommentaren, Leitartikeln und auch
  Reportagen sollten in einer Recherche die vom Artikelschreiber
  aufgestellten Behauptungen wenn möglich mit Statements und
  Quotes garniert werden, gleichsam als das Terrain, in dem die
  Behauptungen angesiedelt sind.

- **Redlichkeit:** Kontroversen und Widersprüche, die der Rechercheur nicht hat aufklären können, sollten entweder als widersprüchlich vorgeführt oder (wenn unerheblich) *als Ganzes* weggelassen werden.

- **Beide Seiten:** *Niemals* sollte der Rechercheur beim Abfassen
  seines Artikels *nur die eine* der beiden Seiten so darstellen, als
  stehe sie für das Ganze. Die im römischen Zivilrecht entwickelte
  Verfahrensregel: *audiatur et altera pars* gilt auch für den recherchierenden (nicht für den berichterstattenden) Journalisten.
  Im Übrigen ist es kein Qualitätsmerkmal, wenn der Rechercheur
  in seinem Artikel sämtliche Sachverhalte widerspruchsfrei darstellt. Und umgekehrt ist es nicht unbedingt ein Manko, wenn
  Nebenpunkte in ihrer Widersprüchlichkeit vorgeführt werden.

- **Belege:** Die Recherchierhypothese muss mit dem beschafften
  Material »belegt« werden: Bestätigende Zitate auch prominenter
  Persönlichkeiten sind in der Regel keine Belege, sondern *Be-
  kräftigungen.* Als Belege gelten Dokumente und Bezeugungen
  (Indizien), im Weiteren aber auch Sachverhaltsschilderungen

(etwa von Zeugen), Hinweise auf analoge Vorgänge, die Nacherzählung kausaler Vorgeschichten und Selbstzeugnisse (Einlassungen) der Hauptbeteiligten.

- **Differenzierung:** Bei komplexen, sehr kontroversen Themen empfiehlt es sich, vor der Niederschrift für jedes »Lager« eine Liste mit den wichtigsten Argumenten anzulegen und diese im Hinblick auf die Recherchierthese zu gewichten.

- **Authentizität:** Bei der Auswertung prüft der Rechercheur, ob und wo er Vor-Ort-Beobachtungen in der Form von szenischen Schilderungen einfügen kann, um Authentizität zu zeigen und um Unmittelbarkeit herzustellen.

- **Interessant erzählen:** Noch vor der Niederschrift überlegt sich der Rechercheur, welche der vielen Details er entsprechend detailliert (und sorgfältig formuliert!) schildern will, um Spannungsbögen durch eine Art *Zoom-Effekt zu* erzeugen, die den Artikel interessant machen.

Und ansonsten gilt für die Recherche in besonderem Maße, was für jeden Bericht oder Beitrag richtig ist: raffen, weglassen und kürzen, soweit es eben geht.

5.9 Die Umsetzung der Recherche-Ergebnisse in einen Beitrag

Das Recherchieren ist im engeren Sinne ein Verfahren zur Beschaffung und Beurteilung von Aussagen über reales Geschehen, die ohne dieses Verfahren nicht preisgegeben, also nicht publik würden. Im weiteren Sinne ist es ein Verfahren zur Rekonstruktion erfahrbarer, d.h. sinnlich wahrgenommener Wirklichkeit mit den Mitteln der Sprache.

Die Recherche erzählt demnach keine Wahrheiten, sondern bringt Sachverhalte bei, die *zutreffend* sein sollen. Sie ist keine journalistische Darstellungsform wie etwa die Meldung, die Magazingeschichte oder Reportage. Deshalb gibt es auch für die Niederschrift des Artikels keine speziellen Recherche-Regeln und auch keine besondere Dramaturgie.

5.9.1 Der Aufbau der Geschichte

Wie im ersten Buchteil dargestellt wurde, hat sich die Recherche gleichsam zur Ersatzhandlung für den Vor-Ort-Reporter entwickelt, sie ist Second-hand-Journalismus. Der Aufbau des recherchierten Berichts folgt darum weitgehend dem Muster jeder sonstigen Ereignisdarstellung in einem Nachrichtenmedium: Sie ist so vollständig wie nötig und so knapp wie irgend möglich.

Darüber hinaus gibt es eine Reihe von Regeln, die der schreibende Rechercheur berücksichtigen sollte. *Diese Regeln ergeben sich aus der Tatsache, dass der Recherchenbericht ein reines Kunstprodukt, eine Wirklichkeitsmontage ist:* Während der Berichterstatter den Ablauf eines Ereignisses, der Reporter seine Beobachtungen erzählt, *(re)konstruiert* ja die Recherche die Geschehenszusammenhänge erst.

- Daraus folgt die erste und wichtigste Regel: Der Ablauf des Re-
cherchen-Zeitungsberichtes soll der *Argumentationslogik* folgen.
Das heißt: Der Bericht muss in der Abfolge der Schilderung und
in der Zuordnung der Sachverhalte *plausibel* sein. Nach der
Lektüre des Artikels sollte sich der Leser auf keinen Fall fragen
müssen, wie und warum der Schreiber zu *dieser* Darstellung,
diesen Ursachen-Schilderungen und Bewertungen gelangt ist.

- Dies führt zur zweiten Grundregel: *Der Leser* sollte bei der
Lektüre des Artikels den *gleichen Meinungsbildungsprozess* –
sozusagen ein Aha-Erlebnis im Raffer – *durchlaufen,* den der
Journalist im Verlauf seiner Recherche über das »Wie« und das
»Warum« absolviert hat.

5.9.2 Der Einstieg in die Geschichte

Wie jeder Zeitungsartikel, so bietet auch der Recherchenbericht
Neuigkeiten an – gelegentlich auch als Ereignis in der Art einer
News-Meldung über das Neueste vom Tage (die rasend aktuelle, fak-
tenträchtige Enthüllungsstory in der Art der CDU-Parteispendenaffäre
1999/2000 bleibt indessen im Zeitungsjournalismus die Ausnahme).
   Es bieten sich folgende Einstiegsmuster an:

Die Quintessenz als »News«:
An den Anfang, als möglicher *Einstieg* in die Geschichte, *kann die
Quintessenz* der Recherche *wie eine Neuigkeit dargestellt werden.*
Dies empfiehlt sich vor allem für kürzere Recherchen, deren Niederschrift die normale Artikellänge (rund 80 bis 120 Druckzeilen) nicht
übersteigt: Die Neuigkeit, die in der Quintessenz steckt, ergibt sich
dann meist durch den Kontrast etwa zum herrschenden Vorurteil, zur
landläufigen Meinung, zu einer vorausgegangenen Meldung.

> *Beispiel:* »Weniger Bücher – mehr TV-Kassetten: Vor zwei Wochen
> meldete die Presse, die Leute würden wieder mehr Bücher lesen und
> seltener vor dem Bildschirm hocken. Anlass zu solchen Spekulationen
> bot eine Statistik der Stadtbibliothek: Im vergangenen Jahr hatte die
> Zahl der Ausleihvorgänge stark zugenommen. Doch die Nachricht über
> die neuen Lese-Freuden erwies sich als Falschmeldung: Weil die

Stadtbibliothek auch die Ausleihe von TV-Kassetten ins Programm auf-nahm, stieg die Zahl der Ausleihen an. Immerhin, die Zahl der Bücher-freunde ...« usw.

Die Analogie:

Ein Recherchenbericht, dessen Quintessenz zwar spannend und inte-ressant, aber nicht sehr newsträchtig ist, sollte nicht über den eben beschriebenen Leisten geschlagen werden. Ist das Thema nach dem Analogie-Schema (»so ist es dort – wie ist es bei uns?«) bearbeitet worden, empfiehlt es sich, mit dieser *Analogie* den Artikel zu begin-nen: »Dort war es so – hier indessen ist es anders, nämlich...«

> *Beispiel:* »Der Senator, die Staatsanwälte und der Polizeichef unserer Stadt legen ihre Stirnen in Falten: Soll man auch bei uns die Life-Sex-Shows verbieten? Immerhin: In Frankfurt hatte Oberbürgermeister Wallmann kurzerhand die Schließung sämtlicher Sex-Show-Etablis-sements verfügt. Denn Frankfurts OB wollte dem Urteil der Bundesver-waltungsrichter, das ... usw.«

Der szenische Einstieg:

Bei der Niederschrift von Recherchen mit Humantouch, wie auch bei Themen, die Vorgänge im Gesellschaftsleben etwa einer Stadt oder ungewöhnliche Tätigkeiten behandeln, empfiehlt es sich, einen *Feature-Einstieg zu* wählen: Ein Stimmungsbild, *eine Szene* wird zu Beginn des Beitrags so geschildert, als sei der Autor (und mit ihm der Leser) selbst am Ort. Um den Leser aber nicht in die Irre zu füh-ren, wird nach dem zweiten Absatz ins Recherchenthema umgestie-gen. Dabei gilt notabene, dass die Einstiegsszene nicht erfunden und nicht beliebig gewählt wird, sondern das *Zentrum des Themas illust-riert.*

> *Beispiel:* »Es ist Montag morgen, halb 11 Uhr. Vor einer halben Stunde hat der Wirt die Kneipe geöffnet, Stühle werden von der Theke auf den Boden gestellt, die Gläser geputzt. Da kommt ein Mann mit langsamen Schritten in die Wirtsstube, geht an der Theke vorbei, setzt sich links hinten in die Ecke. Kurzgeschnittene blonde Haare nach Punker-Art, um die Schultern eine schwarze Plastikmontur, mit Ornamenten aus Blechnieten übersät. Drunter ein ehemals weißes Leibchen. Das Ge-sicht hält er auf seine Arme gestützt. ›Der kommt jeden Morgen her‹, sagt der Wirt und zapft einen Krug Helles, ›der ist seit einem halben Jahr arbeitslos‹.

Der Mann in der Ecke ist noch nicht einmal zwanzig. Gegen Mittag hat er das dritte Bier genommen; schon am frühen Nachmittag ist er zu.
Ein Trinkerschicksal – oder die Not arbeitsloser Jugendlicher? Ende vergangenen Jahres waren bereits über 200 Jugendliche unter 24 Jahren ...« usw.

Die Einstiegsthese:
Handelte es sich um eine heikle und *aufwendig* durchgeführte Thesen-Recherche mit *Enthüllungscharakter,* dann wird die Redaktion daran interessiert sein, diese Arbeit auch als Eigenleistung groß herauszubringen (gute Leistungen schamhaft zu verschweigen ist vornehm, publizistisch aber unklug): Einen guten Einstieg in die Geschichte liefert in einem solchen Fall die *Recherchierthese,* indem sie in pointierter Formulierung als Behauptung vorangestellt wird.

Beispiel: »In der Osterzeit konsumiert jeder Deutsche 15 bis 20 Eier – schön ovale, bunt bemalte Produkte von glücklichen deutschen Hennen. Überprüfungen des Landwirtschaftsministeriums bestätigen, dass in Hühnereiern keine unzulässigen Rückstände gefunden wurden. Und doch: 80 Prozent der Eier stammen von Tieren, die bei künstlichem Licht, auf eine winzige Fläche eingepfercht dahinvegetieren. Abhängig von Drogen und Hormonfutter, stabilisiert mit Kreislaufpräparaten, gackern Deutschlands Hühner um die Wette, stimuliert mit Aufputschmitteln, damit sie noch schneller Eier legen. Wieviele Giftstoffe werden wir wirklich zu uns genommen haben, wenn die Osterzeit vorüber ist? ›Gerade bei Hühnereiern‹, so der Veterinärmediziner Meier-Müller, ›ist ein Giftstoff-Nachweis kaum zu erbringen‹, selbst biologische Tests funktionierten nur selten.
Eine Recherche unserer Redaktion brachte ans Licht, dass die Eier von Legehennen ...« usw.

5.9.3 Der »rote Faden« durch die Geschichte

Ist der Grobablauf der Geschichte festgelegt und ein zum Lesen anregender Einstieg gefunden, gilt es nun, den roten Erzähl-Faden durchzuhalten.
Dies ist vergleichsweise einfach, wenn es sich um eine *Rekonstruktionsrecherche* handelt, denn dann lässt sich das ganze Geschehen chronologisch nacherzählen. Spannung wird durch den schon erwähnten *Zoom-Effekt* und durch die Beschreibung handelnder Per-

sonen erzeugt. Der Artikelschreiber verfährt dabei wie der Verfasser eines Bühnenstücks: Er lässt die Personen »auftreten« – und auch wieder verschwinden.

Handelt es sich um eine *enthüllende Recherche,* dann empfiehlt es sich, die einzelnen Enthüllungsmerkmale locker aneinander zu reihen: zuerst einen wichtigen Sachverhalt mit Knalleffekt vorstellen, um den Enthüllungscharakter zu unterstreichen; dann einzelne Elemente der Enthüllung erzählen und mit Äußerungen der Betroffenen, einiger Sachverständiger und Beteiligter garnieren.

Wenn ein komplexer Sachverhalt systematisch von außen nach innen durchrecherchiert worden ist und trotz aller Themenbegrenzung nun eine unübersichtliche Materialflut vorliegt, kann der *Ablauf der Recherchierarbeit* selbst als roter Faden genommen werden: Der Journalist berichtet seinem Leser nicht nur, *was* er recherchiert hat, sondern auch *wie* er es tat.

Er wird zwangsläufig die einzelnen Arbeitsschritte wie spannende Erlebnisse erzählen müssen, damit die Schreibe nicht zu langweilig wird – mit der Gefahr, sich und seiner Arbeit zuviel Bedeutung und Gewicht zu geben. Darum empfiehlt sich diese Schreibweise nur, wenn die Recherche schwierig und kompliziert, wenn prominente Ansprechpartner besonders heikel und unzugänglich waren.

Und zum Schluss noch ein Tipp, der für Profis eigentlich selbstverständlich sein sollte: Wenn die Geschichte fertig geschrieben ist, sollte sie von einem Kollegen/einer Kollegin *gegengelesen* werden, der/die vom betreffenden Recherchierthema möglichst *keine Ahnung* hat, aber von journalistischen Darstellungsformen viel versteht. Er/sie soll prüfen, ob alles verständlich dargestellt, ob die Quintessenz plausibel gesetzt, ob der Zusammenhang transparent geworden und ob genug Farbe drin ist – und natürlich, ob es keine unnötigen Unterbrüche und Längen gibt.

Ich sage dies auch aus eigener Erfahrung: Die perfekte Recherche gibt es nicht. Und eine makellos-süffige Schreibe täuscht oft genug über die Mängel der Recherchierarbeit hinweg wie der Fassadenputz über die rissigen Stellen in der Wand.

SECHSTER TEIL

WIE MAN SCHWIERIGE THEMEN RECHERCHIERT

Übersicht

Für den journalistischen Alltag sind die in den vorausgegangenen Buchteilen besprochenen Verfahren ausreichend. Bei Überprüfungen und Ergänzungen von Informationen, auch bei aufdeckenden Recherchen, kommt es vor allem auf die Beachtung einiger Grundsätze, im Übrigen auf ein gutes Handwerkszeug an.

Trotzdem gibt es immer mal wieder regelrechte Knacknüsse: eine undurchschaubar scheinende Affäre, ein Unglück mit unübersehbar vielen Beteiligten und vielleicht auch Verantwortlichen – oder ein Problemthema, das uferlos und unergründlich scheint. Was tun?

Für besonders schwierige Recherchen sind die in diesem Buchteil beschriebenen Methoden und Techniken gedacht. Denn je komplexer der zu enthüllende Sachzusammenhang ist, je heißer die Story zu werden verspricht, desto sorgfältiger muss die Recherche angelegt, desto systematischer sollte sie auch durchgezogen werden.

6.1 Das Recherchierthema richtig fassen

Vor allem bei Themenrecherchen, die oft nicht mehr als eine »Idee« zum Ausgangspunkt haben, muss der eigentlich wichtige, weiterführende und ergiebige Aspekt erst noch gefunden werden. Hierfür empfehlen sich die folgenden drei Schritte.

6.1.1 Zuerst richtig anknüpfen – fünf Muster

Das aktuelle Geschehen, meist in Form von Meldungen und Berichten liefert bestenfalls den Aufhänger und Bezugspunkt. Das Recherchierthema, der wichtige Aspekt, sollte – an das aktuelle Geschehen anknüpfend – nach einem der folgenden fünf Muster entwickelt und zum aktuellen Thema aufgebaut werden.

Das Analogie-Schema:
Vor allem für den *Lokalteil* bietet sich dieses auf Vergleich angelegte Schema nach dem Muster »dort ist es so – wie ist es bei uns?« an.

> *Beispiele:* In Kiel wird eines Sonntag morgens eine vergiftete Schoko-Milch sichergestellt; der Molkerei und den Behörden gelingt es, sämtliche Schoko-Milch-Packungen der fraglichen Abfüllung innerhalb von Stunden wieder einzusammeln. Größeres Unglück konnte so verhindert werden. Das Recherchethema: Wenn in unserer Stadt die Molkerei ebenfalls eine mit Reinigungsmitteln vergiftete Milch irrtümlich abfüllen und in den Verkauf geben würde: wie lange dauerte es, bis die Händler und Käufer gewarnt, die Milch wieder eingesammelt wäre?
> Oder: Frankfurts Oberbürgermeister hat sämtliche Sex-Live-Shows in seiner Stadt verboten. Wird dies auch in unserer Stadt gefordert, wenn ja: von wem? Oder sind hier die Behörden eher gegen ein Verbot?

Das Ereignis/Ursachen-Schema:
Die Fakten sind zwar klar, doch der erklärende oder begründende Zusammenhang ist (noch) unklar.

Beispiele: An der Doppel-Straßenkreuzung in Nordstadt hat sich nun schon der dritte schwere Unfall innerhalb von 15 Monaten ereignet, obwohl die Kreuzung klar signalisiert ist und als »verkehrssicher« gilt. Wie kommt es zu dieser Unfallhäufung, warum sind die Unfälle durchweg so schwer? Wurde die Kreuzung falsch geplant – oder gibt es ganz andere Gründe?

Oder: Aus den Betrieben, den Behörden und Krankenhäusern wird eine erschreckend hohe Zahl an Grippe-Kranken gemeldet: Grassiert ein besonders hartnäckiges Grippevirus, sind die Leute überhaupt anfälliger für Erkältungskrankheiten – oder nehmen sich immer mehr Arbeitnehmer sogenannte Grippe-Ferien?

Das dynamische Schema:

Ein aktuelles Geschehen wird mit einem früheren Vorgang verglichen. Der historische Vergleich zeigt Abweichungen bzw. Veränderungen gegenüber früheren Situationen oder Behauptungen. Der mit dem Vergleich erzeugte Kontrast führt zur Recherchierfrage.

Beispiel: Im vergangenen Winter hat das kommunale Straßenverkehrsamt Streusalz erstmals nur schwerpunktmäßig für Hauptstraßen, Kreuzungen und bei Gefälle eingesetzt, um die Negativfolgen der Salze zu mindern. Hat sich dieser Versuch gegenüber dem Vorwinter als zweckvoll erwiesen? (Nachfrage:) Wird er nur deshalb positiv beurteilt, weil er dem herrschenden Vorurteil entgegenkommt? (These: Alibi-Übung wird als Öko-Bewusstsein verkauft).

Das Hypothesen-Schema:

Sehr komplexe Sachverhalte werden in einen Handlungszusammenhang gestellt (räumlich, zeitlich, organisationslogisch o.ä.). Auffällige Merkmale können nun miteinander verknüpft und auf einen gemeinsamen Wirkungszusammenhang als Recherchierthese zurückgeführt werden.

Beispiel: Die Zahl der Arbeitslosen steigt; der Prozentsatz an Beschäftigten, die wegen Grippe-Erkrankungen der Arbeit fern bleiben, ist zurückgegangen. These: Aus Angst vor Arbeitsplatz-Verlust melden sich weniger Leute krank.

Oder: Die Zahl schwer vermittelbarer jugendlicher Arbeitsloser steigt; der Anteil an Alkoholikern unter arbeitslosen Jugendlichen steigt. These: Jugendliche, die arbeitslos sind, tendieren zum Alkoholismus.

Die Enthüllung – Schema 1:

Vorgänge, Beschlüsse oder Äußerungen, die innerhalb einer Partei, Institution oder Unternehmung für interne Zwecke getroffen wurden, gelangen nach außen und so ins Urteil der öffentlichen Meinung (Inside-Enthüllung). In der Öffentlichkeit geht es dann nicht allein ums rechtlich Zulässige, sondern auch um Moralität und um Glaubwürdigkeit. Beides zieht die Recherchierfrage in Zweifel – ein Ansatz, der vor allem bei Politikthemen ertragreich ist (wie: Verdacht der Vorteilnahme bei Parteispenden).

> *Beispiel:* Die Elb-Fischer ziehen gegen Chemiefirmen los, nachdem ihnen ein behördeninternes Papier zugespielt worden war, demzufolge die Chemieunternehmen größere Mengen giftiger Schadstoffe ins Wasser ableiten dürfen. Frage: Kann die betreffende Landesregierung die Elbverschmutzung denn nicht eindämmen – oder will sie es nicht?

Die Enthüllung – Schema 2:

Zwischen der offiziellen Darstellung einer Handlung und deren faktischem Ablauf bestehen Widersprüche. Das heißt: Die offiziell verbreitete Version deckt sich nicht mit den Versionen, die Beobachter erzählen. Dieser Widerspruch macht nun das Kernthema der Recherche aus.

> *Beispiel:* In einem Pressekommuniqué steht, 400 Polizisten hätten mit Wasserwerfern und Tränengas einschreiten müssen, nachdem Hunderte jugendlicher Randalierer in der Folge einer nicht bewilligten Demonstration Sachschäden angerichtet hätten. Augenzeugen berichten demgegenüber: Etwa hundert Jugendliche, die sich auf dem Karl-May-Platz eingefunden hätten, um 20 Blumensträucher symbolisch als Protest gegen die Öde der Stadt einzupflanzen, seien von mehreren hundert Polizisten überraschend attackiert und auseinandergetrieben worden, worauf es dann erst zu Vandalismus gekommen sei. Frage: Ist die Augenzeugen-Version sachgerechter – und wenn ja: Wie kam es zu diesem Polizeieinsatz und in der Folge zu der irreführenden Sachverhaltsschilderung im Presse-Kommuniqué? Und: Handelt es sich um einen Ausnahmefall?

6.1.2 Die Informationsbasis klären

Wenn die Fragenstellung klar umrissen ist, empfiehlt es sich, das Ausgangswissen »dicht« zu machen – anhand folgender drei Maßnahmen:

- *Absichern:* Ist die Schilderung des Ereignisses, an das die Recherche anknüpft, überhaupt *gesichert?* Ist die Sachverhaltsschilderung überprüft, sind die Quellen kontrolliert worden? War z. B. die Schoko-Milch in Kiel tatsächlich schon vor dem Verkauf vergiftet, waren die Angaben des Kindes glaubhaft? Oder: Haben sich tatsächlich alle vier tödlichen Unfälle auf der besagten Kreuzung ereignet, oder waren es vielleicht doch nur drei, in einem Zeitraum von zwei Jahren statt 15 Monaten, und vielleicht nicht direkt auf der Kreuzung, sondern in unmittelbarer Nähe?
  Zuerst müssen also die Polizeiberichte der vier Unfälle beschafft werden; zuerst müsste also mit dem Knaben in Kiel bzw. mit seinen Eltern über die angeblich vergiftete Schoko-Milch gesprochen werden.

  Beispiel: »Weg vom Fernsehen, hin zum Buch – Bücherhallen melden neuen Rekord«, meldet eine norddeutsche Boulevardzeitung und gibt so Anlass für eine hochaktuelle, interessante Vergleichsrecherche: Warum lesen die Leute plötzlich, im Video-Zeitalter, viel mehr Bücher als früher? Peinlich daran war nur, dass die Zeitung für ihre Meldung falsche Vergleichszahlen herangezogen hatte; eine genaue Überprüfung der Daten ergab, dass genau umgekehrt, weniger Bücher ausgeliehen wurden, als in den Jahren zuvor.

- *Die Anhaltspunkte:* Ist der Vordergrund des Geschehens breit und detailliert genug dargestellt?
  Oftmals sind gerade Meldungen so verknappt, dass der Geschehensablauf und die daran Beteiligten sowie der Bedeutungszusammenhang nicht ersichtlich werden. Noch bevor mit der eigentlichen Recherchierarbeit begonnen wird, sollten weitere Vordergrund-Schilderungen beschafft werden (etwa: die Berichte in den anderen Zeitungen, sofern keine Agenturmeldung;

der Pressetext der Behörde oder der Unternehmung, der dem Bericht zugrunde liegt; die Schilderung von Kollegen oder Passanten, die beim Geschehen dabei waren). Erst die hinreichend detaillierte Schilderung des Geschehens, das als Aufhänger und Bezugspunkt dient, gestattet einen erfolgverprechenden Einstieg in die Recherche.

Entenjagen: Allzu oft vertrauen recherchierende Journalisten den Meldungen, die Aufhänger und Bezugspunkt einer Recherche sein sollen, blindlings: Immer wieder wird einer Ente hinterhergejagt. Und oft wird eine aufgeblasene Spekulation als Recherche verkauft, nur weil man nicht zugeben will, dass man einer Ente aufgesessen und ins Leere gelaufen ist. Die Ente entstammt übrigens dem Kürzel n.t. (non testatur = nicht überprüft).

Oftmals wird auch das vorliegende Material, die Vordergrund-Schilderung, nicht genau ausgewertet. Recherchierende Journalisten gehen dabei von Mutmaßungen aus, die bei präzisem Studium der Unterlagen bereits hätten verworfen werden müssen. Oder sie recherchieren Sachverhalte, die sich bei genauerer Auswertung der vorliegenden Unterlagen bereits erschlossen hätten. Umgekehrt werden immer mal wieder aufwendige Recherchen aufgrund eines kargen Zeitungsberichts in Szene gesetzt, werden aberwitzige Hypothesen und Enthüllungsvermutungen aufgestellt, die bei präziser Kenntnis des Ereignisses und Vordergrundes niemals aufgestellt worden wären.

Es ist darum unerlässlich, dass *vor* Arbeitsbeginn alle am Geschehen direkt Beteiligten, soweit möglich, namhaft gemacht worden sind.

Beispiel: Die Recherche über den Komplex: »Jugendliche Arbeitslose und Alkoholismus« ist dann zwecklos, wenn nicht festgestellt wird, wie und von wem genau die Alkoholismus-Enquête durchgeführt wurde – und der Forschungsbericht beschafft wird. Zudem: Jugendliche Arbeitslose, die Trinker geworden sind, sollten exemplarisch namhaft gemacht und aufgesucht werden können.

- *Zuspitzen:* Ist das Recherchethema genügend eingegrenzt und präzise genug definiert?
  Das zu recherchierende Problem muss aufgrund des vorliegenden Materials nicht etwa breit, sondern *so eng wie irgend möglich* – nach Maßgabe des mutmaßlichen allgemeinen Interesses – gefasst werden.
  Mit dem Fortgang der Recherche wächst ohnehin die Informationsdichte, wird das Wissen auch über Zusammenhänge zunehmend breiter. So trägt jede um die Aufhellung komplexer Sachverhalte bemühte Recherche ohnehin die Gefahr des Ausuferns in sich. Um so wichtiger ist es darum, eine möglichst *einfache* Ausgangshypothese und ein möglichst präzis eingegrenztes Themenfeld zu definieren.

  Beispiel: Die tödlichen Unfälle auf der unübersichtlichen Kreuzung dürfen, auch wenn oftmals Alkohol im Spiel war, nicht zu einer Globalabklärung über Alkoholismus am Steuer oder einer Erörterung des Problems der Verkehrserziehung ausufern. Vielmehr: Liegt es an Eigenheiten der Kreuzung – ja oder nein?

6.1.3 Methodisch vorbereiten

Für die effiziente Durchführung der Vollrecherche sollte das Thema mit folgenden drei Schritten umgesetzt, also *operationalisiert* werden:

- *Auf zwei Ebenen operieren:*
  Mit der Formulierung einer Ausgangshypothese umfasst die Recherche zwangsläufig zwei Ebenen:
  Die *Sachverhaltsebene,* auf der rekonstruiert und vervollständigt wird (Antworten auf die Fragen: wer/was/wann/wo – und das chronologisierende wie?) – und:
  Die *Begründungsebene,* auf der nach Motiven, Beweggründen und Kausalzusammenhängen gesucht wird, um die Sachverhalte erklären zu können (Antworten auf Fragen: wie – und warum?).
  Diese *Doppelbödigkeit* kann so umgesetzt werden, dass mit *zwei Blättern* (oder mit einem großen, in der Mitte durch einen Strich

geteilten Blatt) respektive mit Vorder- und Rückseite gearbeitet wird: Auf der einen Seite wird fortlaufend alles notiert, was auf die Fragen Antwort gibt: *Wann, wo, wie hat es sich zugetragen?* Und auf der anderen Seite wird alles eingetragen, was Antworten gibt auf die Frage: *Warum* hat es sich wohl so ereignet? Diese Blätter ergeben das *Rechercheprotokoll*.

- *Alle Akteure erfassen:*
  Für alle im Geschehen vorkommenden Personen, Institutionen und Ansprechstellen werden am zweckmäßigsten Karteikarten (auf dem Papier oder als Datenbank) angelegt. Auf der Karte stehen jeweils Name, Adresse, Berufstätigkeit (gegebenenfalls Zivilstand und persönliche Daten); die mutmaßliche Rolle im Geschehen; die voraussichtliche Bedeutung für den Rechercheur.
  Diese Personenkartei ist vor allem sinnvoll, wenn es sich um die Rekonstruktion von äußerst komplexen Geschehnissen und Machenschaften handelt, an denen viele Menschen beteiligt waren/sind. Außerdem hilft sie beim Erstellen des Befragungsplans.

- *Die Befragung organisieren:*
  Noch vor der Kontaktnahme mit den *Akteuren* wird für das weitere Vorgehen ein *Befragungsplan,* modisch ausgedrückt: ein Design angelegt. Das Gelingen vor allem der aufdeckenden Recherche hängt wesentlich davon ab, ob der Rechercheur sich zu solch einem methodischen Vorgehen entschließen und dieses auch durchhalten kann – oder ob er sich von Ein- und Zufällen und der Gunst der Stunde (ver-)leiten lassen will.
  Die Erfahrung lehrt, dass die unsystematisch verfahrende Recherche in der Regel nicht einmal eine hinreichende Abklärung der Geschehnisse (= Sachverhaltsebene) zuwege bringt und die Deutung der Beweggründe und Ursachen (= Begründungsebene) auf Spekulation stützt oder der Leserlaune überlässt.
  Die wenigen für das *systematische Vorgehen* bei den Befragungen zu beachtenden Grundregeln sind in den folgenden Abschnitten zusammengefasst.

6.1.4 »Mind Mapping«

Bei unübersichtlichen Themen mit einer Vielzahl an Akteuren und Nebenaspekten kann eine am »Mind Mapping« orientierte Arbeitsweise sinnvoll sein: Der *mutmaßliche* Zusammenhang zwischen den Akteuren und den Aspekten des Themas wird grafisch – zum Beispiel mit Pfeilen, Kringeln, Klammern, Frage- und Ausrufungszeichen – dargestellt. Eine solche Zeichnung visualisiert damit den vom Rechercheur in das Thema hineingedachten Zusammenhang zwischen den Akteuren, den Sach- und Handlungsebenen (wie: Gesetzliche Grundlagen, Ausführungsbestimmungen, Gesetzesvollzug). Die Technik des »Mind Map« wurde von dem US-amerikanischen Gedächtnisforscher und Publizisten Tony Buzan in den 70er Jahren als »Mind Mapping Method« entwickelt und mit mehreren Buchveröffentlichungen popularisiert (vgl. Tony und Barry Buzan 1997).

Buzans Ausgangspunkt waren Untersuchungen über die Gehirnfunktionen. Er kam auf die Idee, mit Trainingstechniken die beiden Hirnhemisphären zu synchronisieren, um so die kreativen Potenziale der rechten Hemisphäre mit den analytischen Fertigkeiten der linken (bei Linkshändern ist es umgekehrt) zu verbinden und kreatives Denken (»geistige Potenziale«) für Problemlösungen freizusetzen.
Diese Technik des Mind Map hilft vor allem dann, wenn man bei komplexen Themenrecherchen vom lähmenden Gefühl, die Übersicht verloren (oder nie gewonnen) zu haben, überflutet wird. Dann nützt oftmals der Griff zu Filzstiften oder zu einer Software, die das Mind Mapping auf dem Bildschirm ermöglicht (die in Deutschland bekannteste war 1999 der »Mind Manager« von der Firma MindJet LLC.).

Verfahren: Zuerst werden die wichtigsten Aspekte des Themas in Stichworten auf Karten geschrieben. In einer zweiten Farbe werden alle Akteure auf kleine Karten, in einer dritten Farbe alle neutralen Informanten und weitere potenzielle Quellen notiert.

Auf einer Magnettafel, Pinwand oder auch auf einem großen Stück Packpapier lassen sich nun die Karten fixieren und mit Pfeilen, Ästen und Verzweigungen verknüpfen. Bei dieser Verknüpfung geht es um die Visualisierung der Frage: Wer steht mit wem – auf Grund welcher Beziehungen und Interessen – über welche Vorgänge (Handlungen) in welcher Verbindung? Nach und nach entsteht ein

Struktur- und Beziehungsnetz, das dem Rechercheur Übersichtlichkeit vermittelt.

Diese Pintechnik verlangt die fortlaufende Aktualisierung des Designs. Selbstverständlich kann sich hier der zeichnerisch begabte Rechercheur voll entfalten und Gedankenwolken, Blitzlichter, Tretminen, Sprechblasen usw. hinzumalen und so auf Risiken hinweisen und/oder Eigenheiten einzelner Personen herausstellen.

Beispiele: Die Vergiftung der Elbfische durch Schadstoffeinleitungen der Anrainerfirmen mündet in ein komplexes Thema, seitdem feststeht, dass die Firmen nichts Unrechtmäßiges getan haben (oder getan zu haben scheinen). Die Frage lautet nun: Wer alles hat mit der Schadstoffeinleitung und dem folgenden Fischsterben zu tun? Auf welchen rechtlichen Grundlagen wurde die Bewilligung für die Schadstoffeinleitungen erteilt? Das nachfolgend gezeigte Beispiel wurde mit dem »Mind Manager« erstellt.

Oder der im November 1999 durch die Vernehmung des Ex-CDU-Schatzmeisters Kiep durch die Augsburger Staatsanwaltschaft ins Rollen gekommene Spendenskandal der CDU: Wann flossen welche Schwarzgelder über welche Kanäle von wo nach wohin? Wer hatte welche Rolle inne? Mit wem war Helmut Kohl als Geldgeber verbandelt? Wie lief die Verbindung zwischen Bundes-CDU und der Hessischen CDU aus, deren früherer Parteichef Kanther mit Schwarzgeld auf illegalen Konten in der Schweiz jonglierte? Aus welchen Quellen stammten welche Schwarzgelder? Usw. Es versteht sich, dass im Zentrum dieses höchst komplizierten Geflechts die Bundeskasse der CDU und/oder Helmut Kohl stehen, von denen aus verschiedene Verbindungslinien zu Gruppen und Personen verlaufen.

Sinnkonstruktion: Wer mit der Mind-Mapping-Methode recherchiert, muss sich bewusst sein, dass mit der Visualisierung mutmaßlicher Zusammenhänge auch Hypothesen über Ursachen und Folgen einher gehen. Bereits die grafische Anordnung einzelner Einrichtungen und Gruppen, dann deren Verknüpfung mit Pfeilen und Klammern drückt einen Interaktionszusammenhang aus, von dem keineswegs feststeht, dass er auch so existiert (nachgewiesen werden kann).

Darum ist sich der Rechercheur stets darüber im Klaren, dass sein Design keineswegs Wirklichkeit abbildet, sondern Sinnzusammenhänge hypothetisch konstruiert.

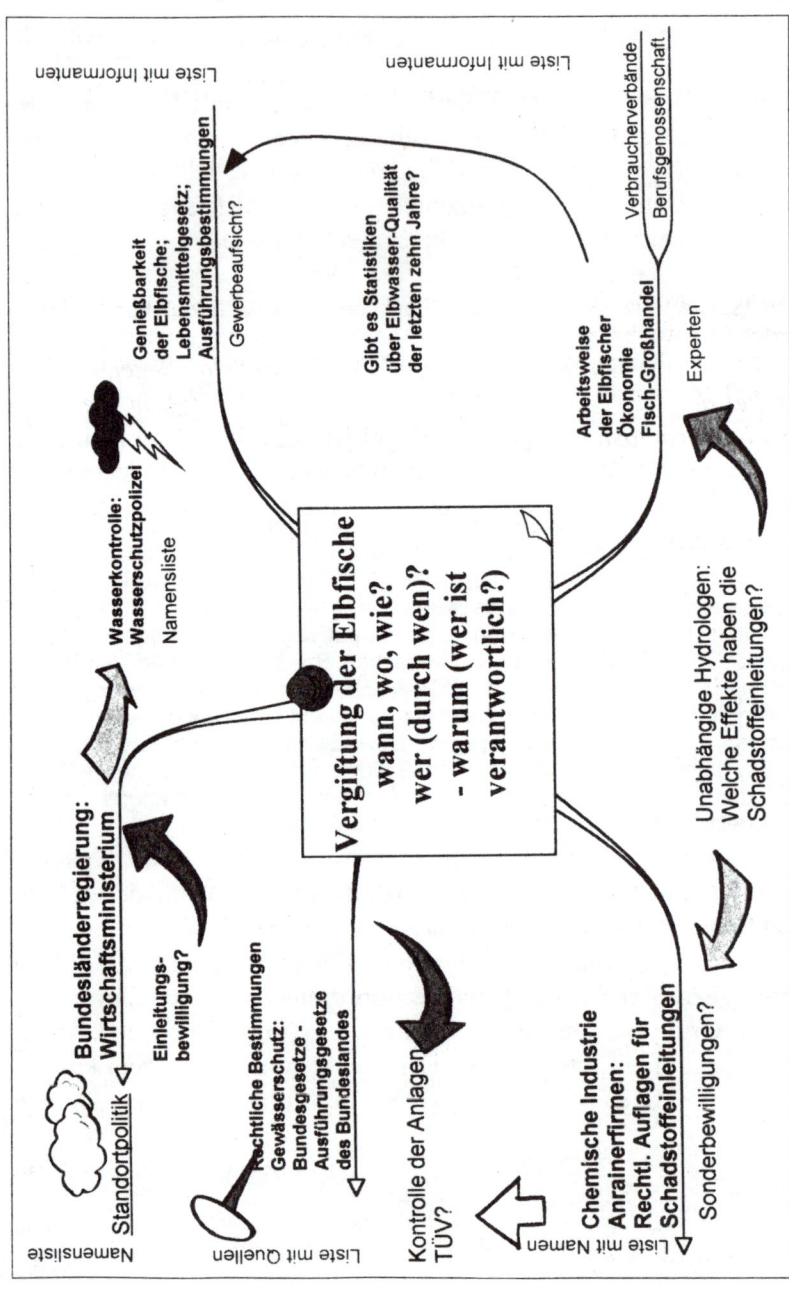

Beispiel eines Mind Map, erstellt mit der Software "Mind Manager"

6.2. Die Organisation der Befragungen: Der Befragungsplan

Wie auch immer der recherchierende Journalist bei seiner Arbeit vorgehen wird:

Sehr hilfreich ist die im zweiten Teil behandelte Regel, dass er sich bei den Befragungen von »außen« nach »innen« an die Sachverhalte herantasten soll. Diese Regel ist vor allem dann zwingend, wenn es um die Klärung eines Konflikts geht.

»Außen« bedeutet: unbeteiligt sein, ohne besondere Interessen, ohne Verantwortung für die Sachlage, so wie sie vorliegt.

»Innen« heißt: sehr beteiligt, in der Sache parteilich und für das Geschehen mitverantwortlich oder davon betroffen sein.

Im »Kern« stehen demzufolge die Hauptverantwortlichen, Verursacher, Hauptbetroffenen und dergleichen mehr.

Diese Vorgehensweise gilt nicht nur gegenüber Gesprächspartnern und Informanten, sondern auch in Bezug auf die zu recherchierenden Sachverhalte: *Ausgangspunkt* ist immer der *gesicherte Vordergrund:* das Geschehen, das als Aufhänger und Bezugspunkt dient. Von dort aus arbeitet sich der Rechercheur Schritt um Schritt an das Zentrum, seine Recherchierthese, heran.

Dieses Vorgehen empfiehlt sich vor allem aus zwei Gründen:

- *Detailkenntnisse:* Der Wissensstand des Journalisten über das Geschehen, das ihm als Ausgangspunkt der Recherche dient, sollte wenn immer möglich nur knapp unter demjenigen seines Gesprächspartners liegen. Darum befragt der Rechercheur einen am Geschehen unmittelbar Beteiligten wenn möglich erst, wenn er einen entsprechenden Kenntnisstand erworben hat. Andernfalls wird er kaum in der Lage sein, sachdienliche und hinreichend präzise Nach- und Kontrollfragen zu stellen; und er wird sich das hohe Detailwissen seines Gesprächspartners, wenn jener von sich aus nicht gesprächig ist, kaum erschließen können.

- *Die Übersicht:* Je weitreichender die Mitverantwortung und/oder die Beteiligung des Gesprächspartners am Geschehen ist, desto einseitiger, auch parteilicher sind seine Darlegungen. Das Ausmaß der Einseitigkeit, der Verfälschung oder gar Verdrehung vermag nun aber der befragende Journalist erst dann zu erfassen, wenn er sich selbst eine Übersicht über die anstehenden Sachverhalte verschafft hat – einer Landschaft vergleichbar, in der er die verschiedenen Positionen einzuordnen vermag. Wenn er systematisch vorgeht, wird er also seine Gesprächspartner in der Reihenfolge befragen, die dem Weg von der Peripherie zum Kern entspricht.

Beide Grundregeln – von außen nach innen sowie auf zwei Ebenen (und zuerst auf der Sachverhaltsebene) recherchieren – verlangen eine entsprechende Organisation der Befragungen. Hierzu bieten sich folgende Schemata an:

- das Subjekt/Objekt-Schema (Konfliktthemen),
- das Polaritätenprofil (Strukturthemen),
- die Inside-Enthüllung (Absicherungsstrategie).

6.2.1 Das Subjekt/Objekt-Schema

Der Rechercheur macht sich den Umstand zu eigen, dass bei dem aufzuklärenden Geschehen oder Sachverhalt es widerstreitende Positionen gibt. Er sollte ohnehin immer *beide Seiten* eines Konflikts, einer Kontroverse, Auseinandersetzung oder dgl. befragen (im Jargon: »Gegencheck«). Darüber hinaus können die sich widerstreitenden »Lager« gegeneinander ausgespielt, in ihrer Interessenlage aufgedeckt und/oder in ihrer emotionalen Einstellung charakterisiert werden.

Beim Subjekt/Objekt-Schema wird nun ganz pauschal unterschieden zwischen *beteiligten Akteuren* einerseits und den vom Geschehen eher *passiv Betroffenen* andererseits.

Der Journalist notiert sich etwa auf der linken Seite eines Blattes Papier sämtliche ihm bekannten Personen und Institutionen, die am Geschehen in irgendeiner Form aktiv beteiligt waren und/oder für den Sachverhalt verantwortlich sind; Leute mithin, die auch immer als *Interessenvertreter* auftreten. Sie alle sind für den recherchierenden Journalisten die *agierenden Subjekte*.

Ihnen gegenüber, etwa auf der rechten Seite des Blattes und durch einen Strich getrennt, notiert sich der Journalist die vom gleichen Sachverhalt Betroffenen, mithin Leute, die nicht agieren, sondern als *Objekte reagieren*. Hierzu gehören auch die Sympathisanten und Sprecher der Betroffenen.

Völlig getrennt von diesen beiden Gruppen, etwa auf dem oberen Drittel des selben Blattes Papier und durch einen Querstrich getrennt, notiert sich nun der Rechercheur sämtliche *unbeteiligten Kenner* des vorliegenden Sachverhalts, also Quellen, die in Bezug auf das Geschehen keine Interessenvertreter, vielmehr neutral eingestellt sind, wie etwa Experten und Augenzeugen.

In einem zweiten Arbeitsgang legt der Rechercheur die *Reihenfolge* fest, nach der er dann mit den Befragungen beginnt. Entscheidend ist nun, dass er sich zuerst die Gruppe der *unbeteiligten Sachkenner* vornimmt, um ein möglichst interessenunabhängiges Bild vom Geschehen zu bekommen. Innerhalb der Gruppe der Unbeteiligten wird er sich zuerst einen Gesprächspartner auswählen, der möglichst distanziert und doch möglichst informiert ist, etwa den Sachverständigen eines Instituts, der sich mit dem gleichen Sachverhalt schon seit langem befasst, den Sprecher einer am Geschehen nicht direkt beteiligten Behörde, eines Aufsichtsgremiums usw. *Erst wenn der Rechercheur den Sach- und Sinnzusammenhang des Geschehens kennt,* auf das er seine Recherchierthese stützt, *sollte er sich den Gesprächspartnern der Subjekt- resp. Objektgruppe zuwenden.*

Erfahrungsgemäß ist es sachdienlich, dann *zuerst* einen Gesprächspartner der *Objektgruppe* auszusuchen, aus der Erfahrung, dass die Betroffenen von vornherein erheblich gesprächsbereiter und problembewusster sind als die Akteure, die dem recherchierenden Journalisten eher misstrauisch und abwiegelnd gegenübertreten.

Der Rechercheur wird vielleicht noch weitere, möglichst glaubwürdige Vertreter der Objektgruppe befragen. Da er sich schon zuvor mit Hilfe der unbeteiligten Fachleute hinreichend sachkundig gemacht hat, vermag er auch den Tatsachengehalt der Darlegungen einigermaßen abzuschätzen; er ist den Schilderungen nicht blindgläubig ausgeliefert.

In einem weiteren Schritt befragt er nun einige Vertreter der Subjekt-Gruppe, und zwar solche, die nicht zu den Hauptakteuren und/oder Hauptverantwortlichen, sondern eher zur Peripherie gehören. Die zuvor von den Betroffenen gegebenen Schilderungen nutzt der befragende Journalist, um die in der Regel eher wortkargabweisende Haltung der Akteure aufzuweichen: Sie werden nun mit Äußerungen der Gegenseite konfrontiert und um Stellungnahmen, um Gegen-Darstellungen angegangen.

Im Fortgang der Befragungen *pendelt* nun der Rechercheur zwischen Akteuren und Betroffenen hin und her, indem er dem Gesprächspartner der einen Seite, wenn er sich in Schweigen hüllen will, Einlassungen der anderen Seite vorhält. Im Fortgang dieser Pendelbewegung bewegt sich der Rechercheur auf das Zentrum seiner Recherche zu, bis er schließlich die Hauptverantwortlichen des vorliegenden Sachverhalts mit seiner (inzwischen durch die Befragungen erhärteten) Recherchierthese konfrontiert und diese durchdiskutiert. (Oft verweigern sich leider die Hauptverantwortlichen aus gutem Grund einer solchen Befragung; in einem solchen Fall muss dann der Journalist die mutmaßliche Einstellung des Hauptakteurs *ermitteln:* Er umreißt dessen Haltung etwa anhand früherer Äußerungen und sonst beobachteter Verhaltensweisen; vor allem bei öffentlichkeitsorientierten Prominenten lässt sich in der Regel genug Material beibringen.)

Die nach diesem Schema verfahrende Recherche geht von der Annahme aus, dass doch trotz aller Zurückhaltung auf Seiten der Beteiligten eine insgesamt ausreichende Gesprächsbereitschaft da ist. Auch gilt, dass die Positionen unter den Beteiligten so weit abweichen, dass sie in zwei Lagern abgebildet und zu wechselseitig widersprüchlichen Aussagen komprimiert und gegeneinander ausgespielt werden können.

Dies setzt nun zweierlei voraus: Zum einen darf es keine »gemeinsame Decke« geben, unter der alle Akteure, womöglich auch noch die Betroffenen stecken (was gelegentlich im Lokalen der Fall sein kann). Und zum anderen dürfen die Rollen der Beteiligten in diesem Befragungsplan nicht allzu vielschichtig, darf der zu erhellende Sachverhalt nicht allzu komplex sein. Andernfalls verfärbt dieses Schema die tatsächlichen Verhältnisse, indem es vielfältige Beziehungsmuster auf ein einziges, kontradiktorisches reduziert.

Die Erfahrung lehrt indessen, dass der überwiegende Teil eigenständiger Konflikt-Recherchen nach diesem Schema durchgezogen werden kann. *Das Grundprinzip, nämlich zu jedem Sachverhalt immer auch die andere Seite möglichst konfrontativ zu Wort kommen zu lassen, führt nicht nur rasch zum Kern der Sache;* es garantiert auch, dass alle Hauptbeteiligten zu Wort kommen und dass später beim Schreiben des Zeitungsartikels *der Stoff farbig und spannend* erzählt werden kann.

Ein praktisches Beispiel über die Anwendung dieses Schemas findet sich im Kapitel 2.3.

Das Subjekt/Objekt-Schema

Befragungsplan für ein beliebiges Konfliktthema, das einfach strukturiert ist, aber bipolar angelegt werden kann. Hier: Teilung zwischen Beteiligtsein (aktiv) und Betroffensein (passiv).

Unbeteiligte =
keine Interessenvertreter in Bezug auf
den vorliegenden Sachverhalt
(= Experten, Sachkenner, Beobachter)

Subjekte = Liste der aktiv Beteiligten/Verantwortlichen für die aktuelle Sachlage	*Objekte =* Liste der Betroffenen der Sachlage nach Maßgabe der Recherchierthese
(= Interessenvertreter)	(= Interessenvertreter)
In der Reihenfolge ihres zunehmenden Beteiligtseins	In der Reihenfolge ihres zunehmenden Betroffenseins

Reihenfolge der Befragungen: von oben nach unten

Zuerst Unbeteiligte mit möglichst hohem Sachwissen und/oder Erfahrung. Dann zwischen Subjekten und Objekten pendeln, wobei die Hauptakteure respektive die Hauptbetroffenen wenn möglich am Schluss befragt werden.

6.2.2 Für Spezialfälle: Das Polaritätenprofil

Bei Themen, die *komplizierte* Geschehnisse oder *Konflikte* zum Inhalt haben, lassen sich die Gesprächspartner manchmal nicht einfach nach dem Subjekt/Objekt-Schema aufteilen. Denn oftmals ist nicht eindeutig klar, wer eigentlich der Agierende und wer der ohnmächtig Betroffene ist. Gelegentlich ist aber auch die Problemstellung oder die Interessenlage der Beteiligten so vielschichtig, dass nicht nur zwei Kontrahenten, sondern mehrere Positionen auf (noch) ungeklärte Art eine Rolle spielen.

Es empfiehlt sich, in solchen Fällen die Polaritäten, soweit feststellbar, nach Maßgabe *objektiver Sachverhalts-Kriterien* abzubilden (objektiv meint: für andere einseh- und überprüfbar). Solche Kriterien können so definiert sein, dass sie mehr als zwei Lager hervorbringen.

Mögliche Kriterien, je nach Thema und Fragestellung (= Recherchierthese) sind zum Beispiel: Betriebszugehörige/ehemals Zugehörige/Nichtzugehörige. Oder: Konkurrenten/Partner/Abhängige. Oder: Augenzeugen/Hören-Sagen-Informanten/Ahnungslose. Oder: Noch-Nicht-Erwerbstätige/Erwerbstätige/Derzeit Erwerbslose/Nicht-Mehr-Erwerbstätige. Beispiele für bipolar definierte Kriterien: Männer/Frauen. Oder: Kinder + Jugendliche/Erwachsene. Oder: Hausbesitzer/Mieter – und so weiter.

Es versteht sich, dass diese Kriterien dem *Recherchierthema angemessen* sein müssen. So ist die einfache Polarität Männer/Frauen vermutlich hinreichend präzis, wenn der Verdacht des Sexismus am Arbeitsplatz das Thema ist. Entscheidend ist dabei, dass die Polarität die dem Thema innewohnende Kontroverse und die Interessengegensätze adäquat abzubilden vermag. Im Weiteren kann dann der Befragungsplan analog zum Subjekt/Objekt-Schema entwickelt werden, jetzt freilich mit dem Unterschied, dass an die Stelle der zwei Kolonnen (»Subjekte/Objekte«) die Sachverhalt-Kriterien treten (also zum Beispiel beim Thema »Sexismus« die Kriterien: Vorgesetzte/Gleichgestellte/Untergebene. Oder beim Thema »Arbeit«: Jugendliche/Erwerbstätige/Arbeitslose/Rentner).

Für Recherchierthemen über komplexe Sachzusammenhänge, bei denen die Akteure (und vielleicht sogar auch einzelne Betroffene) verschiedene Rollen spielen, empfiehlt sich eine zusätzliche Operationalisierung, die den komplizierten Verhältnissen einigermaßen gerecht wird (im Wissenschaftsjargon ausgedrückt: Die Reduktion von Komplexität soll die dem Geschehen zugrunde liegenden Handlungsmuster nicht verwischen, sondern im Gegenteil strukturanalytisch herausarbeiten). Gleichwohl sollte die zu wählende Systematik journalistisch brauchbar, also hinreichend *flexibel, übersichtlich und leicht zu handhaben sein.*

Diesen Erfordernissen am nächsten kommt das der empirischen Sozialforschung entlehnte *Polaritätenprofil:* Anhand einander entgegengesetzter Adjektivpaare (wie offen-verschlossen, groß-klein, jung-alt, bejahend-verneinend) versucht der Journalist, alle in Frage kommenden Gesprächspartner in Bezug auf ihre Rolle im Geschehen sowie ihre Einstellung zur Recherchierthese einzuschätzen. Tatsächlich hatten wir bereits stillschweigend in unserem Subjekt/Objektschema mit dem Kriterium »Grad des Beteiligtseins« eine Differenzierung im Polaritätenprofil (von gänzlich unbeteiligt bis direkt hauptbeteiligt) erreicht. Nach dieser Methode können wir nun anhand weiterer Kriterien die Differenzierung fortsetzen.

Man gelangt zu solch differenzierter Einschätzung, indem zuerst die unbeteiligt-neutralen Informanten (Gesprächspartner) auch nach ihrer Meinung über die im Zentrum der Recherchierthese stehenden Beteiligten – mit entsprechender Vorsicht – befragt werden. Das bedeutet: Eine differenzierte Einschätzung der Hauptbeteiligten gelingt erst im *Fortgang der Befragungen*, weshalb der Befragungsplan immer mal wieder ergänzt und dem neuen Wissensstand angepasst werden muss.

Für die Einschätzung der Auskunftsbereitschaft von Hauptbeteiligten ist es zum Beispiel nützlich zu wissen, ob sie zur Recherchierthese eine eher bejahende (= positive) oder eher ablehnende (= negative) Einstellung haben. Die positiv Eingestellten sind naturgemäß auskunfts- und kooperationswilliger, meist erhoffen sie sich von der Veröffentlichung eine Wirkung. Die positiv Eingestellten sind indessen meist parteiisch, dabei aber auch »ergiebig«. Ihre Auskünfte, Darlegungen und Behauptungen können sehr wertvoll sein, um die Hauptbeteiligten zum Sprechen zu bringen. Darum empfiehlt es sich, vor der Befragung der Hauptbeteiligten die positiv Eingestellten zu fragen, um dann *zwischen den Lagern hin- und herzupendeln* (= fortlaufende Überprüfung der Äußerungen eines Lagers anhand der Einlassungen der anderen Lager).

Wir verfügen damit bereits über drei Kriterien zur differenzierten Einschätzung der zu befragenden Akteure:

- Als Erstes ein soziografisches Merkmal, das die Beteiligten nach Maßgabe der dem Konflikt innewohnenden Polarität abbildet (Beispiel: Jugendliche/Arbeitslose/Ältere Erwerbstätige).

- Zweitens die Einschätzung des Beteiligtseins am Geschehen (von unbeteiligt bis hauptbeteiligt).

- Drittens ermitteln wir die Einstellung der zu befragenden Leute zu unserer Recherchierthese (Ursachenverdacht etc.).

- Weitere Merkmale, aber auch zusätzliche Kriterien – je nach Komplexität des Themas bzw. der Geschehnisse – können herangezogen werden, so zum Beispiel die berufliche Stellung (anordnende gegenüber ausführenden Funktionen), der soziale Leumund (gilt als bieder-angepasst/gilt als querulatorisch) oder biografische Daten (wie: Zugezogene gegenüber Einheimischen; Fremdsprachige gegenüber Heimatsprachigen).

Der Zweck solch zusätzlicher Kennzeichnungen darf aber immer nur in einer *dem Thema angemessenen* Differenzierung der zu befragenden Akteure liegen, um irreführende (Ver-)Komplizierungen zu vermeiden. Je nach dem, wie weit man die Differenzierung treiben möchte, kann man die Personen je Merkmal auch noch mit Noten bewerten (zum Beispiel: nichts, wenig, mittel, sehr) und als Punkte zählen; man kann auch über Ziffern graduieren (Muster für das Maß des Beteiligtseins: Null für unbeteiligt, Zehn für direkt hauptbeteiligt. Muster für die Einstellung zur These: Null für sehr zustimmend, Drei für meinungsneutral, Sechs für sehr ablehnend).

Das Polaritätenprofil: Schema für Bewertungsliste

Entwicklung des Befragungsplans für ein komplexes Hintergrundthema. *Beispiel:* Soziografische Merkmale definieren drei Gruppen(kategorien); angenommen werden zudem drei polarisierende, über Zahlen bewertete Merkmale (Skalierung: 0 bis 10).

Liste Konfliktpartner: Gruppe Eins

Name, Funktion, Tel.-Nr. u.a.m.	1. Merkmal bewertet	2. Merkmal bewertet	3. Merkmal bewertet	Anzahl Punkte
Person A	1	5	0	6
Person B	2	4	3	9
Person C	8	1	5	14
Person D	1	1	2	4

Liste Konfliktpartner: Gruppe Zwei

Name, Funktion, Tel.-Nr. u.a.m.	1. Merkmal bewertet	2. Merkmal bewertet	3. Merkmal bewertet	Anzahl Punkte
Person E	10	3	4	17
Person F	2	1	3	6
Person G	0	7	5	12

Liste Konfliktpartner: Gruppe Drei

Name, Funktion, Tel.-Nr. u.a.m.	1. Merkmal bewertet	2. Merkmal bewertet	3. Merkmal bewertet	Anzahl Punkte
Person H	4	2	2	8
Person I	3	1	0	4
Person K	1	1	1	3
Person L	7	8	5	20
Person M	0	1	0	1

Reihenfolge der Befragung (= steigende Punktezahl) nach Buchstaben (= Namen der Personen).

a) Als »Rundgang« durch die Lager: M, D, K, A, I, F, B, H, G, C, E, L;
b) »von außen nach innen«: M, K, I, D, A, F, H, B, G, C, E, L.

Jedenfalls muss die relative Gewichtung jedes Kriteriums sorgfältig überlegt werden, damit ein kumulativer Effekt erreicht wird.

Dieses Vorgehen ließe sich mit der abgestuften Colorierung eines Gruppenbildes vergleichen: Die blass in Pastelltönen gehaltenen Figuren kommen zuerst, die mit kräftigen Farben markierten Gestalten kommen als letzte an die Reihe. Die Umsetzung in den Befragungsplan kann praktisch so aussehen, dass für jedes der Konfliktlager eine Personenliste angelegt wird: Man notiert am linken Rand alle zu befragenden Leute (Name, Telefonnummer, berufliche Funktion, evtl. weitere wichtige Kennzeichen) und fügt dahinter für jedes Kriterium eine Kolonne, in welche die Bewertung eingetragen wird. In einer zusätzlichen Kolonne am rechten Rand werden dann alle Punkte zusammengezählt: Je höher die Zahl, desto »involvierter« (desto weiter »innen«) ist der Betreffende und umso später soll er befragt werden.

Für die Organisation der Befragung bieten sich zwei Wege an:

»Rundgang«: Man kann die Reihenfolge je Lager wie in einem Rundgang festlegen: Zuerst werden diejenigen befragt, die *in ihrem Lager* die niedrigste Punktezahl haben. Dies bedeutet, dass der Befrager spiralförmig durch die Lager wandert und dabei zu den mehr und mehr involvierten Personen fortschreitet. Dieses Vorgehen empfiehlt sich, wenn der Rechercheur nur wenig Vorwissen über das Geschehen und die Rollen der Akteure hat und so auch über deren Zuordnung zu den Lagern unsicher ist; und auch, wenn die Zahl der zu Befragenden sehr hoch ist.

»Geradeaus«: Man kann die Befragung konsequent »von außen nach innen«, also nach Maßgabe der Punktebewertung jeder Quelle auf das Zentrum gerichtet durchführen: zuerst die mit den niedrigsten Ziffern, dann die mit den höheren usw., egal, zu welchem Lager sie gehören. Dieses Vorgehen ist zweckmäßig, sofern die Haltung der potenziellen Gesprächspartner zuverlässig eingeschätzt werden konnte. Dann nämlich ist es reizvoll, die Aussagen etwa eines neutralen, aber zur Recherchierthese negativ eingestellten Experten mit den Ansichten eines emotional engagierten Betroffenen zu konfrontieren, der zur These positiv gestimmt ist – und so weiter.

Wie auch immer im einzelnen die Kriterien bewertet werden und die Reihenfolge festgelegt wird: Wenn möglich sollte bei den nichtbetroffenen Neutralen (»ganz außen«) begonnen werden: Die Tatsache, vom Sachverhalt und seinem Konflikt nicht betroffen zu sein, gestattet es, einen kühlen Kopf zu behalten. Folglich sind die Angaben und Darlegungen dieser Personen in der Regel am informativsten. Wichtig aber auch hier: »neutral« sollte nicht etwa mit »vorurteilsfrei« verwechselt werden. Denn schließlich können auch unabhängige Fachleute abhängig und als Gutachter interessengebunden sein. Ganz abgesehen von ihren politischen und moralischen Einstellungen.

Es versteht sich im Übrigen, dass von Befragung zu Befragung die einzelnen Einschätzungen der Personen überprüft und präzisiert, gegebenenfalls korrigiert werden müssen.

Die hier gezeigte Schematisierung soll das Verfahren veranschaulichen. Sie soll aber nicht zum Missverständnis verleiten, dass systematisches Arbeiten stur-schematisch verfahre: Die Umsetzung dieser Methode auf das Recherchierthema verlangt neben analytischem Denken auch Phantasie und Witz.

6.2.3 Die Inside-Enthüllung

Für den Fall, dass der Journalist vertrauliche Informationen und Unterlagen, die ihm zugespielt wurden, überprüfen soll, um sie dann als Enthüllung zu publizieren, kann er keines der zuvor beschriebenen Schemata benutzen.

Tatsächlich müssen bei der Inside-Enthüllung zwei spezielle Recherchierarbeiten geleistet werden:

Geltung: Das zugetragene Material und/oder die Information müssen auf ihre *Aktualität* und *Interessengebundenheit* hin geprüft werden (oft genug handelt es sich um sehr einseitiges und/oder durch neue Vorgänge längst überholtes Material, das der Insider der Presse zuspielt, entweder, um sich wichtig zu machen oder um mit Hilfe der Presse zu agitieren).

Belegbarkeit: Die zugetragenen Informationen müssen mit *überprüfbaren* Sachverhaltsschilderungen soweit belegt werden, dass sie nicht abgestritten werden können (die schönste Enthüllung nützt wenig, wenn der Betroffene mit Hilfe von Gegendarstellungen und Unterlassungsklagen alles abstreiten, die Zeitung gar zum Widerruf zwingen kann).

Das Verfahren zur Überprüfung des zugespielten Materials:

- Als Erstes wird versucht, das Umfeld (und gegebenenfalls die Vorgeschichte) anhand bereits publizierter Darstellungen zu rekonstruieren. Meistens bezieht sich das vertrauliche Material auf Ereignisse, die nicht voll und ganz, sondern nur zu einem Teil unbekannt waren. Indem nun der Rechercheur die vertraulichen Darlegungen mit dem rekonstruierten Umfeld vergleicht, werden Übereinstimmungen wie Unstimmigkeiten – analog der Reißkante zweier Papierhälften – sichtbar.

- Als Zweites macht sich der Journalist auf die Suche nach sachwissenden Außenstehenden, die möglichst reiche Insider-Kenntnisse besitzen: bei einer Firma oder Behörde etwa ein früherer Angestellter, Mitarbeiter, ein Kollege oder Fachmann. Natürlich wird der gewiefte Rechercheur diesem Gesprächspartner nicht gleich das vertraulich erhaltene Material unter die Nase halten, sondern die eine oder andere bislang unbekannte Sachverhaltsdarstellung aus dem Material herausgreifen und in einem mündlichen Gespräch erwähnen, mit der Bitte, diese einzuschätzen und zu kommentieren. Spätestens bei solchen Stichproben wird die Güte und Authentizität des zugespielten Materials offensichtlich.

- Um als Drittes die enthüllenden Tatsachenbehauptungen belegen oder doch gewichten zu können, wird der Rechercheur mit so genannten Pendlern Kontakt aufnehmen: mit Insidern, die Außenkontakte pflegen, etwa dem offiziellen Pressereferenten, mit Sachbearbeitern, ständigen Mitarbeitern oder gar mit einem Mitglied der Geschäftsleitung. Auch bei diesen Personen geht es darum, zuerst *unverfängliche Darstellungen* aus dem Material herauszulösen und vorzulegen, mit der Bitte, den Sachverhalt zu bestätigen. Erfahrungsgemäß geben dann die Gesprächspartner weit mehr Auskünfte, als für die Beurteilung der reinen Sachfrage notwendig wäre. Wiederholt der Journalist dies zwei-, dreimal (mit möglichst unkritischem Material), wird sich eine gewisse Vertraulichkeit entwickeln, die dann zur Platzierung heikler Fragen mit der Bitte um Stellungnahme genutzt wird.

Dennoch sind diesem Verfahren enge Grenzen gesetzt, vor allem die der Loyalität: Jeder Auskunftwillige wird früher oder später in einen Loyalitätskonflikt geraten und u.U. die Recherchierarbeit des Journalisten durch interne Warnungen abzublocken suchen. Noch bevor dieser Punkt erreicht ist, sollte darum der Rechercheur den »Sprung« ins Zentrum wagen und ein Interview oder Hintergrundgespräch mit den von der Enthüllung direkt Betroffenen verlangen, ohne freilich den Umfang der Enthüllung oder die Qualität des Materials preiszugeben (mit einer einstweiligen Verfügung ist schon manche Enthüllung vereitelt worden, noch bevor sie »hart« gemacht werden konnte).

Steht kein kompetenter Pendler zur Verfügung, hilft in der Regel nur akribische Kleinarbeit: Nach dem Muster der im dritten Teil beschriebenen Überprüfungsrecherche muss jede Tatsachenbehauptung auf ihre Belegbarkeit hin kontrolliert werden.

Beispiele: Die vom »Spiegel« im Februar 1982 publizierte Enthüllungsgeschichte über die »Neue Heimat« basierte auf internen Unterlagen
und Informationen, die dem »Spiegel« (nicht nur ihm) angeboten worden waren. Die nun folgende Verifizierung und Beschaffung von Sach-
belegen beschäftigte zwei Redakteure drei Monate lang, abgesehen
von den Zulieferarbeiten der »Spiegel«-Dokumentation und der zeitrau-
benden Gegenkontrolle durch die Rechtsabteilung.
Anders im Fall der Pfeiffer-Enthüllungen über den Ministerpräsidenten
Barschel im September 1986: Da publizierte die »Spiegel«-Redaktion
die Enthüllungen mit dem Risiko, einem Lügner aufgesessen zu sein.
Unüberprüfte Insider-Behauptungen publizierten »Focus« und »Spiegel«
im Dezember 1999, als der Verdacht aufkam, mehrere NRW-Minister
hätten auf Kosten der Landesbank Privatflüge unternommen. (Im Falle
des Finanzministers Schleußer gelang indessen der Nachweis.)

Auch für die Inside-Enthüllung gilt, was für jede andere Befragung
richtig ist: Der Journalist arbeitet sich bei der Materialsicherung und
Suche nach Belegen von »außen« nach »innen« ins Zentrum (wobei
hier das »Zentrum« durchaus wörtlich zu nehmen ist). Der Rechercheur sucht zunächst nach Außenstehenden mit möglichst viel In-
sider-Wissen; er benutzt zur Überprüfung zunächst Peripherie-
Material usw. Vor allem aber: Er publiziert die Enthüllung erst,

* wenn er sich davon überzeugt hat, dass die Enthüllung (d.h. die
  mit der Enthüllung verbundenen Tatsachenbehauptungen) nicht
  mit anderen Tatsachen kollidiert;

* wenn er die möglichen Gegenbehauptungen des von der Enthüllung Betroffenen bei der Niederschrift der Enthüllungsstory
  berücksichtigt hat.

Im Zweifelsfalle lieber eine differenzierende Zwar-aber-Argumen-
tation mehr einfügen, als eine zu wenig. Und: Niemals in den Glauben verfallen, die Enthüllung enthalte die *ganze* Wahrheit. Es ist ja
schon viel, wenn sie wenigstens keine Sach- und Bewertungsfehler
enthält, also wahrhaftig verfasst ist.
Zu den besonderen Problemen der Inside-Enthüllung gehören im
übrigen der Schutz der Informanten und Pendler, zumal deren Ausführungen im Fortgang der Recherche benötigt werden. Die praktische Anwendung des Schemas erläutert der folgende Abschnitt anhand eines Beispiels.

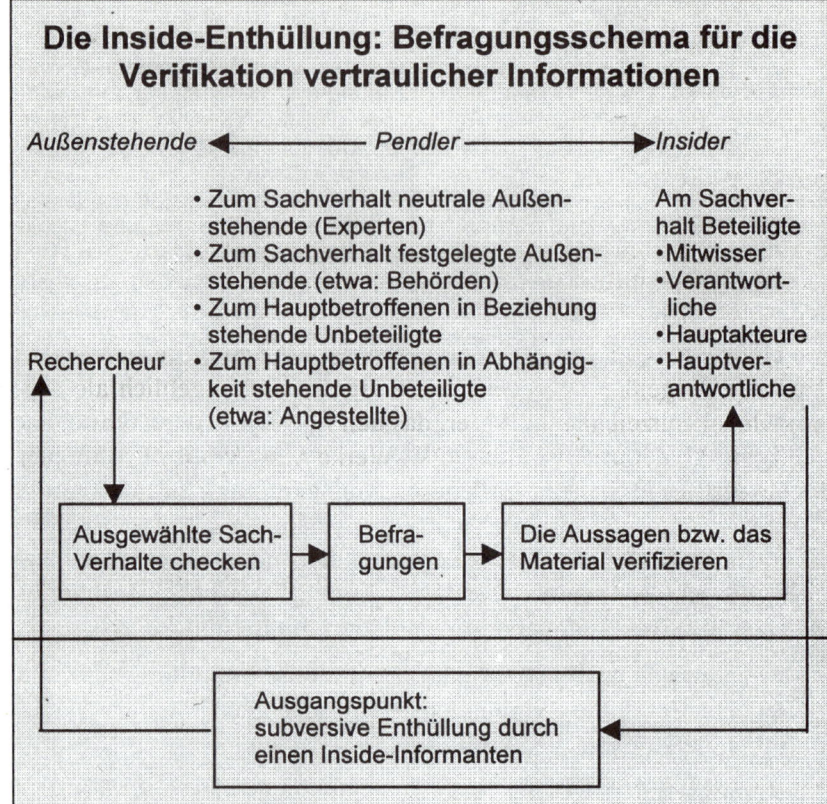

Die Inside-Enthüllung: Befragungsschema für die Verifikation vertraulicher Informationen

Außenstehende ◄──────── *Pendler* ─────────► *Insider*

Rechercheur

- Zum Sachverhalt neutrale Außen-stehende (Experten)
- Zum Sachverhalt festgelegte Außen-stehende (etwa: Behörden)
- Zum Hauptbetroffenen in Beziehung stehende Unbeteiligte
- Zum Hauptbetroffenen in Abhängig-keit stehende Unbeteiligte (etwa: Angestellte)

Am Sachver-halt Beteiligte
- Mitwisser
- Verantwort-liche
- Hauptakteure
- Hauptver-antwortliche

Ausgewählte Sach-Verhalte checken ► Befra-gungen ► Die Aussagen bzw. das Material verifizieren

Ausgangspunkt: subversive Enthüllung durch einen Inside-Informanten

Die Recherche geht darauf aus, das subversiv zugespielte Inside-Material auf seine Authentizität hin zu überprüfen, also den behaupteten Sachverhalt mit Hilfe zusätzlich beschaffter Belege nachzukonstruieren.

Vorgehen: Einzelne Segmente des Materials (ohne Kontext) werden per Befragung ausgewählten Pendlern zur Einschätzung vorgelegt; Reihenfolge der Befragung: von außen (Außenstehende) nach innen (Insider), in unserem Schema: von links nach rechts bzw. von oben nach unten.

6.2.4 Ein Beispiel für die drei Befragungsmuster

Die folgende Begebenheit kann für jedes der drei Recherchier-Verfahren als Aufhänger dienen:

Das Ereignis
Eines Morgens meldet die Deutsche Tagespresse unter Überschriften wie dieser: »Elbfischer blockieren ein Chemiewerk«, dass eine Reihe von Niederelbfischern den Anleger der DOW-Chemiewerke bei Staade mit neun Kuttern blockiert hätten, um gegen die Einleitung von chlorierten Kohlenwasserstoffen in die Elbe zu protestieren. Die Blockade ausgelöst hat ein behördeninternes und angeblich als vertraulich gekennzeichnetes Papier, das den Fischern Tage zuvor zugespielt wurde, demzufolge die DOW-Werke täglich bis zu 2 Tonnen des Giftstoffes in die Elbe einleiten.

Das Recherchierthema
Allgemein bekannt und gesichert ist, dass die aus der Elbe gefischten Aale nicht verkauft werden dürfen, weil sie zu hohe Giftstoffkonzentrationen aufweisen. Das Recherchierthema kann also nicht lauten, ob die Elbe mit Giftstoffen verseucht wird, vielmehr: Wer sind die *Hauptverantwortlichen* dieser Verschmutzung?

Die Recherchierthese
Die zuständigen Länderregierungen sind gegenüber den Elbanrainer-Firmen, die giftige Schadstoffe in die Elbe einleiten, zu nachgiebig, sie nehmen den Umweltschutz nicht ernst genug.

Die Inside-Enthüllung
Ist das angeblich behördeninterne Papier authentisch? Sind seine Aussagen zutreffend, dass nämlich die Landesregierung Schadstoffableitungen in Mengen, die den Fischbestand der Niederelbe ungenießbar machen, ausdrücklich gestattet?
   Aufgrund der vorliegenden Zeitungsberichte, des journalistischen Allgemeinwissens sowie des vom Rechercheur genutzten Zugangswissens lässt sich folgende Liste mutmaßlicher Gesprächspartner für die Recherche aufstellen:

- die Niederelbanrainer-Firmen, die Schadstoffe in die Elbe ein-
  leiten (Firmensprecher bzw. zuständige Stabsstelle)
- Stadtwerke, die ungeklärte Abwässer in die Elbe einleiten
- die Gewässerschutzämter der betroffenen Bundesländer
- das Landwirtschaftsministerium von Niedersachsen
- Wirtschafts- und Umweltbehörden der Elbanrainer-Bundesländer
- Wasserschutzpolizei
- Hydrologische Institute
- Hydrologie- und Pharmakologie-Sachverständige
- Verwaltungsrechtsexperte(n)
- Betriebswirtschaftsexperte(n)
- Bundesforschungsministerium
- Elbanwohner im Niederelbbereich
- Niederelbfischer, ihre Sprecher und Rechtsvertreter
- Öko-Gruppen (etwa Greenpeace) und Bürgerinitiativen
- Verbraucher (Fischkäufer, Erholungssuchende, Benutzer des
  Niederelbgebietes)
- Gemeinnützige Gesundheits- und Umweltschutzeinrichtungen.

Wir gehen davon aus, dass der Rechercheur die im ersten Abschnitt
geschilderten Schritte bereits gemacht hat, nämlich:

- Formulierung des Recherchierthemas als Problemfrage anhand
  eines der fünf Schemata;

- Abklärung der drei Vorfragen (Stimmt die Ereignisdarstellung?
  Ist der Vordergrund breit und farbig genug? Ist das Thema eng
  genug definiert?);

- Organisation des praktischen Vorgehens (Zwei-Ebenen-Auswer-
  tung des vorliegenden Materials und Personenkartei).

Nun sollte der Rechercheur die Befragungen organisieren. Nachfolgend ein Befragungsplan für alle drei Organisationstypen.

Die Befragung nach dem Subjekt/Objekt-Schema

Ereignis:
»Elbfischerprotest gegen Wasserverseuchung«

Frage:
Warum unternehmen die Verantwortlichen so gut wie nichts gegen die Verseuchung?

These:
Die Länderregierung lässt sich von den Elbanrainerfirmen gängeln, sie nimmt Umweltschutz nicht ernst genug.

Vorgehen:
Unabhängige hydrologische Institute sind bereit, die geschöpften Wasserproben zu analysieren. Befund: Kumulativer Effekt mehrerer Schadstoffe, die nicht allein von DOW Chemical eingeleitet werden. Frage: Wusste das bewilligende Ministerium davon? Befragungen neutraler Experten ergaben: Das Ministerium musste davon gewusst haben (Gutachten). Auch Lebensmittelexperten hatten darauf hingewiesen. Überprüfung der Organisation der Wasserprobenentnahmen durch die Wasserschutzpolizei ergibt den Verdacht unseriös organisierter Kontrollen.

Recherchierthese: Aus standortpolitischen Gründen haben Justiz-, Innen- und Wirtschaftsministerium gegen Rahmenbestimmungen verstoßen und ökologisch unhaltbare Einleitungsbewilligungen erteilt. Die Befragungen der Ökovereins-Sprecher und Anwälte der Elbfischer, dann der Gegencheck bei DOW Chemical, schließlich bei den Zuständigen in den Ministerien erhärten diese These.

Subjekt-Objekt-Schema

Unbeteiligte
= keine Interessenvertreter beim vorliegenden Sachverhalt

- Öffentliche und/oder gemeinnützige hydrologische Institute (etwa: Universitäten)
- Verschiedene Sachverständige (Hydrologie und Pharmakologie)
- Für Gewässerschutzforschung und -normierung zuständige Stelle im Bundesforschungsministerium
- Verwaltungsrechtsexperten
- Betriebswirtschaftsexperten
- Lebensmittelexperten
- Wasserschutzpolizei der Anrainer-Bundesländer

Subjekte	*Objekte*
=Beteiligte/Verantwortliche der Sachlage (Interessenvertreter)	=Betroffene der Sachlage zur Zeit der Recherche
• Wirtschafts- und Umweltbehörden der Elbanrainer-Bundesländer	• Elbanwohner
• Stadtwerke der Kommunen, die ungeklärte Abwässer einleiten	• Verbraucher (Fischkäufer)
• Landwirtschaftsministerium des betr. Bundeslandes	• Gesundheits- und Umweltschutzinstitutionen
• Das dem Gewässerschutzamt übergeordnete Ministerium	• Berufsverband der Elbfischer
• Elbanrainer-Firmen, die giftige Schadstoffe einleiten (Firmensprecher resp. betr. Stabstelle)	• Öko-Gruppen und Bürgerinitiativen
• Wirtschaftsminister	• Sprecher/Vertreter der betroffenen Elbfischer
• Bundesländer	• Niederelbfischer

Reihenfolge der Befragung:

Zuerst Gruppen der Unbeteiligten – dann die direkt Beteiligten abwechselnd mit den direkt Betroffenen, schließlich die Hauptverantwortlichen (bei der vorliegenden Themenstellung: DOW-Chemical und Ministerien der betreffenden Bundesländer).

Die Befragung nach dem Polaritätenprofil

Ereignis:
»Elbfischerprotest gegen Wasserverseuchung«

Frage:
Wer alles leitet Giftstoffe in die Niederelbe ein, wie weit geschieht dies mit behördlicher Bewilligung und warum bewilligen die Behörden weiterhin die ungeklärte Ableitung der Giftstoffe?

These:
Die Länderregierung laviert unentschieden zwischen Standortpolitik und Umweltschutz – und hat es versäumt, mit rechtlichen Mitteln für die Eindämmung der Giftstoffableitung zu sorgen.

Polaritäten:
Betroffene/Nichtbetroffene (= Sachverhaltskriterium); positiv/negativ eingestellt; sehr bis gar nicht beteiligt.

Vorgehen:
Anhand des in Archiven und bei neutralen Experten beschafften Materials (Publikationen, Aufsätze, Fachliteratur, Beurteilungen) werden alle Personen aufgelistet, die für die Befragungen von Belang sind. Anhand der mit dem beschafften Material erworbenen Kenntnisse werden die Kategorien gebildet und die Merkmale festgelegt. Dann wird jede zu befragende Person eingeschätzt (je Merkmal benotet), schließlich in einem Ranking aufgelistet. Der Befragungsplan folgt diesem Ranking.

Die Ergebnisse unterscheiden sich vom Subjekt-Objekt-Schema darin, dass der Rolle der Anrainerfirmen mehr Gewicht und den rechtlichen Problemen sowie den widerstreitenden politischen Leitbildern mehr Beachtung geschenkt wird (differenzierte Thesen und Befunde).

Schema der polarisierenden Merkmale

Betroffene (Gruppe 1)/Nichtbetroffene (Gruppe 2)
a) Am Geschehen nicht (= 0) bis sehr stark beteiligt (= 12); b) Zur Recherchierthese positiv (= 0) über neutral (+3) bis negativ (+6) eingestellt

Liste Konfliktpartner: Gruppe der Betroffenen

Name	Merkmal a: beteiligt?	Merkmal b: pos./neg.?	Anzahl Punkte
Landwirtschaftsministerium	7	4	11
Gewässerschutzamt	1	4	5
Verbraucherverbände	3	1	4
Öko-Gruppen (Greenpeace)	8	2	10
Elbfischer (Sprecher)	12	3	15
Chemie-Anrainerfirmen	9	5	14
Betroffene Elbanwohner	11	2	13
Ministerpräsident (Sprecher)	12	4	16

Liste Konfliktpartner: Gruppe der Nichtbetroffenen

Name, Funktion	Merkmal a: beteiligt?	Merkmal b: pos./neg.?	Anzahl Punkte
Bundesforschungsministerium	0	2	2
Unabhängige Ökologie-Experten	6	2	8
Wasserschutzpolizei	3	4	7
Anwälte der Elbfischer	5	4	9
Verwaltungsrechtsexperte	0	1	1
Chemie-Betriebswirtschaftler	2	4	6
Pharmakologe	2	1	3

Reihenfolge der Befragung (Zusammenzug beider Listen) nach Punktezahl »von außen nach innen«:

(1) Verwaltungsrechtsexperte, (2) Bundesforschungsministerium, (3) Pharmakologe, (4) Verbraucher (Fischkäufer), (5) Gewässerschutzamt, (6) Chemie-Betriebswirtschaftler, (7) Wasserschutzpolizei, (8) Unabhängige Ökologen, (9) Anwälte der Elbfischer, (10) Öko-Gruppen (etwa: Greenpeace), (11) Landwirtschaftsministerium, (12) Stadtwerke Anrainerstädte, (13) Betroffene Elbanwohner, (14) Chemiefirmen (Sprecher, Direktion etc.), (15) Elbfischer, (16) Ministerpräsident (Sprecher).

Die Befragung nach dem Schema der Inside-Enthüllung

Ereignis:
»Elbfischerprotest gegen Wasserverseuchung/Vertrauliches Behördenpapier über bewilligte Giftstoffableitungen gelangt an die Öffentlichkeit«

Frage:
Ist das angeblich behördeninterne Papier authentisch? Sind seine Aussagen noch immer zutreffend?

These:
Das Behördenpapier ist ein Beleg für die Doppelbödigkeit, mit der die Länderregierungen Ökopolitik betreiben.

Vorgehen:
Die Elbfischer glauben (und behaupten), das behördeninterne Papier sei der Beweis für einen Rechtsbruch des Ministeriums zu Lasten der Fischer, aber auch der Konsumenten.

Um die Authentizität und Gültigkeit des Papiers zu prüfen, werden einzelne Aspekte davon mit Sachverständigen besprochen, dann mit Behördensprechern überprüft.

Um die mit dem Papier verbundenen ökologischen Folgen zu klären, werden Hydrologen befragt. Befund: Alles spricht dafür, dass dieses Dokument echt und die in dem Papier beschriebenen Auswirkungen seit langem bekannt waren.

Nun können die für das Papier Hauptverantwortlichen konfrontativ befragt werden. Befund: Nach anfänglichem Leugnen, dann Verharmlosen des Papieres wird die volle Zuständigkeit (Verantwortung) für das Fischsterben eingestanden.

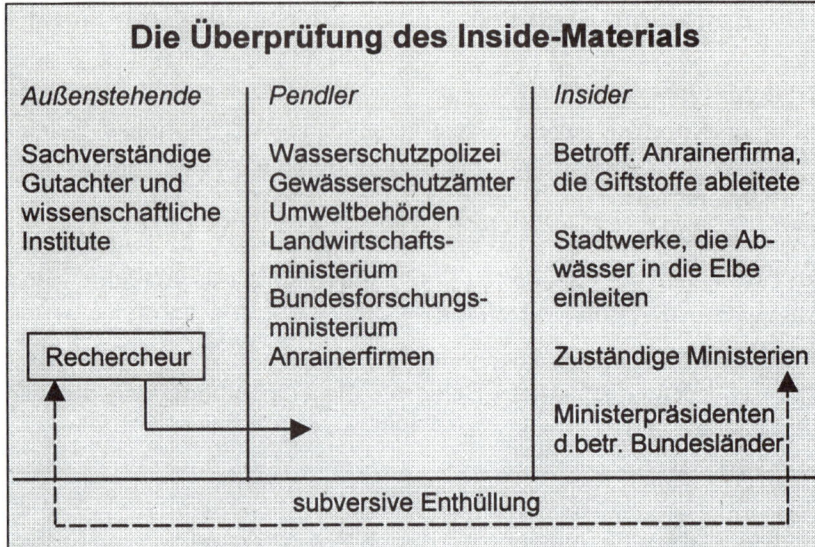

Die Überprüfung des Inside-Materials

Außenstehende	*Pendler*	*Insider*
Sachverständige Gutachter und wissenschaftliche Institute	Wasserschutzpolizei Gewässerschutzämter Umweltbehörden Landwirtschafts- ministerium Bundesforschungs- ministerium Anrainerfirmen	Betroff. Anrainerfirma, die Giftstoffe ableitete Stadtwerke, die Ab- wässer in die Elbe einleiten Zuständige Ministerien Ministerpräsidenten d.betr. Bundesländer

Rechercheur

subversive Enthüllung

Zuträger

Reihenfolge der Befragung:

Mit denjenigen Pendlern beginnen, die möglichst viel Distanz zu den Insidern haben und nicht in einen Loyalitätskonflikt geraten. Im Anschluss an die Pendler diejenigen befragen, die mit dem enthüllten Behördenpapier direkt zu tun hatten oder dafür verantwortlich sind.
Zur Überprüfung werden einzelne Aussagen aus dem Papier herausgelöst und zusammenhanglos zur Einschätzung unterbreitet. Etwa: »Stimmt es, was wir bei DOW-Chemical erfahren haben, dass nämlich die Firma pro Tag bis zu sechs Tonnen Giftstoffe ableiten darf?« Oder: »Wir haben gehört, der Firma X sei erlaubt worden, täglich sechs Tonnen des Giftstoffs in die Elbe abzuleiten. Trifft das zu – ist es weniger, ist es mehr?« Und so weiter.
Wenn möglich, werden die Insider dann mit den Aussagen konfrontiert, die inzwischen überprüft und erhärtet worden sind.
Etwa: »Aus welchen Gründen haben Sie vor drei Jahren der Firma X gestattet, weitere fünf Jahre bis zu sechs Tonnen Giftstoffe täglich in die Elbe abzuleiten?« Dann: »Waren Ihnen die Konsequenzen bekannt?« Und so weiter.
Wichtig: Der Rechercheur gibt nie sein ganzes Wissen preis; er stapelt sozusagen tief; er blufft nicht mit Prahlerei, sondern mit seiner scheinbar naiven Fragehaltung.

SIEBTER TEIL

DAS MEDIENRECHT: HILFEN UND GRENZEN BEIM RECHERCHIEREN

Übersicht

Nein, der Rechtsweg lässt sich manchmal nicht vermeiden: Es gibt immer wieder Akteure und Zaungäste, natürlich auch Betroffene einer Recherche, die zurückschlagen möchten und zum Richter gehen.

Trotzdem kann man unnötigen Rechtsstreitigkeiten vorbeugen, indem man den rechtlichen Fallen und Fangseilen aus dem Wege geht. Oft liegt es nur an einer zusätzlichen Frage, deren Antwort die treffende, hieb- und stichfeste Formulierung gestattet. Manchmal ist es aber auch Unkenntnis, mangelnde Sorgfaltspflicht oder die Missachtung des Persönlichkeitsschutzes, die zu lästigen Rechtshändeln führen. Häufiger noch schöpfen Rechercheure ihre Mittel und Möglichkeiten der Informationsbeschaffung gar nicht aus, sondern geben sich mit Behelfsauskünften oder purer Auskunftsverweigerung zufrieden.

Hinweise, auf was zu achten und wo oftmals mehr herauszuholen ist, gibt dieser Buchteil.

Er ist indessen weder hinreichend detailliert noch vollständig, um alle Rechtsfragen zu klären, die sich im Verlauf einer Recherche stellen können. Er bietet darum nur eine grobe Orientierung über die beachtenswerten wie zwingenden Rechtsgrundsätze und die damit verbundenen Probleme journalistischer Recherche.

7.1 Das Rechercherecht in Deutschland

Der recherchierende Journalist, der hinter Staatsbediensteten in Ämtern und Behörden herumschnüffeln will, darf in Deutschland sein Tun auf die »öffentliche Aufgabe der Presse« stützen, mehr noch: Er darf auf einen presserechtlich gesicherten »Informationsanspruch« pochen.

Tatsächlich sichern die *Landespressegesetze* den Journalisten – anders als in den Nachbarländern oder auf EU-Ebene – eine hervorragende Stellung bei der Nachrichtenbeschaffung und -verbreitung. *Dass die Presse eine öffentliche Aufgabe erfülle, wird in allen Landespressegesetzen (mit Ausnahme Hessens) festgehalten. Diese öffentliche Aufgabe* bestehe darin, so heißt es fast überall gleichlautend, dass die Medien an der Bildung der öffentlichen Meinung mitwirken, indem sie den Staatsbürger über Vorgänge und Einstellungen informieren sowie selbst kommentieren (vgl. BVerfG 20, 162/174f. – die folgenden Erläuterungen stützen sich auf: Branahl 1992; Mathy 1988 und Fricke 1997; Soehring 1990).

Der über die Landespressegesetze gesicherte Informationsanspruch gegenüber den Behörden (= Auskunftspflicht) hat seinen Rechtsgrund in der *öffentlichen Aufgabe,* die sich wiederum aus Artikel 5 Absatz 1 des *Grundgesetzes* und der dort gewährleisteten Pressefreiheit ergibt.

7.1.1 Auskunftspflicht

Zur Auskunft verpflichtet sind sämtliche Behörden eines Landes, also sämtliche Kommunal- und Landesverwaltungen: Sie sollen »den Vertretern der Presse die der Erfüllung ihrer öffentlichen Aufgaben dienenden Auskünfte« erteilen (so § 4 der LPG – hier: LPG Baden-Württemberg).

Strittig ist, wie weit die der staatlichen Aufsicht unterstellten Körperschaften des öffentlichen Rechts dieser Auskunftspflicht ebenfalls unterworfen sind. Einzig das Bundesland Bremen hat auch für öffentlich-rechtliche Institutionen die Auskunftspflicht gesetzlich verankert. Den Landesbehörden gleichgestellt wurden inzwischen auch die Bundesbehörden: Deren Auskunftspflicht richtet sich nach den Vorschriften des Landespressegesetzes, in dessen Geltungsbereich sie etabliert sind.

Die Art der Auskunft muss nach geltender Rechtsprechung in inhaltlicher Hinsicht vollständig, eindeutig und zutreffend sein. Eine wissentlich erteilte falsche Auskunft der Behörde kann Ersatzansprüche nach sich ziehen. In formaler Hinsicht muss die Auskunft *sachgerecht* sein (gegebenenfalls telefonisch, schriftlich, Akteneinsicht usw.).

Der Umfang der Auskunftspflicht ist nicht überall gleich definiert. Bayern gewährt ein globales »Recht auf Auskunft«, in Hessen werden die »gewünschten Auskünfte« erteilt, während die Beamten in Bremen solche Auskünfte zu geben verpflichtet sind, »die dazu dienen, Nachrichten zu beschaffen und zu verbreiten, Stellung zu nehmen, Kritik zu üben oder in anderer Weise an der Meinungsbildung mitzuwirken«. Da sich der Informationsanspruch wie auch die Auskunftspflicht auf ein öffentliches Interesse beziehen, das sich vom artikulierten Interesse des recherchierenden Journalisten nicht unterscheiden lässt, sollte jede konkrete, auf Sachverhalte gerichtete Journalistenfrage innerhalb nützlicher Frist beantwortet werden (VG Köln 1981 – vgl. Fricke 1997, S. 59).

Fehlt das erforderliche Wissen, so hat die Behörde eine gewisse »Ermittlungspflicht«, um die Frage zu beantworten (vgl. 7.1.3 Auskunftsverweigerung).

Oft genug werden jedoch Auskünfte *verweigert,* Fragen mit nichtssagenden Phrasen beantwortet oder der Fragende vertröstet. Nur zu oft lassen sich die von jahrelangem Umgang mit den Behörden ohnehin abgestumpften Journalisten eine solche Behandlung gefallen. Klaus Mathy meint darum zu Recht, es bestehe »die Gefahr, daß die gesetzlichen Verweigerungsgründe von den im Allgemeinen nicht gerade auskunftsfreudigen Behörden mißbraucht werden, indem man sie dort allzu weit auslegt. Hier sollte die Presse nicht nachgeben, sondern, wenn sich die Fälle unberechtigter Auskunftsverweigerung häufen, den Beistand der Verwaltungsgerichte anrufen« (Mathy [4]1988, S. 54).

7.1.2 Auskunftsberechtigung

Auskunftsberechtigt sind nach geltender Rechtslehre diejenigen, »die an der öffentlichen Meinungsbildung mitwirken« und einen »Beitrag zur geistigen Gestaltung eines Druckwerks« leisten (vgl. Fricke 1997, S. 57). Dies sind freie und festangestellte Journalisten, Volontäre und Verleger, auch Buchautoren (Ausnahme: Bayern). Als *Legitimation* genügen entweder der Presseausweis oder ein Bestätigungsschreiben der Redaktion.

Der Anspruch auf Information gilt gegenüber der Behörde, nicht gegenüber dem einzelnen Beamten. Trotzdem muss es sich der recherchierende Journalist gefallen lassen, dass er nicht zum Sachbearbeiter, zum Vorgesetzten, zum verantwortlichen Beamten Zugang findet. Denn laut Paragraph 63 des Bundesbeamtengesetzes darf der Behördenleiter von sich aus denjenigen bestimmen, der Auskunft gibt.

So kommt es, dass vor allem die größeren Behörden über eigene Pressereferenten, Auskunftsbeamte oder eine regelrechte Pressestelle verfügen. Oft genug freilich sehen diese Pressekontakter ihre Aufgabe in der Abschirmung: Der Sprecher gilt als besonders qualifiziert, wenn er die Journalisten mit möglichst kargen Auskünften möglichst lange hinhalten kann. Die Erfahrung lehrt, dass behördlichen Pressesprechern durchaus beigebracht werden kann, *dass die Auskunftspflicht nicht rhetorisch, sondern ernst zu nehmen ist* – sofern die Journalisten auf Arroganz ebenso wie auf Anbiederung verzichten, aber *in der Sache hartnäckig und ausdauernd* bleiben.

Gerade der um Aufdeckung bemühte Rechercheur sollte den gesetzlich gesicherten Informationsanspruch *so extensiv wie möglich* nutzen. Denn: »Behörden sind nicht um ihrer selbst willen, sondern allein unseretwegen, der Staatsbürger wegen da (...) Es besteht eine klare gesetzliche (...) Verpflichtung der Behörden, den Vertretern der

Presse Auskunft zu erteilen, eine Verpflichtung, die nicht auszunutzen
ein Fehler der Auskunftsberechtigten wäre« (Mathy [4]1988, S. 58).
Natürlich ist die Auskunftspflicht der Behörden nicht grenzenlos.

7.1.3 Auskunftsverweigerung

In *Ausnahmefällen* dürfen einzelne *Auskünfte verweigert* werden, sofern

- spezielle Geheimhaltungsvorschriften den Beamten zur Verschwiegenheit verpflichten;
- ein schwebendes Verfahren »vereitelt, erschwert, verzögert oder
  gefährdet« werden könnte, wie es in den meisten Landespressegesetzen heißt (mit Ausnahme Bayerns);
- ein »überwiegendes öffentliches oder schutzwürdiges privates
  Interesse verletzt würde«, wie es etwa im Hamburgischen Pressegesetz heißt.

Mit »überwiegend öffentlichen Interessen« sind in aller Regel Maßnahmen gemeint, die ihre positive Wirkung verlieren könnten, wenn
sie vorzeitig publik würden. Und der Verweis auf ein schutzwürdiges, privates Interesse meint Personen, die von einer behördlichen
Maßnahme betroffen oder mitbetroffen sind, aber die preiszugeben
ein Eingriff in das Persönlichkeitsrecht darstellen könnte. Es handelt
sich also um eine *Güterabwägung* zwischen öffentlichem Interesse
und Persönlichkeitsschutz.

Für die Polizei beginnt das »schwebende Verfahren« schon mit dem
ersten Tätigwerden, etwa mit der Entgegennahme einer Strafanzeige.
Gibt die Polizei das Verfahren an die Staatsanwaltschaft weiter, so
schwebt das Verfahren dort. Kommt es zum Prozess, so gilt das
schwebende Verfahren bis zur Urteilsverkündung für das Gericht.

Bei *Verwaltungsverfahren* aber ist nur dann von schwebendem
Verfahren zu sprechen, wenn gemäß § 63 Verwaltungsverfahrensge-
setz ein besonderes Verfahren mit garantiertem Rechtsschutz ange-
ordnet wurde. Manche Behördenvertreter erklären auch noch die im
§10 des Verwaltungsverfahrensgesetzes genannten Verfahren als
verweigerungsfähig, was faktisch einer Informationssperre gleich-

käme und unzulässig ist. Im Übrigen spricht der Gesetzgeber ausdrücklich in der Möglichkeitsform: »... können verweigert werden«. Das meint: Nur wenn *konkret* eine Gefährdung des Verfahrens zu erwarten wäre, darf die Auskunft verweigert werden.

Die Erfahrung lehrt, dass es Behördenvertreter nicht so genau nehmen. Insbesondere der Verweis auf ein angeblich schwebendes Verfahren dient oftmals dazu, den nachfragenden Journalisten abzuwimmeln. Auch hier gilt Hartnäckigkeit und insistierendes Nachhaken, denn oftmals bezieht sich das schutzwürdige Interesse oder der Verweis auf das schwebende Verfahren doch nur auf Nebenaspekte der Recherche. Es ist deshalb nützlich, noch *vor* dem Behördenkontakt den zu klärenden Sachverhalt in *mehrere Aspekte aufzugliedern,* sich über dritte Quellen soweit wie möglich sachkundig zu machen und dann die Auskunft zu präzis gestellten Einzelfragen einzufordern.

Unzumutbarkeit: In mehreren Landespressegesetzen wird die Auskunftsverweigerung gestattet, wenn die Beantwortung einen unzumutbaren Arbeitsaufwand bedingte – eine Schranke, die vor Missbrauch schützen, aber nur restriktiv angewandt werden sollte.

Unzulässig ist die Auskunftsverweigerung, wenn sich behördliche Handlungen auf die Behörde selbst beziehen. So hat das Verwaltungsgericht in Düsseldorf einem Journalisten Recht gegeben, der vom Ministerium wissen wollte, welche Filme ein Bundesministerium erstellt und welche es dem Fernsehen zwecks Ausstrahlung angedient hatte.

Gleichbehandlung: Auskunftsverhalten, das auf eine Ungleichbehandlung der Journalisten hinausläuft, ist unzulässig (wie: Ausschluss einzelner Redaktionen oder Journalisten, Qualifizierung anfragender Journalisten). Als zum Beispiel eine Behörde die Herausgabe eines Daten-Kompendiums mit der Begründung ablehnte, nur Fachleute könnten diese Zahlen verstehen, während Journalisten sie fehldeuten würden, verurteilte das Verwaltungsgericht Köln die Behörde zur Herausgabe der Daten. Andererseits erklärte das Bundesverwaltungsgericht 1985 den Entscheid der Bundesbahn für rechtens, nur solche Journalisten zu *Pressefahrten zu laden,* die »auf dem Gebiet des öffentlichen Güter- und Personennahverkehrs fachjournalistisch tätig« seien. Also doch weite Ermessensspielräume für die Pressestelle? Als Regel gilt:

Wenn eine Behörde von sich aus Informationen an die Medien gibt, muss sie diese Informationen grundsätzlich allen Journalisten zugänglich machen (Verwaltungsgericht Berlin, 1. Kammer, vom 12. September 1984). Informationen sind also nur dann exklusiv, wenn ein Journalist von sich aus tätig wird (=recherchiert) und die Behörde befragt.

7.1.4 Informationsrechte kontra Auskunftsverweigerung

Im journalistischen Alltag stößt der Rechercheur bei seiner Informationsbeschaffung immer wieder an unerklärliche Grenzen behördlicher Auskunftsbereitschaft. Der Rechercheur fragt sich dann im Stillen: Ist der Beamte nicht verpflichtet, mir den Sachverhalt darzulegen? Müsste er mir nicht die Namen nennen? Habe ich nicht grundsätzlich ein Recht auf Einsicht in die Dokumente?

Aus Unsicherheit fordert dann der Journalist meist weniger, als ihm zusteht. Um hier den Grenzverlauf zwischen Rechten und Pflichten etwas genauer zu zeichnen, lohnt sich ein Blick auf die jüngste Geschichte bundesdeutscher Rechtsprechung:

Beispiel Grundbuch: Wenn ein Journalist sein »berechtigtes Interesse« nachweisen oder ein übergeordnetes »öffentliches Informationsinteresse« geltend machen kann (etwa Recherche über Eigentumsverhältnisse an einem zur Überbauung vorgesehenen Grundstück), ist er zur Einsicht ins Grundbuch befugt (rechtsgültiger Beschluss des Landesgerichts Frankfurt vom 12. Mai 1978). Allerdings: Diese Befugnis müssen Journalisten oftmals über den Beschwerde- oder Klageweg geltend machen, weil subalterne Beamte die Rechtsprechung nicht kennen und den Zugang zu verweigern suchen.

Beispiel Rats- und Ausschusssitzungen: Sofern diese Sitzungen öffentlich sind, darf der anwesende Journalist auch Tonbandaufnahmen anfertigen (OLG Celle vom 10. Juli 1985). Dieses Urteil bezieht sich auf öffentliche Behördensitzungen; bei Zusammenkünften von Privatpersonen sind Tonbandaufnahmen unzulässig, wenn sie nicht mit ausdrücklichem Einverständnis der Beteiligten erfolgen.

Beispiel Justiz: Die Staatsanwaltschaft ist Strafverfolgungsbehörde und leitet Ermittlungsverfahren; sie ist als Behörde grundsätzlich auskunftsverpflichtet (wie: Stand der Ermittlungen). Die Gerichte indessen sind sowohl Verwaltungsbehörden (Gerichtsverwaltung) als auch Organe der Rechtsprechung. In letzterer Hinsicht unterstehen sie keiner allgemeinen Auskunftspflicht, doch wird deren Informationstätigkeit über spezielle Verwaltungsvorschriften geregelt.

Beispiel Akteneinsicht: Der presserechtliche Informationsanspruch bezieht sich nicht nur auf die Erteilung einer mündlichen Auskunft; er kann auch das Recht auf Akteneinsicht einschließen (Verwaltungsgericht Hannover vom 12. September 1983), was aber nicht heißt, dass der Journalist Anspruch auf die Abgabe von schriftlichen Unterlagen hätte. So oder so aber sind die Behörden gehalten, vollständige und wahrheitsgemäße Auskünfte zu geben. Einsicht in Prozessakten ist nur ausnahmsweise möglich. Wichtig: Aus einer Anklageschrift (oder anderen Schriftstücken) eines Strafverfahrens darf erst zitiert werden, wenn der Tatbestand verhandelt oder das Verfahren abgeschlossen ist.

Beispiel für »zwingendes öffentliches Interesse«: Obwohl die Steuerbelange von Privatpersonen der Geheimhaltung unterstehen, wurde einem Journalisten im Zusammenhang mit der Flick-Affäre eine Auskunft erteilt. Begründung: Es könne Steuerverfahren von so eminenter Bedeutung geben, dass »ein zwingendes öffentliches Interesse entsteht« (Oberlandesgericht Hamm 1980). Diese Begründung ordnet deutlich die Generalklausel des »schwebenden Verfahrens« unter das öffentliche Interesse ein.

Beispiel für den Begriff »Behörde«: Die presserechtlichen Informationsansprüche beziehen sich bekanntlich auf Behörden der öffentlichen Verwaltungen, nicht aber auf den privaten Bereich. Wo genau verläuft die Grenze? In mehreren Urteilen verschiedener Gerichte wurde festgestellt, dass Journalisten auch gegenüber Rundfunkanstalten Informationsrechte haben, soweit sich die Fragen nicht auf publizistische, sondern auf behördliche Vorgänge beziehen (wie: Neubauprojekt, Gebührenordnung, Budget). Denn da, wo der Sender als gebührenfinanzierte Verwaltung tätig wird, untersteht er der

Auskunftspflicht. Dem Behördenbegriff hinzugerechnet werden demnach die *öffentlich-rechtlichen Verwaltungen,* im Weiteren aber auch die *Standesorganisationen* mit ihren vom Staat delegierten Aufgabenfeldern (wie: Handwerkskammern, Handelskammern, Ärzte- und Anwaltskammern, TÜV).

Unklar sind die Informationsrechte gegenüber quasi-privatisierten Einrichtungen der öffentlichen Wohlfahrt, des Gesundheitswesens, der Ver- und Entsorgung (wie: Privatisierte Verkehrsbetriebe, Krankenhäuser, aber auch Kassenverbände). Hier müssen die Redaktionen dafür sorgen, dass im Sinne behördlicher Auskunftspflicht umfassend informiert wird.

Viele naheliegende Informationsansprüche werden auch von der Rechtsprechung abgeschmettert. So haben Journalisten keinen Anspruch auf Einsichtnahme in Protokolle oder andere Unterlagen von öffentlichen Sitzungen: Zwischen der Flüchtigkeit des gesprochenen Wortes und der Schriftsprache wird offenbar der Graben zwischen »öffentlich« und »geheim« gezogen. Umgekehrt gilt aber auch nicht das Primat der Geheimhaltung: Die Behörde *kann* Einsicht nehmen lassen. Darum sollte der Rechercheur *immer fragen,* das Gespräch suchen und die *Bedingungen* der Einsichtnahme *aushandeln.*

Für Rechercheure, die häufig (und nicht immer freiwillig) in Kontakt mit der Polizei treten, ist das Studium des Erlasses »Polizei und Presse« empfehlenswert, das in allen Bundesländern (mit oft identischem Wortlaut) existiert. Diese Erlasse regeln zum Beispiel, welche Art Aufnahmen (Photos) von Polizisten zulässig sind, unter welchen Umständen ein Film beschlagnahmt werden darf und anderes mehr.

7.1.5 Sorgfaltspflicht

Die Informationsrechte des Journalisten haben ihr Gegenstück: *die Sorgfaltspflicht.* In den Landespressegesetzen werden die Journalisten angehalten, die zu verbreitenden Nachrichten »mit der nach den Umständen gebotenen Sorgfalt auf Wahrheit, Inhalt und Herkunft zu prüfen«, wie es im §6 des baden-württembergischen Pressegesetzes heißt (nur im hessischen Pressegesetz fehlt eine solche Bestimmung). Diese Pflichtumschreibung ist allerdings unrealistisch: Die Begriffe »Wahrheit«, »Inhalt« und »Herkunft« sind nicht gleichwertig, der Terminus »Wahrheit« ist überdies missverständlich: Er gilt im Sinne »größtmöglicher Richtigkeit«.

Nach Maßgabe der Rechtsprechung ist die Sorgfaltspflicht so gemeint, dass »an Hand ihres Inhalts und ihrer Herkunft die Information auf ihre Richtigkeit zu prüfen« sei. »Die eigentliche, also die letzte, umfassende Wahrheit läßt sich in den wenigsten Fällen feststellen, so dass es der Presse nicht zumutbar wäre, in diesem Sinne ›wahr‹ zu sein. Es kann sich immer nur um das ernste Bemühen handeln, möglichst nahe an die objektive Richtigkeit heranzukommen« (Mathy [4]1988, S. 60).

Die Sorgfaltspflicht bezieht sich auf die Tätigkeitsfelder:

- Berichterstattung (»so wahrheitsgemäß wie möglich«),
- redaktionelle Nachrichtenverarbeitung (»Prüfung auf größtmögliche Richtigkeit«) und
- Informationsbeschaffung durch Recherchieren (Sorgfalt nach Maßgabe der Bedeutung, der Auswirkungen sowie der Herkunft der Information).

Die im 2. Teil beschriebenen Verfahren der Überprüfungs- und Vervollständigungsrecherche schließen die Gebote der Sorgfaltspflicht, die Aussage- und Urheberkontrolle mit ein.

Auch wenn Verstöße gegen die Sorgfaltspflicht, sobald veröffentlicht, nach Maßgabe der Landespressegesetze nicht geahndet werden können, so fallen sie doch bei der straf- wie zivilrechtlichen Beurteilung einer Publikation ins Gewicht – wobei zusätzlich zum Verfasser auch der verantwortliche Redakteur als Täter belangt werden kann.

In besonderem Maße (d. h. strenger als nach Maßgabe der Landespressegesetze) gilt hier die *Sorgfaltspflicht* gegenüber den in einer Recherche erwähnten Personen, also im Hinblick auf die *Respektierung der Persönlichkeitsrechte des Einzelnen:* Vorsätzlich oder fahrlässig unrichtige Veröffentlichungen können eine Verpflichtung zu Schadensersatz, ein Unterlassungsgebot oder die Auflage eines Widerrufs nach sich ziehen.

7.1.6 Persönlichkeitsschutz

Die Frage nach dem *Persönlichkeitsschutz* stellt sich, wenn der Journalist im Anschluss an die Recherchierarbeit sich an die Niederschrift seines Artikels macht: Welche seiner Informanten darf, welche soll er mit Namen nennen? Bei welchen Akteuren ist es gerechtfertigt, mit den Namen auch persönliche Merkmale oder gar Charaktereigenschaften öffentlich zu machen?

Die heikle Aufgabe besteht in der *Abwägung zwischen öffentlichem Informationsinteresse und Individualinteresse,* das im Recht auf Persönlichkeitsschutz Ausdruck findet.

Es gibt den dogmatischen Standpunkt, dass *Namensnennungen nach denselben* Kriterien zu entscheiden seien, wie die Frage nach der Bildveröffentlichung: »Immer dann, wenn es zulässig ist, das Bildnis einer Person zu veröffentlichen, darf auch der Name genannt werden« (Mathy [4]1988, S. 170). Auch wenn man nicht so strenggläubig verfahren mag, so ist doch jedesmal zu fragen, ob die Nennung des Namens *journalistisch* gerechtfertigt ist. Bei Personen, die absolute oder relative »Personen der Zeitgeschichte« sind, ist die Sache klar. Schwieriger wird es, wenn es sich lediglich um eine Berufs- oder Amtstätigkeit einzelner handelt, deren *Privatsphäre unantastbar* ist.

Bewährt hat sich bislang die Faustregel, dass *Träger öffentlich gewählter Funktionen und Ämter* immer namentlich genannt werden dürfen, dass ihre Privatsphäre aber nur so weit dem journalistischen Zugriff offen stehen sollte, soweit sie zur besseren Einschätzung des *Kandidaten* sachdienlich ist. Auch bei Persönlichkeiten des öffentlichen Lebens darf sich der Journalist für deren Privatleben interessieren. Der Ferienort des Bundeskanzlers, die Ehescheidung des Familienministers, der alkoholbedingte Autounfall des Oberbürgermeisters: In solchen Fällen überwiegt das öffentliche Interesse gegenüber dem Schutzbedürfnis.

Doch oft genug sind Abgrenzungen schwierig. Beispiel: »Wird bei einer Verkehrskontrolle festgestellt, daß der Polizeipräsident unter Alkoholeinfluß sein Kraftfahrzeug geführt hat, so ist eine Berichterstattung darüber unter Nennung des Namens des Polizeipräsidenten unzulässig. Dieses Fehlverhalten des Polizeipräsidenten ist nicht anders zu beurteilen, als das Fehlverhalten anderer Bürger auch (...) Ein menschliches Versagen einer solchen Person rechtfertigt nicht die Veröffentlichung des Vorfalls und Nennung des Namens« (Urteilsauszug, in: Mathy [4]1988, S. 172).

Unnötig anzumerken, dass sich der Journalist im *Zweifelsfalle* nicht zwingend für den Schutz der Privatsphäre, sondern für das öffentliche Interesse – und sei es auch nur um der Authentizität seiner Recherche willen – entscheidet.

7.1.7 Privat- und Intimsphäre

Ist schon die Privatsphäre in aller Regel für den Journalisten tabu, so gilt dies in ganz besonderem Maße für die *Intimsphäre:* Persönliche Vorlieben und Neigungen, der Umgangston in der Familie, das Verhältnis zum Ehepartner, ggf. die Beziehung zu einer Freundin oder einem Freund: All dies sind Themen, die selbst die investigative Recherche mit Stillschweigen übergehen sollte.

Die Ausnahmefälle, bei denen auch aus dem Intimbereich geplaudert werden darf, sind bei einer seriösen Zeitung und einem seriös schreibenden Journalisten überaus begrenzt: Wenn ein Bischof im Bordell angetroffen wird oder wenn sich herumspricht, dass der Bürgermeister seine Frau wiederholt prügelt, wird eine Recherche, eine Veröffentlichung angebracht sein. Ansonsten hat sich der Rechercheur auf die *öffentlich relevanten Aspekte intimer Vorgänge* zu beschränken, etwa, wenn der Herr Abgeordnete seine Intim-Gespielin als Vorzimmerdame oder Sekretärin tarnt und sie somit auf Staatskosten finanziert. Ob und wie schön es die beiden im Bett haben, bleibt dabei ihre Sache.

7.1.8 Schadenersatzansprüche

Mit dem Schutz der Privat- und Intimsphäre verbunden ist auch die im Strafgesetzbuch geregelte *persönliche Ehre:* Ein Zeitungsartikel *darf nicht beleidigen, übel nachreden, verleumden und das Andenken Verstorbener verunglimpfen* (StGB § 185ff.).

Nach einer rechtswidrigen Verletzung des Persönlichkeitsrechts kann der Verletzte die Beseitigung einer Tatsachenbehauptung, etwa durch *Widerruf,* und für die Zukunft deren *Unterlassung* verlangen. Im Bürgerlichen Gesetzbuch gibt es einige Vorschriften über die Schadenersatz-, Schmerzensgeld- und Widerrufsansprüche (§ 823) sowie Unterlassungsansprüche (§1004) desjenigen, der von der Presse unerlaubt attackiert worden ist.

Nach § 823 BGB ist der Verfasser zum Ersatz des Schadens verpflichtet, wenn er vorsätzlich oder fahrlässig das Leben, den Körper, die Gesundheit, die Freiheit, das Eigentum oder ein sonstiges Recht eines anderen widerrechtlich verletzt hat.

Voraussetzung des *materiellen Schadenersatzanspruchs* ist ein *schuldhaft* rechtswidriges Handeln des Rechercheurs, Verfassers oder Redakteurs. Im Übrigen wird im gleichen Paragrafen auf die im Grundgesetz niedergelegten Persönlichkeitsrechte verwiesen, insbesondere auf die »Unantastbarkeit der Würde des Menschen«.

Für den im Wirtschaftsbereich recherchierenden Journalisten besonders zu beachten ist § 824 BGB, demzufolge ein Redakteur auch dann zum Schadenersatz verpflichtet wird, wenn er die *Unwahrheit einer Behauptung nicht kennt,* die Behauptung aber den Kredit eines anderen gefährdet bzw. Nachteile für dessen Erwerb oder Fortkommen herbeiführt, im Übrigen aber ein »berechtigtes« Interesse an der Verbreitung dieser unrichtigen Tatsache nicht nachgewiesen werden kann.

Zu den Schadenersatzansprüchen gehören, wie erwähnt, auch die sogenannten *Folgenbeseitigungsansprüche* resp. der sogenannte *Unterlassungsanspruch.* Gegenüber dem Verfasser wie dem Verleger der beanstandeten Recherche kann die Publikation eines Widerrufs der unrichtigen Tatsachenbehauptungen und Sachverhaltsdarstellungen verlangt werden, ebenso die Veröffentlichung eines Gerichtsurteils.

Außerdem kann der von einer unrichtigen Tatsachenbehauptung Betroffene eine *Unterlassungserklärung* verlangen: Der Verfasser und sein Verleger erklären, die beanstandete Behauptung nicht zu wiederholen.

Zu dieser komplexen Rechtsmaterie gibt es hinreichend Fachliteratur, so dass hier diese Stichworte genügen (weiterführende Literatur: siehe Anhang).

7.1.9 Gegendarstellungsrecht

Völlig unabhängig von solchen Schadenersatzansprüchen wurde das sogenannte *Gegendarstellungsrecht* in den Landespressegesetzen geregelt. Das Recht auf Gegendarstellung ist sozusagen das klammheimliche Eingeständnis, dass es keine objektive Wahrheit, also auch kein unbedingtes »wahr« oder »falsch« gibt. Der Anspruch auf Gegendarstellung dient nämlich dem Interesse sowohl des von einer Behauptung Betroffenen wie auch der Allgemeinheit, die den Standpunkt der anderen Seite hören soll. Diesem Gedanken zugrunde liegt der Wunsch, zwischen dem Journalisten/Redakteur und der von einem Zeitungsartikel betroffenen Person »Waffengleichheit« herzustellen: Der Betroffene soll den Sachverhalt aus seiner Sicht darstellen dürfen. Dabei kommt es auf die objektive Wahrheit weder der Behauptung noch der Gegenbehauptung an, da die Anspruchsberechtigung formeller Natur ist.

Wichtig ist, dass nur sogenannte Tatsachenbehauptungen zu einer Gegendarstellung führen können, die ihrerseits ebenfalls nur »tatsächliche Angaben« enthalten darf, wie in den Landespressegesetzen vorgeschrieben wird. Wertungen, als solche gekennzeichnete Mutmaßungen und Meinungen, natürlich auch Kritiken und Polemiken des schreibenden Journalisten sind nicht gegendarstellungsfähig, es sei denn, das Werturteil ist in die Schreibform einer Tatsachenbehauptung gekleidet. Es versteht sich, dass bei ehrenrührigen Werturteilen dem Angegriffenen die erwähnten straf- und zivilrechtlichen Schritte offen stehen. (Zur Verfahrensregelung des Gegendarstellungsanspruchs siehe die Landespressegesetze sowie die einschlägige Fachliteratur.)

Wer hart recherchiert und wer mit seinem Zeitungsartikel attackiert, muss mit rechtlichen Schritten der Angegriffenen rechnen. Ob nun eine Gegendarstellung droht oder ein Zivil- oder Strafprozess mit Schadenersatzansprüchen: *Im Umgang mit Recht und Richtern geht es um die Frage, was Tatsachen, was Tatsachenbehauptungen,* was nachweislich »wahr« und was angeblich »falsch« sei.

7.1.10 Der rechtsrelevante Tatsachenbegriff

Die in den Landespressegesetzen unglückliche Definition der Sorgfaltspflicht, derzufolge ein Journalist resp. Redakteur alle Nachrichten »auf Wahrheit, Inhalt und Herkunft zu prüfen« habe, hat manchen Kommentator zu der Annahme verleitet, diese drei Substantive seien »die Kriterien, an denen sich die Recherche zu orientieren« habe (so z.B. Brendel/Grobe 1976, S. 33). Erfahrene Verlagsjustiziare meinen demgegenüber, dass diese Kriterien dazu da sind, zu prüfen, ob ein Text in einem *Rechtsstreit bestehen* kann; im Übrigen hat sich die Recherche vornehmlich am *Anspruch auf Offenlegung und Aufklärung zu* orientieren.

In einem Rechtsstreit geht es vor allem um die Tatsachenbehauptungen – wobei im Medienrecht nicht immer klar ist, was eine Tatsache sein soll. Hier einige Definitionen:

- *Tatsache oder Meinung?* Die Rechtslehre definiert zunächst allgemein: Eine Aussage gilt dann als Tatsachenbehauptung, »... wenn sie konkrete, nach Raum und Zeit bestimmte, der Vergangenheit oder Gegenwart angehörige Geschehnisse oder Zustände der Außenwelt oder des menschlichen Seelenlebens betrifft« (Wenzel 1994, S. 96). Hier wird also unterschieden zwischen äußeren, sinnlich wahrnehmbaren Tatsachen und inneren Tatsachen im Sinne von Zwecken, Absichten und Motiven (Löffler/Ricker 1994, S. 142; BGH, NJW 1992, S. 1314).
  Solche Äußerungen müssen, um als Tatsachenbehauptungen zu gelten, der »objektiven Klärung« zugänglich sein, d.h. dem Beweis »wahr« oder »unwahr« offenstehen, etwa durch Augenschein, Parteivernehmung, Sachverständige, Zeugen (OLG Köln, AfP 1987, S. 696; OLG München AfP 1992, S. 258).
  Meinungen sind im Gegensatz zu Tatsachen subjektiv. Eine entsprechende Äußerung muss, um als Meinung qualifiziert zu

werden, durch Elemente des »Dafürhaltens« oder »Meinens« geprägt sein (BVerfG, NJW 1983, S. 1415). »Meinungen sind –
anders formuliert – durch einen Wertungsprozess gekennzeichnet« (Fricke 1997, S. 159).

- Der für das *Gegendarstellungsrecht maßgebliche Tatsachenbegriff:* Sachverhaltsbehauptungen im Sinne von Vorgängen, Zuständen oder Eigenschaften, die wahrnehmbar und somit auch
beschreibbar sind. Dabei handelt es sich nicht nur um äußere
Handlungen, die faktizierbare Tatsachen schaffen, sondern auch
um seelische oder geistige Vorgänge, die durch *äußerliches Verhalten und Handeln manifest* werden (wie z.B. ein Entschluss,
ein Motiv, Beweggründe). Als spezielle Tatsachenbehauptung
wird auch eine *einseitige* Sachverhaltsdarstellung verstanden,
indem etwa ein wesentlicher Aspekt verschwiegen wird und so
beim Leser ein irreführender Eindruck erweckt werden kann. Im
Übrigen ist unwesentlich, ob der Artikelverfasser die Tatsachenbehauptung selber aufstellt (= behauptet) oder ob er sie kolportiert. Irrelevant ist auch, ob die behauptete Tatsache auch *wirklich* Tatsache ist, d. h. ob ihr *objektive* Wahrheit auch wirklich
zukommt. Entscheidend ist lediglich, ob es sich um »tatsächliche
Angaben« im definierten Sinne oder um ein Werturteil, eine persönliche Auffassung des Artikelverfassers handelt.

- *Der straf- und zivilrechtlich maßgebende Tatsachenbegriff:*
Hierzu werden Schilderungen von Vorgängen oder Zuständen
oder auch Äußerungen gerechnet, die nachprüfbar, mithin dem
Beweis zugänglich sind. Entscheidend daran ist, ob der geschil-
derte Sachverhalt vom Rechercheur auch tatsächlich bewiesen
werden kann. Ist er beweisbar, gilt er als »richtig«, ansonsten
wird er für »falsch« gehalten. Im Falle eines Rechtsstreits kann
es für den Journalisten also immer nur darum gehen, ob er für
seine Sachverhaltsschilderungen *Belege* hat, die vor dem Richter
als *beweiswürdig* gelten. Zeigt sich, dass eine Sachverhaltsschilderung zwar belegbar, aber trotzdem sowohl richtig als auch
falsch zu sein scheint, dann handelt es sich dieser Definition zufolge eben nicht um eine Tatsachenbehauptung, sondern um eine
Beurteilung, eine Einschätzung, eine Meinungsäußerung. Wenn

der Journalist schreibt: »Herr Meier-Müller war erregt, als er vernahm, dass ...«, dann ist dies eine Tatsachenbehauptung, für die das Eingeständnis des Herrn Meier-Müller, tatsächlich erregt gewesen zu sein, als Beleg gilt. Streitet Herr Meier-Müller ab, erregt gewesen zu sein, war die Tatsache falsch. Schreibt der Journalist hingegen: »Mit erregter Stimme tat Herr Meier-Müller kund, dass ...«, dann gibt er einen subjektiven Eindruck wieder, der nicht nachprüfbar, mithin nicht beweisbar ist. Es handelt sich somit um ein Werturteil.

Das Richtig/Falsch-Kriterium bezieht sich ausschließlich auf den *geschilderten Sachverhalt,* unbesehen der Quellen und Überbringer. Der Journalist resp. der verantwortliche Redakteur hat darum auch jede Sachverhaltsschilderung als Tatsachenbehauptung zu verantworten, auch wenn es sich dabei um ein Zitat oder eine Kolportage handelt.

7.1.11 Das Zeugnisverweigerungsrecht

Hilfreich für den recherchierenden Journalisten ist schließlich das in der bundesdeutschen *Strafprozessordnung* (aber auch in der Zivilprozess- und der Finanzgerichtsordnung) verankerte *Zeugnisverweigerungsrecht* (§53 StPO). Sinn dieses Rechts ist es, Materialzuträger und Informanten vor ihrer namentlichen Nennung vor Gericht zu schützen. Aber nicht nur der Informant, auch seine Information unterliegt diesem Schutz, weil sonst unter Umständen aus dem Material auf die Person des Informanten zurückgeschlossen werden könnte. Insgesamt deckt das Recht, Zeugnis zu verweigern, alle Personen, die »berufsmäßig an der Vorbereitung, Herstellung und Verbreitung« des Druckwerks mitwirken: neben dem Artikelverfasser auch den Einsender, den Überbringer, den Kolporteur und Gewährsmann – aber auch den Verleger und den Drucker.

Allerdings: Das Verweigerungsrecht bezieht sich nur auf »gemachte Mitteilungen« – und nicht auch auf das übrige *selbst erarbeitete* Material des Journalisten (BGH v. 28. 12. 78) – ein Einfallstor für Strafermittler, die Recherchematerial beschlagnahmen können, wenn es der Journalist beschafft hat. Die Ausweitung des Zeugnisverweigerungsrechts auch auf Selbstrecherchiertes ist für das Jahr 2000 geplant.

Dasselbe Problem betrifft die Bildbeschaffung: Bis heute (Frühjahr 2000) jedenfalls deckt das Zeugnisverweigerungsrecht die Pressefotografen und Kameraleute der Rundfunkanstalten nicht in Bezug auf deren eigene Bildbeschaffung. So wurde die von den Berufsverbänden heftig kritisierte polizeiliche Beschlagnahme angeblich strafrechtlich relevanter Bilder und Negative durch Gerichtsurteile 1986 gedeckt. Da in diesen Fällen den Pressefotografen kein Zeugnisverweigerungsrecht zuerkannt wurde, kam auch das presserechtliche Beschlagnahmeverbot (§ 97 Abs. 5 Satz 1 StPO) nicht zur Anwendung (BVG vom 4. 3. 81). Aber: Bilder, Filme und Fotos, die der Rechercheur von Dritten erhalten hat, gelten als »zugetragen« und sind quellengeschützt.

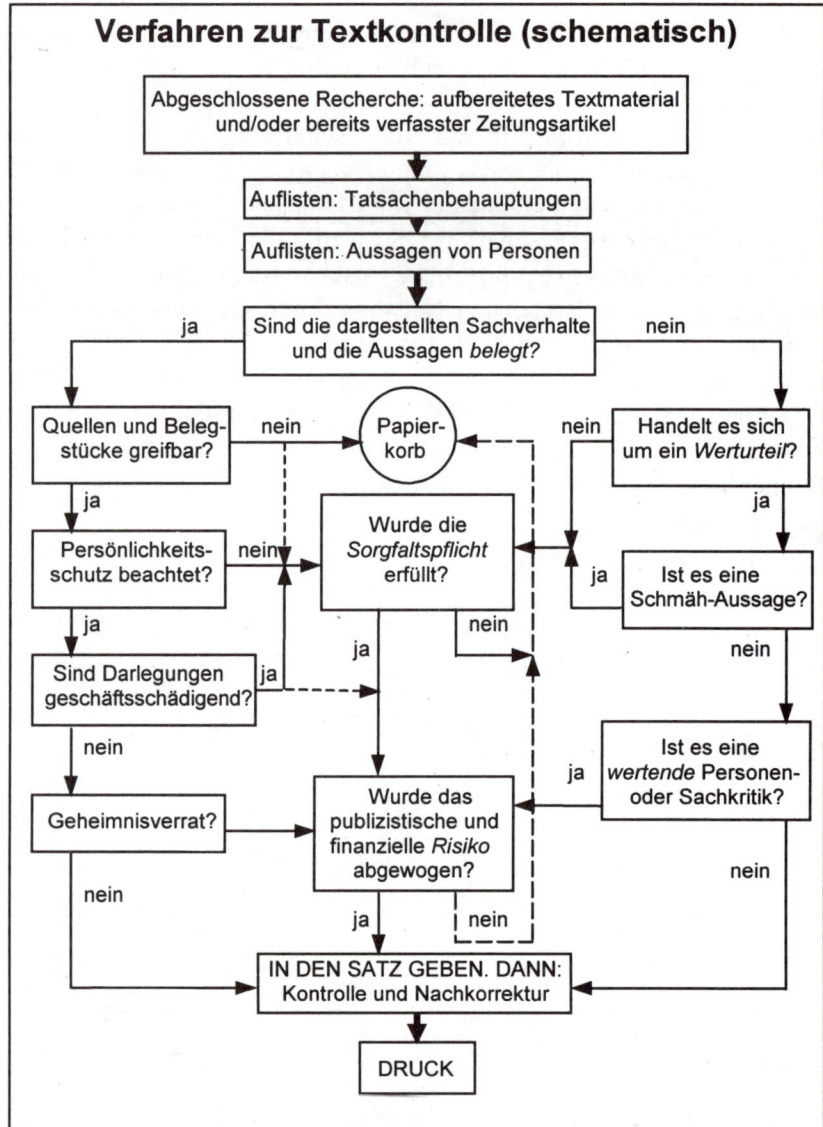

Verfahren zur Textkontrolle (schematisch)

Bei einer prozessträchtigen Recherche empfiehlt sich vor der Publikation ein Kontrollverfahren, um rechtliche Folgen möglichst gering zu halten (linker Durchlauf: Tatsachenbehauptungen; rechter Durchlauf: Werturteile, subjektive Eindrücke, Reflexionen).

ACHTER TEIL

VERMEHRT RECHERCHIEREN – ABER BITTE MIT MEHR JOURNALISTISCHER KOMPETENZ

Übersicht

Haben Sie sich auch schon mal eine dieser Fragen gestellt: Darf ich diese Type nicht endlich in die Pfanne hauen, sie hat's schon lange verdient? Oder: Warum finde ich es lohnend, hier Recherchierzeit zu investieren? Können unsere Leser/Hörer/Zuschauer mit diesem Thema etwas anfangen? Was beeinflussen wir mit dieser Recherche? Wer könnte einen Vorteil daraus ziehen?

Solche Fragen werden gern verdrängt. Denn sie lassen sich nicht mit Hinweisen auf Recherchiertechniken erledigen. Sie zielen tiefer und verlangen journalistische Kompetenz.

Was aber zeichnet den kompetenten Journalisten aus? Das ist nicht leicht zu sagen, zumal die Antwort abstrakt wird: Sie muss die journalistische Tätigkeit in den gesellschaftlichen Zusammenhang stellen.

Dieser letzte Buchteil versucht, diesen Zusammenhang auf möglichst anschauliche Weise aufzuzeigen. Und nennt Merkmale, die den guten Rechercheur zum kompetenten Journalisten machen.

8.1 Das Elend mit dem »Professionalismus«

Vermeintlich echte »Hitler-Tagebücher« für mehr als zehn Millionen
Mark beschaffen, sie als den »größten Scoop der Nachkriegszeit«
veröffentlichen – und nach der zweiten Folge das Ganze als den
größten Flop des deutschen Nachkriegsjournalismus eingestehen
müssen: War das »Stern«–Desaster vom Mai 1983 nur die Ausnah-
me-Blamage einiger Großmäuler, lang zurück und schon vergessen?

Zunächst einmal hat die »Stern«-Katastrophe mit Recherchierjournalismus nichts zu tun – im Gegenteil: Statt zu recherchieren,
wurde gekauft und gedruckt, wohl mit der Parvenue-Einstellung:
»Wenn es so teuer ist, muss es auch echt sein.« Also war am
»Stern«-Desaster nur die Leichtfertigkeit und die Höhe der Summe
einmalig. Alles Weitere ist leider Medienalltag geworden:

- Dass Reporter mit blindmachendem Eifer einer vermeintlichen
  Sensation aus Überbietungs- und Geltungssucht hinterherlaufen
  (wie dies – der Darstellung Manfred Bissingers zufolge – die
  »Stern«-Schicksalsgemeinschaft Heidemann und Walden taten),

- dass beschafftes Material nur auf seine Verwertbarkeit als Ver-
  kaufsknüller, nicht aber auf seine Authentizität hin geprüft wird
  (»Interessant geht vor wichtig«, charakterisiert der »Stern«-
  Rechercheur Leo Müller diesen fatalen Trend – vgl. Message
  2/1999, S. 25),

- dass Journalisten in die Rolle von Story-Schreibern gedrängt
  werden, denen der Inhalt gleichgültig ist (wie dies seit dem
  Markterfolg der privaten Programmanbieter auch in den Zeit-
  schriften-Redaktionen zu beobachten ist),

- dass sich die Verlagsleiter als Produktmanager an den Redakteuren vorbei in die Blattmache einmischen (wie dies der Vorstands-
  vorsitzende Schulte-Hillen mit wachsendem Vergnügen tat),

- dass Herausgeber und Eigentümer die Chefredakteure auswechseln wie eine Waschmittelfirma bei Marktanteilverlusten ihre Werbeleiter (17 Chefredaktionsmitglieder wurden seit dem »Hitler«-Desaster bis Ende 1999 ersetzt).

Dies alles sind keine »Stern«-beschränkte Phänomene; es sind Anzeichen des Trends, Überbietungsjournalismus als »Recherchierjournalismus« und Verpackungskünste als »Professionalismus« auszugeben. Und inzwischen nicht mehr nur im Rahmen der Yellow- und Bilderblätter, sondern auch im Bereich des Nachrichtenmagazinjournalismus, wie schon Ende der 80er Jahre der Fall »Spiegel/Waldheim« zeigte: Da präsentierte das Nachrichtenmagazin den »Beweis« für die Verstrickung Kurt Waldheims in Kriegsgräuel auf dem Titelblatt (Heft 5/1988). Doch das angeblich authentische Dokument, ein vom Leutnant Waldheim unterzeichnetes Telegramm, erwies sich aufgrund eines vom »Stern«(!) in Auftrag gegebenen Gutachtens als Fälschung eines dubiosen Wissenschaftlers in Zagreb, der das Papier für zwanzigtausend Mark dem »Spiegel« angedient hatte.

Seither steigt die Zahl der von Redaktionen verwerteten Fakes, unterlassenen Nachforschungen und – als Ersatzhandlung – die Geldeinsätze des Scheckbuch-Journalismus. Ende 1999 demonstrierte dies just »Der Spiegel« im Zusammenhang mit der so genannten Flugaffäre von SPD-Spitzenpolitikern in Nordrhein-Westfalen. Die Witwe des für diese Flüge angeheuerten Piloten, Sabine Wichmann, erhielt vom »Spiegel« für ihre Informationen 100 000 Mark – vermutlich, um den Enthüllungsvorsprung des Konkurrenten »Focus« aufzuholen. Für den Fall, dass sie auch noch Regierungschef Wolfgang Clement belasten könne, sei ihr vom »Spiegel« ein weiteres Erfolgshonorar in Aussicht gestellt worden, ermittelte die »Süddeutsche Zeitung« (vgl. »SZ« vom 28. Januar 2000). Solche Kopfgeld-Aktionen machen vor allem eines deutlich: den rasanten Schwund an journalistischer Kompetenz.

Erwünscht ist also nicht nur der *handwerklich* gute Recherchierjournalist, wie er sich anhand der vorausgegangenen Buchteile schulen kann – benötigt wird darüber hinaus der *kompetente* Journalist, der seine Berufsrolle im Zusammenhang mit der gesellschaftlichen Funktion der Medienkommunikation sieht, die wir im Folgenden als »Rollenkompetenz« (am Beispiel einer Lokalredaktion) skizzieren.

8.2 Rollenkompetenz und Reflexions- vermögen

Eine ähnliche Geschichte wie die folgende Episode werden viele Journalisten unter den Lesern im Verlauf ihrer Redakteurstätigkeit sicherlich schon selbst erlebt haben:

Da meldet sich eines Vormittags eine adrett gekleidete, vielleicht ein wenig zu grell geschminkte Dame Anfang 50 bei der Redaktion, sie habe eine unerhörte Enthüllung anzubieten. Einer der Redakteure des Lokalressorts opfert sich und plaudert ein paar Minuten mit der Dame. Dann komplimentiert er sie wieder hinaus. Grund: Die Besucherin, soeben geschiedene Gattin des stadtbekannten Immobilienhändlers Meier-Müller, wollte erzählen, mit welch gemeinen Tricks der schwerreiche Exgatte ihren Scheidungsrichter auf seine Seite gebracht und die Frau ohne entsprechende Abfindung im Stich gelassen habe. Dem Redakteur ging sogleich auf, dass diese Geschichte zur Privatsphäre des Herrn Meier-Müller gehöre und nicht in die Zeitung. Zudem wirkte die Frau auf ihn eher hysterisch und überzogen; er zweifelte darum auch am Wahrheitsgehalt der Geschichte. Fazit: Alles vergessen!

Der Leser geht mit mir einig: Unser Kollege hat verantwortungsbewusst gehandelt, ein echter Profi. Doch unsere Geschichte, die sich tatsächlich so zugetragen hat, geht weiter. Denn drei Wochen später, während einer Redaktionskonferenz, knallt der Chefredakteur die Ausgabe des Konkurrenzblattes auf den Tisch und sagt: »Warum lese ich diese Geschichte nicht in unserer Zeitung?« Er meint einen Recherchenbericht, der ein dubioses Maklergeschäft des Herrn Meier-Müller mit einer Liegenschaft enthüllte, die noch vor zwei Jahren der Stadt gehört hatte und die Meier-Müller seinerzeit spottbillig erwerben und nun mit hohem Profit an eine ausländische Versicherungsgesellschaft weiterveräußern konnte. Jener Zeitungsbericht deckte auf, dass zwischen der städtischen Baubehörde und dem Immobilienmakler ein abgekartetes Spiel stattgefunden haben musste. »Da hat wohl einer aus der städtischen Behörde ausgepackt«, bedauert einer der Lokalredakteure, »und der ging halt zur Konkurrenz.«

Der Kollege irrt. Tatsächlich war die Exgattin des Herrn Meier-Müller zum Konkurrenzblatt gegangen, in der Hoffnung, dort ihre Geschichte loszuwerden. Auch der dortige Redakteur erkannte sofort, dass die Frau nur persönliche Rache nehmen wollte und aus der Privatsphäre plauderte. Trotzdem wurde jener Redakteur hellhörig, als die Dame von der großen Abfindung sprach, die ihr zugestanden hätte; denn er vermutete nun, die Exgattin habe Einblick in geschäftliche Abwicklungen ihres Ehemannes gehabt.

Er ließ also den schier unaufhörlichen Redeschwall der Frau über sich ergehen; dann, nach einer Stunde des Zuhörens, ließ der Redefluss allmählich nach; die Frau fühlte sich verstanden und fasste Vertrauen; nun begann der Redakteur behutsam die Frau nach den Geschäftspraktiken ihres Mannes abzufragen. Inzwischen war nämlich dem Journalisten eingefallen, dass ein Liegenschaftsverkauf der Stadt an den Immobilienhändler vor allem unter den wohnungsuchenden Studenten seinerzeit viel Empörung ausgelöst und sogar zu einer Hausbesetzung geführt hatte. Nun erzählte ihm die Frau, ihr Mann habe seinerzeit das Gebäude als reines Spekulationsobjekt erworben und kürzlich mit hohem Gewinn weiterverkauft. Wie elektrisiert machte sich der Redakteur sogleich an die Arbeit. Die Rache-Geschichte der Frau war Auslöser, nur *Ausgangspunkt* der Recherche.

Künstlerpech also im einen Fall, eine gute Spürnase im anderen? Nein. Der erste Redakteur hatte die Chance verpasst, weil er unreflektiert an die Sache ging: Nicht offen und ohne Interesse.

> ▪ Das erste Merkmal journalistischer Rollenkompetenz lautet: Offenheit und Interesse, kurz: Neugier.

Neugierige Menschen zeichnen zwei Eigenschaften aus: Sie zeigen sich interessiert und sie sind offen für Neues. Journalisten kultivieren diese Eigenschaften zu Qualitätsmerkmalen ihrer Rollenkompetenz.

»Offenheit« heißt: Alles, was ich an Neuem höre und sehe, beziehe ich auf *allgemein* wichtige Fragen und Themen (bei unserem Beispiel: Die Liegenschaftspolitik der Stadtbehörden), auf das *aktuelle Geschehen* in meiner Stadt, meiner Gegend, in meinem Lande (hier: Kampf der Bevölkerung um Erhalt der Wohnsubstanz), auf das *alltägliche Leben* der Leute (hier: Wohnungsnot; Veränderung des Stadtbildes durch drohenden Abbruch der Liegenschaft).

Mit »Interesse« ist eine *Obwohl-Einstellung* gemeint: Obwohl mir die Kolportage oder die Meldung als alter Hut vorkommt, höre ich mir die Geschichte an; obwohl die Sache so, wie sie dargeboten wird, nicht brauchbar ist, schaue ich sie mir an; obwohl mir der Informant unzuverlässig und uninformiert erscheint, höre ich ihm zu. Insgesamt: Obwohl ich natürlich alles schon besser weiß, tue ich so, als wisse ich noch nichts. Mein Interesse hilft mir also, trotz meiner Vorurteile offen und aufnahmebereit zu sein.

Beides, Offenheit und Interesse, darf den recherchierenden Journalisten natürlich nicht dazu verleiten, allen alles abzunehmen, es gar zu glauben. Das Gegenteil ist richtig: Er soll sich zwar so viel wie möglich anhören, so viel wie möglich beschaffen – aber er soll um Himmels willen nichts davon glauben. Denn schließlich ist ja der Journalist kein urteilender Richter, sondern ein Rekonstrukteur von Geschehnissen.

> ▪ **Das zweite Merkmal der Rollenkompetenz heißt: Dieselbe Skepsis gegenüber jedweder Aussage.**

So gilt für den recherchierenden Journalisten: »Ich glaube grundsätzlich keinem meiner Informanten, ich nehme deren Sachverhaltsdarstellungen nicht als Wahrheiten, sondern als *Versionen des Geschehens,* das ich rekonstruieren will.« Skepsis als Wahrheitszweifel nun in doppelter Hinsicht: zum einen gegenüber den Quellen und Informanten, solange deren Zuverlässigkeit und Verlässlichkeit nicht erwiesen sind; und zum anderen gegenüber den Sachverhaltsdarstellungen, solange sie nicht kritisch überprüft und/oder durch andere Quellen belegt sind. Der recherchierende Journalist nimmt darum nichts als gesichert und auch nichts als selbstverständlich an.

Das klingt argloser, als es ist. Denn oft genug wird Material nur deshalb für gesichert gehalten, weil es angeblich *schon mal geprüft* wurde, weil es *gedruckt* vorliegt, weil es von einem altbekannten Lieferanten oder *Kollegen* stammt oder auch, weil es die *eigenen Erwartungen* bestätigt. Skepsis also auch gegenüber der eigenen Routine, dem eigenen Ehrgeiz, gegenüber Vertrautheiten und Gewohnheiten, vor allem: gegenüber eigenen Hypothesen und allgemeinen Vorurteilen, die ja meist in der Form von Kausalbehauptungen auftreten.

Ein solches Vorurteil in unserem Beispiel: Weil hysterische und rachsüchtige Frauen ohnehin alles verzerren und alles übertreiben, soll man ihnen nicht glauben. Folglich sind sie als Informanten unzuverlässig, mithin wertlos.

Die Fähigkeit, Skepsis als eine Art Arbeitsinstrument einzusetzen, hängt nun stark davon ab, wie weit der Journalist seine eigene Haltung, seine Einstellungen und Vorurteile kritisch zu reflektieren in der Lage ist.

> ▪ Das dritte Merkmal der Rollenkompetenz beinhaltet: Selbstbeobachtung, Selbstkontrolle und Selbstkritik.

Um Missverständnissen vorzubeugen, sei hier betont, dass Selbstkritik und -kontrolle nicht bedeuten, der Rechercheur habe sich *selbst* oder sich in seiner Rolle als *Medienschaffender* in Frage zu stellen – vielmehr: Er soll immer aufs Neue prüfen, ob er sich seines kritischen Verstandes auch tatsächlich bedient und sich Rechenschaft ablegt über seine vorgefassten Meinungen, Mutmaßungen und Unterstellungen.

Diese selbstkritische Kontrolle der eigenen Einstellungen ist wesentlich für die *Glaubwürdigkeit* der journalistischen Umsetzung wie auch der Darstellungsform: Sachverhalte, von deren Gültigkeit der Schreiber überzeugt ist, sind entsprechend präzise und eindeutig festzuhalten; unüberprüfte und ungesicherte Sachverhalte hingegen sind als Mutmaßungen kenntlich zu machen.

In unserem Beispiel: Da die tatsächlichen Gründe für die Veräußerung der Liegenschaft an den Immobilienmakler durch die Baubehörde im Unklaren blieben, müssen sie als hypothetische Behauptungen (*Mutmaßungen)* dargestellt oder weggelassen werden.

Zur Glaubwürdigkeit gehört auch die Zurückhaltung des Artikelschreibers bei der Schilderung von Ereignissen und/oder Personen: Nicht etwa nur Unsicherheit bei der Wortwahl, auch »Schaum vor dem Mund« mindert die Glaubhaftigkeit des Berichts.

In unserem Beispiel: Wenn der Artikelschreiber mit Häme und Verachtung über den Immobilienmakler Meier-Müller herzöge, würde sich der Leser weit eher mit dem wehrlos Angegriffenen verbünden als mit dem zornigen Journalisten; schildert aber der Rechercheur faktenreich und anhand eindrücklicher Details die Machenschaften zwischen Behörde und Immobilienhändler aus sicherer Distanz, ist ihm die Empörung jedes rechtsstaatlich denkenden Lesers über dieses Komplott gewiss.

Diese dem Leser *zugewandte*, in der Sache aber *zurückhaltende* Einstellung des Artikelschreibers bedingt eine gegenüber vorherrschenden Meinungen, gegenüber Personen und Gruppen konsequent verfolgte Unabhängigkeit.

> - So lautet das vierte Merkmal der Rollenkompetenz: Unabhängigkeit gegenüber jedwelchen Interessen.

Es ist klar, dass die Unabhängigkeit des Rechercheurs *nicht absolut* praktizierbar ist: Als Arbeitnehmer steht der Zeitungsredakteur in einem – zumindest psychologisch – als Abhängigkeit erlebten Verhältnis zu seinem Herausgeber/Verleger und Arbeitgeber; er fühlt sich gebunden an die publizistischen Grundsätze seines Hauses, im weitesten Sinne an die verfassungsmäßige Grundordnung von Staat und Gesellschaft. Gleiches gilt in verbindlicherem Maße für Journalisten öffentlich-rechtlich organisierter Anstalten: Unabhängigkeit bedeutet nicht Beliebigkeit.

Trotzdem darf es keinen servilen Gehorsam nach oben, links oder rechts geben. Nach allen Seiten gilt das Gebot der Unabhängigkeit –

und zwar nicht nur gegenüber Interessensgruppen, Autoritäten und Pressuregroups, sondern auch in Bezug auf die lokal, regional, überregional *vorherrschenden Meinungen.*

In unserem Beispiel: Der Einstellungstrend, jedweden Häuserabriss als Zerstörung von Lebensqualität zu werten, bestimmt oftmals die Stoßrichtung der Recherche, ebenso das Vorurteil, Immobilienmakler seien per se sozialschädigende Spekulanten. Mag ja sein, dass in unserem Fall beide Annahmen gültig sind; dennoch dürfen sie nicht einfach unterstellt werden, nur weil sie einer weit verbreiteten Meinung entsprechen.

Der amerikanische Publizist und Hochschullehrer John Hohenberg schrieb über den »Professional Journalist«, eine seiner wichtigsten Aufgaben sei es, »etablierte Werte und Common-Sense weit mehr in Frage zu stellen, als dies die Angehörigen jedes anderen Berufs tun«, denn, so Hohenberg weiter: »In seinem allgemeinsten Sinn soll Journalismus zum Wandel, zur Veränderung anregen« (Hohenberg [4]1978, S. 11). Dies ist keine US-typische Aufgabe, sondern eine dem Journalismus zugehörige Rolle.

Mit diesem Hinweis nähern wir uns der Frage nach der *Funktion* von Massenkommunikation, soweit sie von Journalisten in ihrer Arbeit mitreflektiert werden muss. Wir gehen von der allgemein anerkannten These aus, dass komplex strukturierte, mehr oder weniger pluralistisch organisierte Gesellschaften auf *Öffentlichkeit als Forum und Prüfinstanz* der Informations- und Meinungsbildungsprozesse angewiesen sind.

Für die Massenmedien als Hauptträger von Öffentlichkeit folgt daraus, dass sie nicht als Sprachrohr einzelner Gruppen, sondern der allgemeinen Orientierung dienen, mithin als vielseitiger Vermittler (und nicht als Einbahnstraße) sowie als Artikulationshelfer funktionieren sollen: Sie haben die Aufgabe, die auf Orientierung gerichtete Kommunikation zwischen den Bevölkerungsgruppen sowie zwischen der Bevölkerung und den Machtträgern in Gang zu halten. Die Journalisten müssen also eine distanzierte Haltung einnehmen und möglichst vielfältige Positionen ausleuchten und zur Sprache bringen – gleichgültig, ob es sich um diejenigen etablierter Machtgruppen oder etwa um die alternativer Projektträger oder Randgruppen handelt.

Auch wenn eingeschränkt, so gilt diese – auf die Orientierungs-funktion bezogene – Artikulationshilfe auch für den recherchieren-den Journalisten, es sei denn, er verfolgt mit seiner Recherche eine auf Enthüllung gerichtete Absicht im Sinne der Kritik- und Kontroll-funktion.

> ▪ Das fünfte Merkmal des rollenkompetenten Journalisten heißt: Er hält nach allen Seiten die gleiche Distanz.

Dies ist oft leichter gesagt als getan. Der Lokalreporter ist ja auf einen guten Draht etwa zum Bürgermeisteramt angewiesen; der Po-lizeireporter weiß aus Erfahrung, dass er hin und wieder mit den Wölfen heulen muss, wenn er mit zusätzlichen Informationen be-sonders schnell bedient sein will; Wirtschaftsredakteure pflegen ihre informellen Kontakte zu den Pressesprechern der Industrie am liebsten in einer privaten Atmosphäre bei einem Schluck Wein. Oft merken es die Journalisten selbst nicht, wie sich ihre Positionen, ihre Einstellungen allmählich verschieben. Und sie merken oftmals nicht, dass sie aus Angst vor dem Verlust an Nähe zu einzelnen Informati-onsstellen auf eine Recherche verzichten.

Das Kunststück heißt also: den engen Kontakt zu Behördenver-tretern, Pressesprechern und Informanten halten – und doch auf glei-cher Distanz nach allen Seiten beharren.

In unserem Beispiel: Der Lokalredakteur kennt die für den Lie-genschaftsverkauf zuständigen Beamten der Baubehörde aus zahlrei-chen anderen Kontakten; er weiß auch, dass er auf diese Kontakte in Zukunft angewiesen sein wird. Trotzdem macht er sich die Darstel-lung der Behörde nicht zu eigen, sondern konfrontiert die behörd-lichen Angaben mit den Auskünften des Immobilienhändlers; dessen Einlassungen wiederum unterbreitet er, soweit es um Tatsachenbe-hauptungen geht, der Behörde zur Stellungnahme. Indem er jeden Schritt ankündigt und den Behördenvertretern erläutert, wie er vor-zugehen gedenkt, entsteht kein Misstrauen.

Das Prinzip der gleichen Distanz nach allen Seiten darf den Jour-nalisten indessen nicht zur Fehlhaltung verleiten, es nun auch allen recht machen zu müssen. Solcher Anbiederungsjournalismus, häufig anzutreffen im Dunstkreis der Mächtigen, etwa der Staatsregierungen (wie: Bundespressekonferenz), macht jede Recherche zur Farce. »Journalisten sollten sich unter Politikern und Wirtschaftsführern keine Freunde machen. Keine Knutschflecken sollten sie sich holen, sondern blaue Flecken«, schrieb der Recherchierjournalist Hans Leyendecker (in: Message 2/1999, S. 11).

Die gegenteilige Haltung freilich ist genauso verheerend, nämlich jeden und alles kritisch aufs Korn zu nehmen, aus Angst vor Beeinflussung und Abhängigkeit. Diese sogenannten Rundumschläge verzerren nicht nur den tatsächlichen Sachverhalt (nicht alles und jeder ist von Übel), sie rücken indirekt auch noch den Artikelschreiber ins schiefe Licht des angeblich Besserwissenden. Und dies ist in aller Regel eine dem Recherchieren nicht gemäße Haltung. »Jeder kompetente Journalist«, schrieb hierzu John Hohenberg nicht ohne Pathos, »ist sich bewußt, daß er im Grunde ein Diener der Öffentlichkeit ist, und daß er sowie seine Institution letztlich gegenüber der Öffentlichkeit Rechenschaft schuldig sind« (Hohenberg, S. 12).

Nicht jeder kompetente Journalist wird sich diese Definition zu Eigen machen wollen. Ein Sportjournalist, der Moderator eines TV-Unterhaltungsmagazins, der Storyschreiber eines Frauenheftes: Sie verstehen sich, selbst wenn sie Recherchierarbeit leisten, kaum als Diener *der* Öffentlichkeit, weil sie ihre Konsumentenzielgruppen ja nicht mit *der* Öffentlichkeit in eins setzen können.

Trotzdem glaube ich, dass die hier diskutierten fünf Grundsätze des journalistischen Rollenverständnisses auch für diese Kollegen gelten, zumindest solange der Vorgang des Veröffentlichens für sinnvoll (und nicht nur für kommerziell nützlich) gehalten wird: Der recherchierende Journalist will aufdecken und veröffentlichen, weil er das Geschehene für allgemein interessant, sogar für wichtig hält und an das *Prinzip Öffentlichkeit* (Haller 1992, S. 206) als gesellschaftliche Prüfinstanz glaubt.

Nicht so sehr die Erwartungen einer Zielgruppe (oder die seiner Kollegen), sondern die Funktionsbedingungen medialer Öffentlichkeit sollten für den recherchierenden Journalisten handlungsleitend sein.

Die Medienöffentlichkeit entwickelt oft eine Eigendynamik. Darum Vorsicht: Muss man ein Thema, eine Handlung hochziehen, nur weil es ein anderes Massenmedium schon gebracht hat? Ist eine Information schon zuverlässig, nur weil sie in mehreren anderen Medien stand? Ob aus Faulheit/Bequemlichkeit oder falscher Aktualitätsgläubigkeit: Der Hang, sich nicht an den Realitäten, sondern an den Berichten anderer Medien zu orientieren, ist weit verbreitet und führt zu zirkulären Informationsprozessen.

> Die CDU-Parteispendenaffäre 1999/2000 zeigte beides: Der hochdynamisch abgelaufene Prozess fortlaufender Enthüllungen seit der Einvernahme von Walter Leisler Kiep durch die Staatsanwaltschaft Augsburg ist auch den akribischen Nachforschungen einer kleinen Gruppe von zehn oder zwölf Rechercheuren verschiedener Medien (»Süddeutsche«, »Tagesspiegel«, »Der Spiegel«, »Focus«, »Monitor«) geschuldet.
> Gleichzeitig brachten viele Blätter, Trittbrettfahrern vergleichbar, eigene Enthüllungsgeschichten, die abgeschriebene oder aufgekochte (und auch falsche) Informationen als Neuigkeiten boten (vgl. Ruß-Mohl, in: Message 2/2000) – ganz im Sinne der sarkastischen Bemerkung von Leo Müller: »Es drängt nur eine kleine Minderheit, das zu tun, was erste Pflicht wäre: recherchieren, hinterfragen, überprüfen« (in: Message 2/1999, S. 22).

Dies heißt natürlich nicht, dass jeder Journalist ungeachtet seines Tätigkeitsfeldes dasselbe Rollenverständnis haben müsse. Es versteht sich, dass etwa eine Dayly Talkshow das eigene Medium thematisieren darf, derweil der Nachrichtenredakteur nur externe News verarbeiten sollte. Auch wird das Selbstverständnis des recherchierenden Journalisten oftmals eher von Merkmalen seiner Zunft (wie: Anerkennung) geprägt als vom Bild des unermüdlichen Spürhunds. Dies ist normal. Das Auffallende daran ist nur, dass sich die meisten Journalisten darüber kaum Gedanken machen.

8.3 Die Sachkompetenz

Vor 50, 60 Jahren habe man bei dem Wort »Journalist« an den recherchierenden Reporter gedacht, der versuche, Tatsachen und Meinungen objektiv und wahrheitsgetreu wiederzugeben; tatsächlich aber habe es sich um einen Journalismus gehandelt, der genau dem entsprach, »was die etablierte Mittelklasse Amerikas zu lesen wünschte«, schrieben US-Zeitungswissenschaftler über die Rolle der Journalisten – und folgern, dass es darum auch nicht von ungefähr kaum Farbige und Frauen im Journalismusberuf gegeben habe, sondern fast ausschließlich Männer der gehobenen Mittelschicht mit Highschool-Abschluss. Seither habe sich das Bild gewandelt: Vor allem die audiovisuellen Medien würden die unteren Bevölkerungsschichten erreichen, was sich auch daran zeige, dass inzwischen deutlich mehr Farbige und Frauen, auch Aufsteiger aus unteren Schichten, als Journalisten arbeiten als früher.

Wie auch immer man diese These beurteilen mag, richtig daran ist, dass die Berufsrolle des Journalisten nicht nur von seinem Fachwissen oder handwerklichen know how, sondern auch von seiner gesellschaftlichen Rolle abhängt. Diese freilich ist nicht genau definiert: Recherchieren und Berichterstattung seien »derart weitläufige Tätigkeiten, dass es schwierig ist, durch feste Zugangsregeln die Berufszugehörigkeit eines Journalisten festzulegen und den Geltungsbereich seiner Berufsautonomie so zu definieren, daß sie nicht zu einer Beschränkung führt«, befand der deutsche Soziologe Rainer Lepsius vor rund 40 Jahren, und folgerte: »So bleiben die Journalisten notgedrungen und aus den Strukturbedingungen ihrer Tätigkeit eine Quasi-Profession« (Lepsius 1964, S. 82f.).

Dies ist auch heute noch so. Und gerade deshalb muss die notwendig offene Berufsrolle des Journalisten mehr als nur praktizistisch, nämlich auch theoretisch profiliert und begründet werden.

Hilfreich ist hierbei der von der Journalistik entwickelte Kompetenz-Begriff (vgl. insb. Weischenberg 1990). So lässt sich das journalistische Rollenselbstverständnis als »Sachkompetenz« definieren, die vor allem *praktische Kenntnisse über die Kommunikationspartner (Leser, Hörer, Zuschauer) des betreffenden Mediums zum Inhalt hat.* Das heißt konkret:

- Dass der Journalist *vor* Beginn einer Recherche die für *seine* Publika wichtigsten Fragestellungen erfasst und auflistet;

- dass er sich in die Lage des vom Thema der Recherche *Betroffenen* versetzt;

- dass er vielleicht hochinteressante, aber für die Medienkommunikation zu komplizierte Exkurse weglässt;

- dass er mit seiner Sprache die Leserschaft zwar fordert, sie aber nicht unter- und nicht überfordert, etwa durch plumpe Wortetiketten oder einen zu komplizierten Satzbau und Fremdwörter.

Eine zumindest oberflächliche Kenntnis sollte der recherchierende Journalist von der Struktur seiner Medienbenutzer haben (Sozialstruktur: Alter, Schichtung, Anteil Frauen usw. im Verbreitungsgebiet des betreffenden Mediums). Ein Journalist, der in völliger Unkenntnis seiner Klientel vor sich hinschreibt und so tut, als stünde sein Sprachniveau stellvertretend für das seiner Leserschaft, der benimmt sich eher wie ein verhinderter Schriftsteller denn wie ein Journalist.

Wie weit der Artikelschreiber dem Leser- respektive Zuhörerinteresse entgegenkommen darf, hängt auch vom Gegenstand der Recherche ab: Nicht jedes Thema lässt sich beliebig auf knallige, sensationelle oder bizarre Aspekte und Fragestellungen reduzieren. Trotz aller Liebe zum Spektakel ist und bleibt der Journalist ja in erster Linie Kommunikator, Vermittler, Transporteur. Sein Rollenbewusstsein fällt mit der zentralen Orientierungsfunktion der Massenmedien zusammen. Tatsächlich bewegt sich der recherchierende Journalist in einer Art *Dreiecksverhältnis*: Dort der aufzudeckende Sachverhalt, hier das Medium mit seinen Routinen und Zwängen – und dort das Publikum mit seinen Gewohnheiten und Erwartungen. Alle drei Dimensionen sind in der kommunikativen Beziehung, die das Medium knüpft, zueinander bezogen.

Der Grundsatz, dass sich das Medium als Forumsträger der Öffentlichkeit mit keiner der Quellen identifizieren darf, die der Rechercheur benutzt hat, vielmehr Distanz wahren soll, hat zur Konsequenz, dass der Beitrag dieses Dreiecksverhältnis *durchsichtig* machen sollte. Die Sachkompetenz des Rechercheurs lässt sich daran ablesen, ob (und wie) das genannte Dreiecksverhältnis *aufgedeckt* und *bewertet wird*. Diese Wertung zeigt den Mediennutzern (Lesern, Hörern, Zuschauern) an, ob der Bericht die Sicht seiner Informanten übernimmt, sie nur kolportiert oder kritisch prüft.

> In unserem Beispiel über den Immobilienhandel: Wenn der *Zeitungsbericht* entweder nur den Standpunkt des Maklers oder den der Baubehörde als maßgeblich darstellt, übernimmt die *Zeitung* keine Orientierungsfunktion, sondern verhält sich zum Sachverhalt *parteiisch:* Sie ist identifikatorisch, also unkritisch. Ein Zeitungsbericht, der beide Seiten gleichermaßen abwertend und hämisch darstellt, verfehlt ebenfalls seine Funktion, weil so das erwähnte Dreiecksverhältnis nicht durchsichtig wird.

Dieses Plädoyer für eine funktionsbewusste Vermittlerrolle möchte dem Rechercheur sein journalistisches Engagement nicht ausreden – im Gegenteil: *Er soll noch viel engagierter werden.* Nur, dieses Engagement sollte nicht von irgendwelchen Vorlieben, ideologisch fixierten Überzeugungen oder karitativen Motiven getragen sein. Normativ begründen lässt sich journalistisches Engagement als *Grundrechtsbewusstsein* im Kampf für die *Selbstgestaltungsfähigkeit* der demokratisch verfassten Gesellschaft: Unter diesem Leitbild ist Recherchierjournalismus genuin aufklärerisch, mithin emanzipatorisch.

Dies ist nicht pathetisch zu verstehen, sondern als Hinweis, dass sich der Rechercheur auf dem ideellen Boden bewegt, auf dem die Grundrechte stehen. Im Alltag bedeutet dies zum Beispiel: Niemals auf Kosten von Minderheiten die Lacher auf seine Seite ziehen wollen, niemals abweichendes Verhalten verächtlich machen, niemals andere Menschen wegen äußerlicher Dinge, für die sie selber nichts können, der Häme preisgeben. Und: Niemals andere Menschen in ihrer Individualität angreifen, sondern nur in Bezug auf ihre Handlungen.

Denn selbst der härteste Enthüllungsjournalist vergisst niemals, wenn er ein *kompetenter* Profi ist, dass jeder Mensch respektvoll zu behandeln ist – nicht nur die Gegner, vor allem auch die Opfer der herrschenden Meinung.

Zitierte Literatur

Allemann, Urs et al. (1981): Wem dient die Medienfreiheit? Hrsg. von den demokratischen Juristen der Schweiz. Bern: Verlag Volk + Recht.

Andersen, David; Benjaminson, Peter (1976): Investigative Reporting. Indiana: University Press.

Argyle, Michael (1979): Körpersprache & Kommunikation. Paderborn: Junfermann-Verlag.

Associated Press (Staffers) (1971): Reporting/Writing From Front Row Seats, ed. Ch. A. Grumich. New York: Simon and Schuster.

Aufermann, Jörg; Bohrmann, Hans; Sülzer, Rolf (Hrsg.) (1973): Gesellschaftliche Kommunikation und Information. Frankfurt: Athenäum (2 Bände).

Aufermann, Jörg; Scharf, Wilfried; Schlie, Otto (Hrsg.) (1981): Fernsehen und Hörfunk für die Demokratie. Ein Handbuch über den Rundfunk in der Bundesrepublik Deutschland. Opladen: Westdeutscher Verlag.

Baerns, Barbara (1985): Öffentlichkeitsarbeit oder Journalismus? Zum Einfluß im Mediensystem. Köln: Verlag Wissenschaft und Politik.

Baker, Russ (1999): USA: Adé Enthüllungsjournalismus? In: MESSAGE – Internationale Fachzeitschrift für Journalismus, Heft 2/1999, S. 32-34.

Barzun, Jacques; Graff, Henry F. (1977): The Modern Researcher. New York, Chicago, San Francisco, Atlanta: Harcourt Brace Jovanovich Inc. (3. Aufl.).

Bausch, Hans (Hrsg.) (1980): Rundfunk in Deutschland. München: Deutscher Taschenbuchverlag (5 Bände).

Belz, Christopher; Haller, Michael; Sellheim, Armin (1999): Berufsbilder im Journalismus. Von den alten zu den neuen Medien. Konstanz: UVK Medien.

Bentley, Nicolas (Hrsg.) (1966): Russel's Despatches from the Crimea. London: André Deutsch.

Bismarck, Klaus von; Kluge, Alexander; Sieger, Ferdinand (1985): Industrialisierung des Bewußtseins. München: Piper.

Bissinger, Manfred (1984): Hitlers Sternstunde. Kujau, Heidemann und die Millionen. Hamburg: Rasch und Röhring.

Bodel, Klaus; Buchwald, Manfred (1980): Fachstudienführer Journalistik, Publizistik/Kommunikationswissenschaft (hrsg. von Gundolf Seidenspinner). Weil der Stadt: Lexika-Verlag.

Böll, Heinrich (1984): Bild-Bonn-Bönisch. Bornheim-Merten: Lamuv.

Branahl, Udo (1996): Medienrecht. Eine Einführung. Opladen: Westdeutscher Verlag.

Brendel, Detlef; Grobe, Bernd E. (1976): Journalistisches Grundwissen. Darstellung der Formen und Mittel journalistischer Arbeit und Einführung in die Anwendung empirischer Daten in den Massenmedien. München: Verlag Dokumentation.

Brepohl, Klaus (1974): Die Massenmedien. Ein Fahrplan durch das Zeitalter der Information und Kommunikation. München: Nymphenburger Verlagshandlung.

Buzan, Tony (1995): Kopftraining. Anleitung zum kreativen Denken, Test und Übungen. München: Mosaik-Verlag.

Buzan, Tony; Buzan, Barry (1997): Das Mind-Map-Buch. Die beste Methode zur Steigerung ihres geistigen Potentials. Landsberg: Moderne Industrie Verlag (1999): München: Moderne Verlagsgesellschaft.

Charnley, Mitchel V. (1975): Reporting. New York: Holt, Rinehart and Winston (3. Aufl.).

de Mendelsohn, Peter (1959): Zeitungsstadt Berlin, Berlin: Ullstein.

Deutscher Presserat (Hrsg.) (1977): Grundsätze für die Behandlung von Gegendarstellungsansprüchen – Eine Anleitung für die Praxis. Bonn: Bad Godesberg.

Deutscher Presserat (Hrsg.) (1990-1998): Jahrbuch. Bonn-Bad Godesberg: Deutscher Presserat – Spruchpraxis.

Donsbach, Wolfgang (1993): Journalismus versus journalism – ein Vergleich zum Verhältnis von Medien und Politik in Deutschland und in den USA. In: Donsbach et al. (Hrsg.): Beziehungsspiele – Medien und Politik in der öffentlichen Diskussion. Fallstudien und Analysen. Gütersloh: Bertelsmann, S. 283-315.

Dovifat, Emil (1976): Zeitungslehre, 6., neu bearbeitete Auflage von Jürgen Wilke. Berlin: de Gruyter (2 Bände).

Dygert, James J. (1976): The Investigative Journalist – Folk Heroes of a New Era. New Jersey: Englewood Cliffs.

Engelmann, Bernt; Horné, Alfred; Lohr, Stephan; Spoo, Eckhart (1981): Anspruch auf Wahrheit. Wie werden wir informiert? Göttingen: Steidl Verlag.

Enzensberger, Hans Magnus (1965): Einzelheiten 1: Bewußtseins-Industrie. Frankfurt a.M.: Suhrkamp (2. Aufl.).

Eckhardt, Klaus (1999): Lokaljournalismus: Informanten als Qualitätsmesser. In: MESSAGE – Internationale Nachzeitschrift für Journalismus, Heft 1/2000.

Fehr, Harro (1982): Das Zeugnisverweigerungsrecht der Medienschaffenden. Jona: Druckerei Carl Meyers Söhne.

Fischer, Heinz-Dietrich (Hrsg.) (1972): Deutsche Zeitungen des 17. bis 20. Jahrhunderts. Pullach: Verlag Dokumentation.

Frankfurter Allgemeine Zeitung (Redaktion) (1960): Die Kunst des Zeitunglesens (Artikelfolge Samstagausgaben ab 12. März 1960). Frankfurt: FAZ Verlag.

Fricke, Ernst (1997): Das Recht des Journalisten. Grundbegriffe und Fallbeispiele. Konstanz: UVK Medien.

Goepfert, Winfried; Ruß-Mohl, Stephan (Hrsg.) (2000): Wissenschaftsjournalismus. Ein Handbuch für Ausbildung und Praxis. München: List (3. Aufl.).

Graham, Katherine (1993): Hartnäckig und akkurat. In: Spiegel Spezial: Rudolf Augstein, S. 155.

Haller, Michael (1999): Deutschland als Problem, als Frage und als Zielpunkt – Der politische Journalismus des »Spiegel« und der »Zeit« in den 50er und den 60er Jahren. In: Wilke (Hrsg.): Massenmedien und Zeitgeschichte. Konstanz: UVK Medien, S. 625-637.

Haller, Michael (1996): Das Interview. Ein Handbuch für Journalisten. Konstanz: UVK Medien, (2. Aufl.).

Haller, Michael (1997): Die Reportage. Ein Handbuch für Journalisten. Konstanz: UVK Medien (4. Aufl.).

Haller, Michael (1994): Recherche und Nachrichtenproduktion als Konstruktionsprozesse. In: Merten, Weischenberg, Schmidt (Hrsg.): Die Wirklichkeit der Medien. Opladen: Westdeutscher Verlag, S. 277-290.

Haller, Michael (1993): Journalistisches Handeln: Vermittlung oder Konstruktion von Wirklichkeit? In: Bentele; Rühl (Hrsg.): Theorien öffentlicher Kommunikation. Problemfelder, Positionen, Perspektiven. Konstanz: UVK Medien, S. 137-151.

Heimbrecht, Jörg (1984): Das Millionending. Minister, Multis, Moneten. Köln: Pahl-Rugenstein.

Hentig, Hartmut (1984): Das allmähliche Verschwinden der Wirklichkeit. München: Hanser.

Herms, Dieter (1978): Upton Sinclair – amerikanischer Radikaler. Eine Einführung in Leben und Werk. Jossa: März Verlag.

Hohenberg, John (1978): The Professional Journalist – A gide to the Practices and Principles of the News Media. New York, Chicago, San Francisco: Holt Rinehart Winston (4. Aufl.).

Jaene, Hans Dieter (1968): Der Spiegel. Ein deutsches Nachrichtenmagazin. Frankfurt: Fischer Taschenbuch Verlag.

Jarrass, Hans (1978): Die Freiheit der Massenmedien. Zur staatlichen Einwirkung auf Presse, Rundfunk, Film und neue Medien. Baden-Baden: Nomos.

Just, Dieter; Magnus, Uwe (1967): Nachrichtenmagazine. Bd. 1: Time und Newsweek, Bd. 2: Der Spiegel. Hannover: Verlag für Literatur und Zeitgeschehen.

Karzauninkat, Stefan (1999): Die Suchfibel. Leipzig: Klett Verlag.

Köcher, Renate (1986): Bloodhoudsor Missionaries? Role Definitions of German and British Journalists. In: European Journal of Communcation, Nr. 1/1986, S. 43-64.

Koszyk, Kurt (1972): Deutsche Presse 1914-15 (Geschichte der deutschen Presse, Teil III). Berlin: Colloquium Verlag.

Koszyk, Kurt; Pruys, Karl Hugo (Hrsg.) (1981): Handbuch der Massenkommunikation. München: Deutscher Taschenbuchverlag.

Krell, Ernst (1998): Recherche mit der Kamera oder »Scha'n 'mer mal«. In: Leif, Thomas (Hrsg.): Leidenschaft: Recherche. Skandal-Geschichten und Enthüllungs-Berichte. Opladen: Westdeutscher Verlag, S. 195-197.

Kuby, Erich (1983): Der Fall »Stern« und die Folgen. Hamburg: Konkret Literatur.

Kunst, Günther; Böhm, Christine; Twaroch, Paul (1982): Das neue Medienrecht. Wien: Juridica-Verlag.

Landgrebe, Klaus Peter (1994): Nachrichtenmagazine – ihr Stil, ihr Erfolg in Europa und den USA (Reihe: In Media Res). München: Burda Selbstverlag.

Langenbucher, Wolfgang R. (Hrsg.) (1980): Journalismus & Journalismus. Plädoyers für Recherche und Zivilcourage. München: Verlag Ölschläger.

Lambrecht, Rudolf; Müller, Leo; Sandmeyer, Peter (1998): Der Fall Barschel. In: Leif, Thomas (Hrsg.), Leidenschaft: Recherche. Skandal-Geschichten und Enthüllungs-Berichte. Opladen: Westdeutscher Verlag, S. 80-85.

Larsen, Egon (1970): Die Zeitung bringt es an den Tag. Stuttgart: Groverts Krüger.

Lehr, Wolfgang; Berg, Klaus (Hrsg.) (1980): Rundfunk und Presse in Deutschland. Rechtsgrundlagen der Massenmedien. Mainz: v. Hase & Köhler.

Leif, Thomas (Hrsg.) (1998): Leidenschaft: Recherche. Skandal-Geschichten und Enthüllungs-Berichte. Opladen: Westdeutscher Verlag.

Lepsius, Rainer (1964): Kritik als Beruf. Zur Soziologie des Intellektuellen. In: Kölner Zeitschrift für Soziologie und Sozialpsychologie. 16. Jahrg., S. 75-91.

Leuschner, Udo (1981): Zeitungs-Geschichte. Die Entwicklung einer Tageszeitung am Beispiel Mannheims. Berlin: Verlag Die Arbeitswelt.

Leyendecker, Hans: Auf Kuscheltour mit der Macht In: MESSAGE – Internationale Fachzeitschrift für Journalismus, Heft 2/1999, S. 10-13.

Lielischkies, Udo; Stuchlik, Stephan (1998): Die Paten der Fleischmafia – Geschichte einer Recherche. In: Leif (Hrsg.): Leidenschaft: Recherche. Skandal-Geschichten und Enthüllungs-Berichte. Opladen: Westdeutscher Verlag, S. 91-109.

Löffler, Martin; Ricker, Reinhart (1994): Handbuch des Presserechts. München: C.H. Beck. (3. Aufl.).

Luce, Henry R. (1961): Editor-in-Chief of Time, Life and Fortune, New York: Time inc.

Luft, Friedrich (1965): Die Geschichte der Berliner Illustrierten. Faksimile Querschnitt durch die Berliner Illustrierte. München, Bern, Wien: Scherz.

MacDougall, Curtis D./ Reid, Robert D. (1987): Interpretative Reporting. New York: Prentice Hall (6. Aufl.).

Mathy, Klaus (1988): Das Recht der Presse. Ein Leitfaden für die Redaktionsarbeit. Köln: Deutscher Instituts-Verlag (3. Aufl.).

Meyer, Philip (1979): Precision Journalism. Indiana: University Press (2. Aufl.).

Müller, Leo (1999): Fehlerquellen: Wo die Lügenbarone lauern. In: MESSAGE – Internationale Fachzeitschrift für Journalismus, Heft 2/1999, S. 22-25.

Müller, Leo (1998): Eine ganze normale Recherche. In: Leif (Hsrg.): Leidenschaft: Recherche. Skandal-Geschichten und Enthüllungs-Berichte. Opladen: Westdeutscher Verlag, S. 57-64.

Nuspliger, Kurt (1980): Pressefreiheit und Pressevielfalt. Diessenhofen: Verlag Rüegger.

Peterson, Theodore: Magazines in the 20th Century. Urbana: 1956.

Presserecht (1976 ff.): Pressegesetze der Länder und andere presserechtliche Vorschriften. München: C.H. Beck.

Projektteam Lokaljournalisten (Hrsg.) (1990): ABC des Journalismus. München: Verlag Ölschläger (6. Aufl.).

Redelfs, Manfred (1996): Investigative Reporting in den USA. Strukturen eines Journalismus der Machtkontrolle. Opladen: Westdeutscher Verlag.

Rehbinder, Manfred (1967): Presserecht. Grundriss mit Gesetzestexten für Juristen und Publizisten. Herne/Berlin: Verlag Neue Wirtschafts-Briefe.

Requate, Jörg (1995): Journalismus als Beruf. Entstehung und Entwicklung des Journalistenberufs im 19. Jahrhundert. Deutschland im internationalen Vergleich. Göttingen: Vandenhoeck&Ruprecht.

Riesenfellner, Stefan (1987): Der Sozialreporter. Max Winter im alten Österreich. Wien: Verlag für Gesellschaftskritik.

Rosenthal, David (1998): Infopool Internet. Zürich: Orell Füssli Verlag.

Ruge, Peter (1975): Praxis des Fernsehjournalismus. Ein Handbuch für Zuschauer, Kritiker und Publizisten. Freiburg: Karl Alber.

Rühl, Manfred (1980): Journalismus und Gesellschaft. Bestandaufnahme und Theorieentwurf. Mainz: Hase&Köhler.

Scheuch, Erwin K. (1967): Das Interview. In: Handbuch der Empirischen Sozialforschung (hrsg. von Rene König) Bd. 1. Stuttgart: Ferdinand Enke Verlag.

Schiwy, Peter; Schütz, Walter J. (Hrsg.) (1977): Medienrecht. Stichwörter für die Praxis. Neuwied: Luchterhand.

Schneider, Beate; Schönach, Klaus; Stürzebecher, Dieter (1993): Westdeutsche Journalisten im Vergleich: jung, professionell und mit Spaß an der Arbeit. In: Publizistik, 38. Jg., S. 5-30.

Scholl, Armin/Weischenberg, Siegfried (1998): Journalismus in der Gesellschaft. Theorie, Methodologie, Empirie. Opladen: Westdeutscher Verlag.

Schöps, Joachim (1983): Die Spiegel-Affäre des Franz Josef Strauß. Reinbek: Rowohlt Spiegel-Buch.

Schwitalla, Johannes (1979): Dialogsteuerung in Interviews. München: Hueber.

Silbermann, Alphons (Hrsg.) (1982 f.): Handwörterbuch der Massenkommunikation und Medienforschung (2 Bände). Berlin: Volker Spiess.

Soehring, Jörg (1990): Presserecht, Recherche, Berichterstattung. Ansprüche im Recht der Presse und des Rundfunks. Stuttgart: Schäffer-Poeschel Verlag.

Schulz von Thun, Friedemann (1993): Miteinander reden. Teil 1: Störungen und Klärungen. Allgemeine Psychologie der Kommunikation. Teil 2: Stile, Werte und Persönlichkeitsentwicklung. Differenzielle Psychologie der Kommunikation. Reinbek: Rowohlt Verlag.

Time Incorporated (1960): An informal History. New York: Time inc.

Ullstein, Karl (1929): Der Verlag Ullstein zum Welt-Reklame-Kongress. Berlin: Verlag Ullstein.

Wallraff, Günter (1977): Der Aufmacher. Der Mann, der bei »Bild« Hans Esser war. Köln: Kiepenheuer & Witsch.

Wallraff, Günter (1985): Ganz unten. Köln: Kiepenheuer & Witsch.

Wallraff, Günter (1979): Zeugen der Anklage. Die »Bild«-Beschreibung wird fortgesetzt. Köln: Kiepenheuer & Witsch.

Weaver, David H.; Wilhoit, G. Cleveland (1986): The American Journalist. A Portrait of U.S. News People and Their Work. Bloomington/IN: Indiana University Press.

Weaver, David H.; Wilhoit, G. Cleveland (1992): The American Journalist in the 1990s, Preliminary Report. Arlington/VA.

Wegner, Jochen (1998): Recherche online. Ein Handbuch für Journalisten. Bonn: ZV Zeitungs-Verlag.

Weischenberg, Siegfried (1995): Journalistik, Bd. 2: Medienethik, Medienfunktionen, Medienakteure. Opladen: Westdeutscher Verlag.

Wiegenstein, Roland; Raddatz, Fritz (Hrsg.) (1964): Interview mit der Presse. 12 internationale Zeitungen stellen sich. Reinbek: Rowohlt Verlag.

Wolz, Dieter (1979): Die Presse und die lokalen Mächte. Eine empirische und sozialwissenschaftliche Untersuchung. Düsseldorf: Droste Verlag.

Wenzel, Karl Egbert (1994): Das Recht der Wort- und Bildberichterstattung. Handbuch des Äußerungsrechts. Köln: O. Schmidt Verlag.

Wenzel, Karl Egbert (1999): Urheberrecht für die Praxis. Suttgart: Schäffer-Poeschel Verlag.

**Ergänzende Hinweise zur journalistischen Recherche
für Berufseinsteiger**

Blittkowsky, Ralf (1997): Online-Recherche für Journalisten, inklusive Diskette mit 1400 Online-Adressen. Konstanz: UVK Medien.

Brendel, Matthias; Brendel, Frank (1999): Richtig recherchieren. Wie Profis Informationen suchen und besorgen. Ein Handbuch für Journalisten, Rechercheure und Öffentlichkeitsarbeiter. Frankfurt: FAZ-Institut GmbH.

Hartmann, Werner; Näf, Michael; Schäuble, Peter (2000): Informationsbeschaffung im Internet. Grundlegende Konzepte verstehen und umsetzen. Zürich: Orell Füssli.

Hoffacker, Gabriele (1999): Erfolgreiche Online-Recherche. Das Wissen der Welt und wie Sie es finden. Kilchberg: Smart Books.

LaRoche, Walther von (1999): Einführung in den praktischen Journalismus. München: List (Neuauflage).

LaRoche, Walther von; Buchholz, Axel (Hrsg.) (1980): Radio-Journalismus. Ein Handbuch für Ausbildung und Praxis im Hörfunk. München: List.

Mast, Claudia (Hrsg.) (1998): ABC des Journalismus. Ein Leitfaden für die Redaktionsarbeit. Konstanz: UVK Medien.

Meyer, Werner (1998): Journalismus von heute, hrsg. von Mercedes Riederer. Percha: Verlag R. S. Schulz (Neuaufl.).

Meyn, Hermann (1999): Massenmedien in Deutschland. Konstanz: UVK Medien.

Noelle-Neumann, Elisabeth; Schulz, Winfried; Wilke, Jürgen (Hrsg.) (1994): Das Fischerlexikon Publizistik/Massenkommunikation. Frankfurt: Fischer Taschenbuch Verlag.

Schöfthaler, Ele (1997): Recherche praktisch. Ein Handbuch für Ausbildung und Praxis. München: List.

Personen- und Sachregister

Reihe Praktischer

Grundwissen

Claudia Mast (Hg.)
ABC des Journalismus
Ein Leitfaden für die
Redaktionsarbeit
8., überarbeitete Auflage 1998
594 Seiten, br.
ISBN 3-89669-239-9

Hans-Joachim Schlüter
ABC für Volontärsausbilder
Lehrbeispiele und
praktische Übungen.
Mit einem Geleitwort
von Herbert Riehl-Heyse
2. Auflage 1991
256 Seiten, br.
ISBN 3-89669-013-2

Heinz Pürer (Hg.)
**Praktischer Journalismus in
Zeitung, Radio und Fernsehen**
Mit einer Berufs- und Medienkunde für
Journalisten in Österreich, Deutschland
und der Schweiz
2., überarbeitete und erweiterte
Auflage 1996
664 Seiten, br.
ISBN 3-89669-206-2

Peter Zschunke
Agenturjournalismus
Nachrichtenschreiben
im Sekundentakt
1994, 272 Seiten, br.
ISBN 3-89669-015-9

Michael Haller
Recherchieren
Ein Handbuch für Journalisten
5., überarbeitete Neuauflage 2000
ca. 338 Seiten, br.
ISBN 3-89669-232-1

Michael Haller
Das Interview
Ein Handbuch für Journalisten
2., überarbeitete Auflage 1997
458 Seiten, br.
ISBN 3-89669-009-4

Hermann Sonderhüsken
Kleines Journalisten-Lexikon
Fachbegriffe und Berufsjargon
1991, 160 Seiten, br.
ISBN 3-89669-018-3

Michael Lang
Ralf Gödde
Das Journalistenbüro
Teamkonzepte für freie Journalisten
2000, ca. 200 Seiten, br.
ISBN 3-89669-270-4

Ernst Fricke
Recht für Journalisten
Grundbegriffe und Fallbeispiele
1997, 402 Seiten, br.
ISBN 3-89669-023-X

Journalismus

Ressorts

Josef Hackforth
Christoph Fischer (Hg.)
ABC des Sportjournalismus
1994, 360 Seiten, br.
ISBN 3-89669-014-0

Karl Roithmeier
Der Polizeireporter
Ein Leitfaden für die
journalistische Berichterstattung
1994, 224 Seiten, br.
ISBN 3-89669-021-3

Gunter Reus
Ressort: Feuilleton
Kulturjournalismus
für Massenmedien
2., überarbeitete Auflage 1999
366 Seiten, br.
ISBN 3-89669-245-3

Gottfried Aigner
Ressort: Reise
Neue Verantwortung
im Reisejournalismus
1992, 272 Seiten, br.
ISBN 3-89669-019-1

Presse

Karola Ahlke
Jutta Hinkel
Sprache und Stil
Ein Handbuch für Journalisten
1999, 174 Seiten, br.
ISBN 3-89669-242-9

Michael Haller
Die Reportage
Ein Handbuch für Journalisten
3., überarbeitete Auflage 1995
336 Seiten, br.
ISBN 3-89669-011-6

Werner Nowag
Edmund Schalkowski
Kommentar und Glosse
1998, 364 Seiten, br.
ISBN 3-89669-212-7

Peter Brielmaier
Eberhard Wolf
Zeitungs- und Zeitschriftenlayout
1997, 268 Seiten, br.
zahlr. Farb- u. s/w Abb.
ISBN 3-89669-031-0

Martin Liebig
Die Infografik
1999, 472 Seiten, br.,
zahlr. Farb- u. s/w Abb.
ISBN 3-89669-251-8

Reihe Praktischer

Journalismus

UVK
Medien

Fernsehen

Ruth Blaes
Gregor Alexander Heussen (Hg.)
ABC des Fernsehens
1997, 488 Seiten, br., 25 SW-Abb.
ISBN 3-89669-029-9

Robert Sturm
Jürgen Zirbik
Die Fernseh-Station
Ein Leitfaden für das Lokal- und
Regionalfernsehen
1998, 490 Seiten, br., 20 SW-Abb.
ISBN 3-89669-210-0

Michael Steinbrecher
Martin Weiske
Die Talkshow
20 Jahre zwischen Klatsch und News.
Tips und Hintergründe
1992, 256 Seiten, br.
ISBN 3-89669-020-5

Hans Dieter Erlinger u.a. (Hg.)
Handbuch des Kinderfernsehens
2., überarbeitete und erweiterte Auflage
1998, 680 Seiten, br., 35 SW-Abb.
ISBN 3-89669-246-1

Hans-Peter Gumprecht
Ruhe bitte!
Aufnahmeleitung bei Film
und Fernsehen
1999, 266 Seiten, br.
ISBN 3-89669-262-3

Internet

Klaus Meier (Hg.)
Internet-Journalismus
Ein Leitfaden für ein neues Medium
2. überarbeitete und erweiterte Auflage
1999, 360 Seiten, br.
ISBN 3-89669-263-1

Ralf Blittkowsky
Online-Recherche für Journalisten
inklusive Diskette mit 1400 Online-Adressen
1997, 336 Seiten, br.
ISBN 3-89669-209-7

Bitte fordern Sie unser
Gesamtverzeichnis an!

UVK Medien
Verlagsgesellschaft mbH
Schützenstr. 24
D-78462 Konstanz
Tel: (07531) 9053-0
Fax: (07531) 9053-98

www.uvk.de

Recherche-Werkstatt

UVK
Medien

Michael Haller

Recherche-Werkstatt
(Edition SAGE & SCHREIBE; Band 3)
2000, ca. 150 S., mit zahlreichen Farbabb.

Wie arbeiten renommierte Rechercheure? Wer hat die größten Erfolge beim investigativen Journalismus erzielt und warum jagt so mancher Redakteur »Zeitungsenten« hinterher?
Dieses Buch gibt Einblicke in die Recherche namhafter Journalisten, die ihre Nachforschungen professionell durchgeführt und ihre Ergebnisse überzeugend dargestellt haben. Sämtliche Recherchemethoden – von der Überprüfung über die Thesenkontrolle bis zur Aufdeckung – werden anhand von Beispielen vorgestellt und erläutert.

Michael Haller ist Professor für Journalistik am Institut für Kommunikations- und Medienwissenschaft der Universität Leipzig. Er war zuvor während 25 Jahren als Journalist tätig – zuerst als Zeitungsreporter, dann als »Spiegel«- und später als leitender »Zeit«-Redakteur. In der Aus- und Weiterbildung vermittelt er seit über 20 Jahren Journalisten das Handwerk des Recherchierens.

In der »Edition SAGE & SCHREIBE« sind bisher erschienen:

Joachim Blum, Hans-Jürgen Bucher
Die Zeitung: Ein Multimedium
Textdesign – ein Gestaltungskonzept für Text, Bild und Grafik
(Band 1)

Christopher Belz, Michael Haller, Armin Sellheim
Berufsbilder im Journalismus
Von den alten zu den neuen Medien
(Band 2)

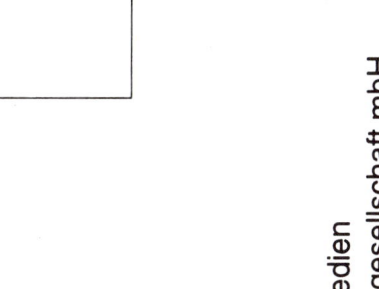

Antwort

UVK Medien
Verlagsgesellschaft mbH
Postfach 102051
D-78420 Konstanz

Bitte liefern Sie umseitige Bestellung mit Rechnung an:

Ort, Datum

Unterschrift

Zindel/Rein (Hg.)
Das Radio-Feature
Ein Werkstattbuch
1997, 380 Seiten, br.
DM 45,-/ÖS 329/SFr 41,50,-

Clobes/Paukens/Wachtel (Hg.)
Bürgerradio und Lokalfunk
Ein Handbuch
1992, 240 Seiten, br.
DM 19,80/ÖS 145/SFr 19,80

Claudia Fischer (Hg.)
Hochschul-Radios
Initiativen - Praxis - Perspektiven
1996, 400 Seiten, br.
DM 58,-/ÖS 424/SFr 52,50

Wolfgang Zehrt
Hörfunk-Nachrichten
1996, 240 Seiten, br.
DM 34,-/ÖS 248/SFr 34,-

Stefan Wachtel
**Sprechen und Moderieren
in Hörfunk und Fernsehen**
3., überarbeitete
Auflage 1998
192 Seiten, br.
DM 36,-/ÖS 263/SFr 33,-

Stefan Wachtel
Schreiben fürs Hören
Trainingstexte, Regeln und
Methoden
1997, 336 Seiten, br.
DM 42,-/ÖS 307/SFr 39,-

Fernsehen

Blaes/Heussen (Hg.)
ABC des Fernsehens
1997, 488 Seiten, br.,
25 SW-Abb.
DM 42,-/ÖS 307/SFr 39,-

Sturm/Zirbik
Die Fernseh-Station
Ein Leitfaden für das Lokal-
und Regionalfernsehen
1998, 490 Seiten, br.
DM 54,-/ÖS 394/SFr 49,-

Steinbrecher/Weiske
Die Talkshow
20 Jahre zwischen Klatsch
und News.
1992, 256 Seiten, br.
DM 36,-/ÖS 263/SFr 36,-

Hans Dieter Erlinger u.a. (Hg.)
**Handbuch des
Kinderfernsehens**
2., überarbeitete und
erweiterte Auflage 1998
680 Seiten, br.,
35 SW-Abb.
DM 58,-/ÖS 423/SFr 52,50

Internet

Klaus Meier (Hg.)
Internet-Journalismus
Ein Leitfaden für ein
neues Medium
2., überarbeitete und erweiterte
Auflage 1999,
360 Seiten, br.
DM 42,-/ÖS 307/SFr 39,-

UNI-PAPERS

Heinz Pürer
**Einführung in die
Publizistikwissenschaft**
Systematik, Fragestellungen,
Theorieansätze,
Forschungstechniken
6. Auflage 1998
208 Seiten, br.
DM 32,-/ÖS 234/SFr 29,-

Erhard Schreiber
**Repetitorium
Kommunikationswissenschaft**
3., überarbeitete Auflage 1990
368 Seiten, br.
DM 39,-/ÖS 285/SFr 39,-

Werner Früh
Inhaltsanalyse
Theorie und Praxis
4., überarbeitete Auflage 1998
260 Seiten, br.
DM 32,-/ÖS 234/SFr 29,-

Thomas Knieper (Hg.)
Statistik
Eine Einführung für
Kommunikationsberufe
1993, 448 Seiten, br.
DM 39,-/ÖS 285/SFr 39,-

Jan Tonnemacher
**Kommunikationspolitik in
Deutschland**
Eine Einführung
1996, 296 Seiten, br.
DM 36,-/ÖS 263/SFr 36,-

Konrad Dussel
Deutsche Rundfunkgeschichte
Eine Einführung
1999, 314 Seiten, br.
DM 38,-/ÖS 277/SFr 35,-

Heinz Bonfadelli
Medienwirkungsforschung I
Grundlagen und
theoretische Perspektiven
1999, 276 Seiten, br.
DM 39,80/ÖS 291/SFr 37,-

BESTELLKARTE

Bitte liefern Sie mir zzgl. Versandkosten:
(ab DM 50,- ohne Versandkosten)

Anzahl   Autor/Titel

_____   _____

_____   _____

_____   _____

_____   _____

_____   _____

_____   _____

_____   _____

_____   _____

_____   _____

_____   _____

❑ Bitte informieren Sie mich über Ihre Neuerscheinungen.

Adresse und Unterschrift bitte auf der Vorderseite eintragen.